KB074520

20세기 건축 선언과 프로그램

Programme und Manifeste zur
Architektur des 20. jahrhunderts

국립중앙도서관 출판예정도서목록(CIP)

20세기 건축 선언과 프로그램
올리히 콘라츠 지음 / 김호영 옮김.
– 서울: 마티, 2018
352p. ; 152×225 mm

원표제: Programme und Manifeste zur Architektur des 20. Jahrhunderts
원저자명: Ulrich Conrads

색인수록
독일어 원작을 한국어로 번역

ISBN 979-11-86000-70-0(03610): ₩20,000
현대 건축[現代建築]
540.09205-KDC6
724.6-DDC23
CIP2018026687

Conrads, Ulrich: Programme und Manifeste zur Architektur des 20. Jahrhunderts
©2001 Birkhäuser Verlag GmbH. All rights reserved.

20세기 건축 선언과 프로그램

PROGRAMME UND
MANIFESTE ZUR
ARCHITEKTUR DES
20. JAHRHUNDERTS

마티

울리히 콘라츠 엮음
김호영 옮김

머리글

건축에 관한 여러 프로그램 선언서를 수월하게 연구할 수 있도록 한 권의 책으로 보고 싶다는 생각이 최근 발표된 대단히 기이한 건축 선언문 때문에 생겼다. 훈데르트바서가 1958년에 저술한 '건축의 합리주의에 대항하는 곰팡이 선언서'를 본 사람은 누구라도 아마 이 책의 편집자처럼 반응했을 것이다. 편집자는 항의 자체에 놀랐다기보다는 — 심지어 이 순간에도 기능적 건축에 대해 반대하는 목소리를 듣지 않기란 불가능하다 — 지난 두 세대의 건축물은 다 파괴해야 하고 살 수 없는 곳이라고 비난하는 무신경한 사람들에게 더 충격을 받았다. 사실, 이번 세기에 비판적이고 혁명적인 활동과 성명 들이 적지 않았다. 그러나 건축이 그렇게 무모하게 개인의 무질서한 변덕에 좌우되었던 적은 없었다. 건축물들이 자연적으로 허물어져 가는 과정의 '창조적' 힘에 내맡겨져야 한다는 요구가 강력하게 표현된 적도 없었다. 1954년 이래로 다양한, 특히 문학 정기간행물을 통해 문자주의자와 후기 상황주의자 들도 합리적인 건축과 기능적인 계획에 근본적인 의문을 제기했다. 그러나 그들은 결코 긴급한 문제들에 대한 해결책으로 무책임한 행동이나 자유방임주의를 제안하지 않는다. 반대로 그들은 지역성과 구체적인 상황에 대한 일관된 관심을 요구한다. 그들이 요구하는 '새로운 게임들'은 결코 구축과 도시 계획이 환경에 관계없이 실행되는 것을 의미하지 않는다. 오히려 새로운 게임들 때문에,

도시의 복잡하고 상호 연결된 구조들에 대한 꼼꼼한 관찰에 근거하여 상상력을 발휘할 필요가 있다. 또 다른 예를 들어보자면, 1914년에 산텔리아가 서술한 '복음'의 부록에서 마리네티는 '근대 건축 전체'를 공격하고, 역동적인 건축은 경사지거나 타원형 선 없이 존재할 수 없다고 주장하면서도, 구속받지 않는 상태나 무질서한 상태가 아니라 '신중한 계획의 건축'을 목적으로 삼았다. 독자들은 이와 비슷한 적극적인 동조나 반박을 이 책에 모아둔 선언문과 프로그램, 그리고 프로그램 에세이로부터 어렵게 않게 발견할 것이다. 또한 각 선언문과 프로그램은 이 모음집을 만드는 동기가 되었다.

글을 선택하는 과정에서 편집자는 의식적으로 20세기에 쓰인 것으로 국한했다. 이러한 선택에는 두 가지 결정적인 요인이 있다. 한편으로는 건축에서 두드러진 발전의 시작이나 확고한 단계를 나타내는 글을, 다른 한편으로는 중부 유럽에서 건축에 결정적 영향을 미친 글만을 선택했다. 이렇게 선택한 글들을 첫 출판 연도에 따라 배열했다. 그러나 각 연도 내에서는 비교를 통한 대조를 위해 연대순을 따르지 않았다. 몇몇 에세이는 축약을 피할 수 없었다. 그래서 이와 같은 취지로 메모를 달아두었다. 색인에 열거한 출판을 허락해주신 저자들과 발행인들에게 심심한 감사를 표한다.

앙리 반 데 벨데:
프로그램

Henry van de Velde:
Programme

'1900년의 새 출발'에는 입론과 반론에 능숙했던 프로그램 입안자이
자 대변자인 앙리 반 데 벨데(1863년 안트베르펜 출생, 1957년 취
리히 사망)가 있었다. 그는 1890년대 중반 브뤼셀에서 미래를 향한
길을 제시하는 첫 출판물을 펴냈고, 1896년부터 그의 이름은 (파리
에 있는 지그프리드 빙의 갤러리에서 개최한 동명의 전시회에서 비롯
된) '아르누보'라는 개념과 떼려야 뗄 수 없게 되었다. 1900년 말에서
1901년 초에 이르는 겨울에 독일을 여행하며 그는 '응용예술에 관한
일반 강론'에서 기능 미학, 즉 '순수 형태'의 미학을 공표했다. 이 강연
은 「프로그램」에 앞서 출판되었다(라이프치히, 1902년).

|

그리스인이 기둥에 대한 의미와 형태와 목적을 인식했던 것처
럼, 물질적 근대 세계에 속한 모든 것에 대한 의미와 형태와 목
적을 인식하자. 요즘에는 간단한 것들에 대해서도 정확한 의미
와 형태를 알아내기가 쉽지 않다.
　　테이블과 의자, 집에 대한 정확한 형태를 인식하는 데에도

오랜 시간이 걸린다.

종교적이고 자의적이며 감상적인 백일몽은 기생 식물과 별반 다르지 않다.

쓸고 닦는 작업을 마친 후 다시금 사물의 진정한 형태가 드러날 때, 인내심을 갖고 그리스인이 가졌던 정신과 논리를 통해 그 형태의 완벽함을 얻으려고 노력하라.

우리의 예술적 감성은 그리스인의 감성만큼이나 고도로 발달한 것 같지만, 완벽함에 대한 감각은 그에 미치지 못하는 것 같다.

어떤 사회 체제하에서 우리는 일과 진지한 시도에 필요한 평온하며 정화된 고요함을 누릴 수 있을까?

답변: 우리의 깊숙한 내면의 자아로부터만 생겨날 수 있는 것을 사회적 프로그램에서 기대해야 하는 것인가?

합리적으로 생각하고 예술적 감성을 함양하라! 오늘날 우리들 각자는 이 구호를 스스로 실천할 수 있다. 그리고 많은 사람들이 이 구호를 실천한다면, 새로운 사회 분위기가 형성될 것이다.

1906

한스 푈치히:
건축에서의 내적 변화

Hans Poelzig:
Gärung in der Architektur

활동 기간 내내 한스 푈치히(1869년 베를린 출생, 1936년 베를린 사망)는 새로운 건축에서 낭만적 이상주의 경향과 급진적 객관주의 경향을 중개했다. 그의 반성적이면서 청렴하고 정확한 판단을 1931년 6월 4일, 독일건축가협회를 대상으로 했던 유명한 강연에서 엿볼 수 있다. 또한 25년이나 앞선 1906년 드레스덴에서 열린 제3회 독일 응용예술 전시회에 관한 글에서도 찾아볼 수 있다. 당시 브레슬라우 예술학교의 교장이었던 푈치히는 응용예술에서 건축에 이르는 거리는 상당히 멀다고 분명하게 언급했다.

|

1906년에 개최된 드레스덴 응용예술 전시회의 건물들은 기본적으로 우리 시대의 건축이 겪고 있는 변화 과정을 반영하고 있다. 변화의 결말을 아직 예측할 수 없으며, 그 결과물도 거의 알지 못한다.

근대 건축의 주요한 과제는 교회의 영역에 있지 않으며, 세속적 성격의 기념비적 건축물들이 중대한 영향을 미치는 것도 아니다. 근대의 삶은 경제 문제에 의해 좌우된다. 그래서 개인 주거에서 도시 계획에 이르는 건축 문제에 일반 대중과 예술가의 참여는 계속 늘어나고 있다.

이는 (앞서 언급한 것은) 형식주의적 구성을 지향하는 대다수 운동들의 출발점이다. 각각의 운동은 근본적인 핵심 원리마저 연이어 바꿔버린 한 세기에 걸친 소용돌이로 특징지을 수 있다.

주로 싱켈의 건축 기법에 기반을 두면서 그리스 건축의 형태 언어를 구성하는 요소를 오늘날의 건축물로 옮기려는 시도는, 형태에 깃든 내밀한 정신이나 형태가 생겨나는 근원인 재료를 고려하지 않고, 고딕에서 이탈리아와 독일 색채를 띤 르네상스를 거쳐 바로크와 제국주의 양식까지 과거의 다양한 양식들에서 무분별하게 형태를 차용하는 것이다.

그리고 독일 남부와 북부에서 건축의 위대한 스승들이 면밀한 연구를 통해 고대인의 예술 언어와 진정한 의미에 관한 지식을 얻으려고 한 독자적인 시도들은 과거 양식과 규칙과 근원이 다른 새로운 세계의 건축 언어를 만들려는 왕성한 시도들과 이종교배되었다.

다시 말하면, 다양한 양식적 시대와 심지어 원시시대의 건축 표현법(idiom)에서 차용한 외래 어휘들이 부끄럽게도 부활하고 있고, 이 어휘들은 전혀 다른 성격의 줄기에 종종 접목된다.

장식(decoration)을 다루는 거의 모든 예술 분야에서, 간단하고도 기본적인 요구로서 근대는 진정한 자신의 양식을 확립하여 괄목할 만한 훌륭한 성과를 이루었다. 초기의 우왕좌

왕을 끝내고 자연에 대한 면밀한 연구에 바탕을 둔 주제(motif)에 대한 예술적 정교함과 잘 알지 못했던 재료에 적합한 기술─원시시대의 기술과 특히 아시아인의 기술에 관한 연구에 영향을 받아─로 건전하게 돌아왔다.

무엇보다도, 드레스덴 응용예술 전시회에 출품된 벽지와 직물, 유리창, 표면 장식, 각양각색의 작은 공예품들은 이러한 회귀를 잘 보여준다. 건축에서도 창작자의 장식 실력을 여실히 보여준다. 그러나 해결책이 성공적이건 아니건 간에 분명하게 밝히고 있는 것은 진정한 건축은 장식의 축적으로 성취될 수 없다는 것이다. 다시 말해서 요즘 건축의 문제들은 오직 외적인 수단으로 통제될 수 없다.

역사적인 것으로부터의 도피는 과거의 형태로의 단순한 장식적인 회귀만큼이나 더 이상 영혼을 구원할 수 없다.

단순히 피상적으로 사물을 이해하는 원리는 수십 년간, 규모에 대한 고려 없이, 특정 체계에 맞춰진 선들의 움직임에 따라 재생산되는 다양한 재료의 형태를 낳았다. 창조성을 위축시키는 것을 논외로 하더라도, 이러한 도식주의는 소규모 작품에서 무해할 수 있지만 대규모의 구축적인 프로젝트에서는 아주 크고 흉물스러운 것을 낳는다. 이러한 사실을 어느 정도 인식하고 나면, 우리는 구축적인 해결을 포기하는 수많은 사례를 목격할 수 있다. 지주는 제 형태 없이 단지 표면 장식일 뿐이고, 구분을 위한 코니스는 완전하게 생략된다.

이는 건축물의 외관에서 과거에는 흔히 볼 수 없었던 평온함을 불러일으키지만, 구축적인 변화에 대한 충분한 강조와 더불어 에너지의 진정한 균형을 맞춘 결과가 아닌 강요당한 평온이다. 그것은 보통 몇 세기가 걸리는 발전을 갑작스럽게 강요하여, 유기적이고 자발적으로 발생하지 않은 외관 특성으로 부여해 작품에 이례적인 속성을 부여하려는 격변의 시기에 일어나는 빈번한 실수다. 자신의 기질과 능력에 직접적으로 부합하는 주제에 대한 변함없는 숙련과 같은 주요한 과제는 예술가의 관심에서 멀어지게 된다.

또한 우리는 근대적 삶에 필요한 요구에 부응하도록 계획된 건축물에 이전 시대의 구조를 활용할 때는 틀림없이 근대적으로 수용해야 한다는 점과, 의식적으로 목적에 맞게 재료와 건축 양식을 사용하면 아무리 잘 만든 장식물로도 대체될 수 없는 내적 장점을 얻을 수 있다는 점을 잊곤 한다.

우리 시대 건축 문제의 해결은 과거 없이 불가능하다. 구축적 문제를 장악하기 위해, 외관을 생략할 수 있을지 모르겠지만, 과거에 완성된 작품을 배제할 수 없을 것이다.

모든 구조상의 업적과 변화에도 불구하고, 최고의 건축 재료들은 여전히 그대로이며, 많은 과거 구조물도 비길 데 없이 탁월하다. 우리는 엄연히 선조의 업적에 확고하게 뿌리박고 있다. 그리고 공연히 우리 자신의 힘만으로 새롭게 실험하면, 우리는 견고한 기반을 잃고 만다.

새로운 건축 재료를 사용하면서 부과된 과제를 수행할 때, 명확한 시선과 진정한 자유는 무엇이 재료와 모티프에 가능하고 알맞은지에 대한 면밀한 연구를 통해서 습득될 수 있다. 이러한 자유는 지적인 분석과 전통을 통달함으로써 획득되어야 하고, 감당할 수 없는 혼란을 낳기 마련인 무절제와는 아무런 관련이 없다.

경량 구조와 장스팬에 큰 도움을 주는 철을 잘못 사용하는 안타까운 예는 — 철의 물질성과 다른 재료 안에 숨겨 사용할 수 있는 능력으로 인해 — 건축물에서 비유기적으로 병치된 두 부재를 서로 연결시키는 것이다.

모든 건축 작업은 우선 공학자가 작업한 것과 일치해야 한다. 그리고 다른 누구보다 근대 건축가는 비합리적으로 생각할 권한이 없다. 그러나 우리 대부분은 여전히 감상주의자이고, 19세기 중반 즈음 고딕의 구조적 핵심이 아닌 형태적 요소를 부활시켰던 사람들 못지않게 낭만적으로 행동한다. 우리 모두는 빈번하게 지난 시대의 정서적 내용을 무슨 소용이 있을지 생각하지도 않고 간직해두려 애쓴다.

과거를 통해 우리는 재료와 그 특성을 좀 더 깊이 이해할 수 있었고, 과학이 발전함으로써 정역학 법칙에 대한 정확한 지식을 상당하게 얻었다. 그럼에도 불구하고 대개 우리는 건전한 상식만을 가지고 건축 구조의 문제에 직면했던 시대의 사고방식보다도 제한적이고 비논리적이다.

하중과 지지를 일치시키는 것, 다시 말해 다양한 재료로 만든 구조에서 각 부분들에 대한 정확한 치수를 계산하여 설계하는 것은 공학자의 손에 맡겨진다. 건축가는 건축물의 기본 구조에 적용되어 구조상의 명료함을 해치는 (순전히) 장식적인 건조물에서 너무 비일비재하게 자신의 구원을 바란다.

진정으로 구축적인 건물 형태에는 절대적인 중심이 있고, 여기 중심에 어느 정도 변하는 경향을 지닌 장식으로 다양한 매력을 더한다. 그러나 무엇보다도, 아직은 불완전하고 다듬어지지 않은 형태에서라도, 절대적 요소를 찾아야 한다.

외부적이고 장식적인 요소만을 고려하여 구조적인 요소의 디자인에 착수하는 예술가들은 주요한 형태를 발견하는 것에 주의를 기울이지 않는다.

추거 건축은 처음으로 외관상의 개념에서 벗어나 안에서 밖으로 작용하는 것을 묻기 시작한다. 이는 반드시 고려되어야만 하는 것으로 진실성을 얻는 데 도움이 된다.

그럼에도 불구하고 여기서 필요 이상으로 말하려고 하기 때문에, 건축물은 종종 전반적인 디자인을 단순화하여 얻을 수 있는 평온과 자연스러움을 잃는다. 심지어 여기서 우리는 지나치게 외관과 회화적인 개념에 얽매여 있고, 애초에 모순되는 건축적 요구들(재료와 형태의 조화, 재료 선택의 한계) 사이에서 평온을 불러일으키는 조화에는 너무 관심을 두지 않는다. 이 전반적인 평온을 얻었을 때에만 구조에 지나친 부담을 주지 않고 장식을 풍부하게 사용할 수 있다.

대신 우리는 전체적으로 유기적인 조화에 반하는 개별적 요소들을 강조하여 건축물의 중요도를 높이려다가 소규모 건축물에 종종 손상을 입힌다. 그래서 단일 구조에서 다양한 건축 재료들을 성공적으로 사용할 수 없다. 그리고 구조상의 목적에 맞지 않는 한, 상장과 가지각색의 실용 장식을 회화적으로 활용하는 것은 그저 혼란스럽고, 더할 나위 없이 훌륭한 기본적인 구조를 잊어버리는 분별없는 모방자를 매료시키고 전체 건축물의 진정한 핵심에서 벗어나게 하는 감상적인 생각으로 쉽사리 이어진다.

새로운 운동은 아무런 내용 없이 체계(schema)로 굳어진 전통적인 구조에 반대하여 객관성의 가치를 내걸고 있다. 견고한 구조와 그 구조에서 발달한 형태적 표현법에 기초해야만 건축에서 객관성은 가능하다.

새로운 유형의 독창적인 건물은 이런 방식으로만 나타날 수 있다.

우리 시대 건축 표현법의 구조는 아직 혼란스럽고, 우리는 필수적인 것에 대한 지식이 부족하다. 시간이 흘러 여러 모방자들에 의해 통속화되어서 경멸의 대상이 되고만 최신 유행 양식을 우리는 여전히 좇고 있다. 반면 예술적 고려사항들에 좌우되는 치열한 사고의 산물인 진정한 건축은 모방자들의 정당치 않은 도둑질에는 어떤 기회도 제공하지 않는다.

올바른 유형의 건축은 이미 나타나고 있는데, 특히 여러 가지 요소의 복잡한 결합을 거의 보여주지 않는 건축물에서 나타나고 있다. 다시 말해서, 여기 꾸밈없는 예술적인 표현의 길은 이미 만들어지고 있다. 이것을 양식으로 만들려 하지 말아야 할 시점이다. 즉, 예술가를 피상적인 것들에 이르는, 주제 넘게 나서는 개성을 발전시키라는 요구로 예술가에게 지나치게 부담을 주지 말아야 할 시점이다. 당분간 우리는 확고부동한 객관성과 분명하고 신중하게 고려한 문제에 대하여 심미안 있는 해결책만을 요구해야 한다.

1907

앙리 반 데 벨데:
신조

Henry van de Velde:
Credo

앙리 반 데 벨데는 『일반 강론』에서 제시했던 원칙에 대한 해설을 새로운 저서인 『새로운 양식에 관하여』에서 이어간다. 그가 신조라고 명명한 세 개의 절은 '합리적이고 논리적인 개념에 기초한 양식 추구'라는 장에 나온다. 앙리 반 데 벨데는 이러한 원칙들이 타당한 것으로 인정받으려면 선언되기만 하면 된다고 말한다. 원칙의 결실은 이미 입증되었다. 사실, 원칙들로부터 새로운 건축 이론과 비평뿐만 아니라 재료와 구조의 솔직함이라는 두 가지 실천상의 기본적 요구 사항이 도출된다. 지금까지 이 두 가지에 대해서는 논쟁의 여지가 없었다.

|

존재에 대한 가장 엄격하고 기본적인(elementary) 논리와 정당화라는 의미에서만 모든 사물에 대한 형태와 구조를 이해해야 한다.

　이러한 형태와 구조를 사용하는 재료의 본질적인 용도에 순응시켜 따르게 해야 한다.

　그리고 이러한 형태와 구조에 아름다움을 더하고자 한다

면, 형태와 구조의 권리와 본질적인 모습을 존중하고 유지할 수 있는 한에서만, 그것이 어떤 것이든 장식에 대한 미적 감수성 또는 취향을 불러일으키는 세련화에 몰두해야만 한다.

앙리 반 데 벨데

1908

아돌프 로스:
장식과 범죄

Adolf Loos:
Ornament und Verbrechen

아돌프 로스(1870년 브르노 출생, 1933년 빈 사망)는 미국에서 3
년간 체류한 후 빈으로 돌아오면서, "한동안 장식을 포기하고 절제
속에서 아름답게 모양을 갖춰서 매력적인 건축물을 세우는 것에 온
전히 전념하면 우리에게 도움이 될 수 있다"라는 루이스 설리반의 발
언을 전했다.

　　　로스는 설리반의 발언에서 시작하여 급진적인 미적 순수주의
를 전개하였고, 이를 통해 아르누보와 독일공작연맹의 열정적인 반
대자가 되었다. 예를 들어, 로스가 표현한 대로, "독일공작연맹은 우
리 시대의 양식을 찾아 나섰다. 이것은 불필요한 노력일 뿐이다. 우리
에게는 이미 우리 시대의 양식이 있다."

|

인간의 태아는 자궁 안에서 동물계의 전 발전단계를 모두 거친
다. 인간이 태어날 때 갖는 감각적인 인상은 새로 태어난 강아
지가 갖는 그것과 동일하다. 강아지의 유년기는 인간의 역사와
맞먹는 변이를 거친다. 두 살에는 파푸아인의 눈으로, 네 살에

는 게르만인의 눈으로, 여섯 살에는 소크라테스의 눈으로, 여덟 살에는 볼테르의 눈으로 세상을 본다. 여덟 살이 되면 18세기에 발견되었던 보라색을 알게 되는데, 이전에는 제비꽃이 파란색이었고, 자색달팽이는 빨간색이었기 때문이다. 물리학자는 오늘날 햇빛 스펙트럼에서의 색들을 언급하는데, 각각에는 이미 이름이 있으나 그것에 대한 인지 여부는 후대 사람들의 몫으로 남는다.

아이는 도덕 관념이 없다. 우리 눈에는 파푸아인도 그러기는 마찬가지다. 파푸아인은 적을 살해하고 그 인육을 먹는다. 그는 범죄자가 아니다. 그러나 근대인이 누군가를 죽이고 그 인육까지 먹는다면 범죄자이거나 패륜아다. 파푸아인은 자신의 피부와 자신의 배와 노에까지, 간단히 말하면, 손에 닿는 것은 무엇이든지 문신을 한다. 그는 범죄자가 아니다. 자신의 몸에 문신을 한 근대인은 범죄자이거나 패륜아다. 수감자의 80퍼센트가 문신을 한 감옥이 있다. 문신은 했으나 감옥에 수감되지 않은 자들은 잠재적인 범죄자이거나 타락한 귀족이다. 문신한 자가 자유의 몸인 채로 죽는다면, 그는 살인을 저지르기 수년 전에 죽었다는 뜻이다.

자신의 얼굴이나 손에 닿는 모든 것을 꾸미려는 충동에서 조형 미술은 출발한다. 그것은 회화에서 옹알이다. 모든 예술은 에로틱하다.

첫 번째로 탄생한 장식인 십자가는 기원상 에로틱하다. 최초의 예술작품, 다시 말해서 최초의 예술적 행위는 최초의 예술가가 자신의 잉여 에너지를 해소하려 벽에 그렸던 것이다. 수평으로 그은 선은 엎드려 누워 있는 여자다. 수직으로 그은 선은 그녀를 꿰뚫는 남자다. 이를 창조한 인간은 베토벤과 같은 충동을 느꼈다. 다시 말해서, 그는 베토벤이 9번 교향곡을 작곡했던 그 하늘에 있었다.

그러나 내적 충동으로 에로틱한 상징들을 벽에 바르는 우리 시대의 인간은 범죄자이거나 패륜아다. 이러한 충동으로 인해 퇴폐의 조짐이 화장실에 있는 사람에게 가장 많이 엄습한다는 것은 잘 알려져 있다. 한 나라의 문화는 화장실 벽이 더렵혀진 정도에 따라 평가받는다. 아이에게는 자연스러운 현상이다. 다시 말해서, 아이의 첫 예술적 표현은 에로틱한 상징들을 벽에다가 낙서하는 것이다. 그러나 파푸아인과 아이에게 자연스러운 것이 근대의 성인에게는 퇴폐의 조짐이다. 나는 다음과 같은 발견을 했고, 세상에 내놓는다. 문화의 진화는 실용적인 물건에서 장식을 제거하는 것과 밀접하게 관련되어 있다. 이 발견으로 나는 세상에 크나큰 즐거움을 가져다주었다고 믿었는데, 세상은 나에게 감사하지 않았다. 사람들은 슬퍼서 고개를 떨구었다. 사람들을 우울하게 만들었던 것은 어떠한 새로운 장식도 만들어낼 수 없다는 인식이었다. 어느 흑인도 할 수 있었던, 즉 우리 앞에 있었던 모든 종족과 시대가 할 수 있었던 것을 어떻게 우리 19세기 사람들만 못 하게 되었는가? 지난 수천 년간 인류가 장식 없이 창조했던 것은 무심코 버려져서 폐기처분되었다. 우리는 카롤링거 왕조시대의 목공 작업대를 갖고 있지 않지만, 아주 작은 장식이라도 있는 물건이라면 사소하더라도 모두 모아서 깨끗하게 닦고, 그것을 소장하기 위해 웅장한 건물을 만들어왔다. 그리고 사람들은 진열장 사이를 애처롭게 돌아다니면서 자신의 무능을 부끄러워했다. 각 시대에는 자신만의 양식이 있었는데, 우리 시대에만 양식이 거부되는 것인가? 사람들은 양식을 장식이라 생각했다. 그때 나는 말했다. 울지 말고 보아라, 새로운 양식을 만들어낼 수 없다는 것 안에 우리 시대의 위대함이 있다. 우리는 장식을 극복했다. 다시 말해서, 우리는 싸우며 헤쳐나가서 장식으로부터 해방되었다. 보아라, 때는 가까워지고 있고, 우리에게 실현된다. 곧 도시의 거리는 하얀 벽처럼 반짝일 것이다. 성스러운 도시, 하늘의 수도, 시온처럼, 그때 실현될 것이다.

이것을 참으려 하지 않는 검은 옷의 사제들이 있었다. 인류는 계속해서 장식의 노예로 허덕여야 한다는 것이었다. 사람들은 더 이상 장식에서 즐거움을 느끼지 못 할 만큼 멀리 가버렸다. 파푸아인처럼 문신한 얼굴은 심미적 효과를 증가시키기는커녕 오히려 감소시킨다. 장식된 담뱃갑은 같은 값이라도 사지 않고 밋밋한 담뱃갑에 즐거움을 느낄 만큼 멀리도 가버렸다. 그들은 자신의 옷에 만족했다. 금색 장식용 수술이 달린 빨간 벨벳 바지를 입고 장터의 원숭이처럼 돌아다니지 않아도 돼서 기뻤다. 그래서 나는 말했다. 봐, 괴테가 임종한 방이 르네상스의 어느 화려함보다 훌륭하고, 소박한 가구 한 점이 직접 조각하고 새겨 넣은 어느 진귀한 것들보다 훨씬 아름답다고. 괴테의 언어는 페그니츠의 양치기들의 온갖 장식들보다도 훌륭하다고.

검은 옷의 사제들은 이 말을 불만스럽게 들었지만, 사람들의 문화적 발전을 멈추게 하는 것이 책무인 국가는 스스로가 장식의 발전과 부흥에 대하여 의문을 품게 되었다. 개혁이 관료에 의해 좌지우지되는 국가에 재난이 있으라! 곧바로 우리는 빈 응용예술박물관에서 "풍어"로 알려진 식기장을 보았다. 이 내 "마법에 걸린 공주" 또는 이 불행한 가구를 뒤덮고 있는 장식을 지칭하는 이름이 적힌 찬장들이 있었다. 오스트리아 정부는 정말 진지하게 자신의 책무를 수행함으로써, 오스트리아-헝가리 제국의 국경에서 사용된 발싸개가 사라지지 않게끔 한다. 정부는 스무 살의 세련된 청년 모두에게 3년 동안 신발 대신에 발싸개를 신도록 강요하고 있다. 결국에, 모든 정부는 국민의 신분이 비천할수록 통치가 용이하다는 전제에서 출발한다.

확실히 정부는 장식병을 인지하고 정부기금으로 보조하고 있다. 그러나 나는 이를 퇴보라고 생각한다. 장식이 교양인에게 삶의 기쁨을 고조시킨다는 반박, 다시 말해 "하지만 그 장식이 아름답다면…!"라는 말로 포장된 반박을 받아들일 수 없다. 나에게 그리고 나를 포함한 어떤 교양인에게도 장식은 삶의 기쁨을 고조시키지 않는다. 생강 쿠키 한 조각이 먹고 싶다면, 나는 정말 장식 없이 매끈한 것을 선택하지 온갖 장식으로 뒤덮인 심장이나 아기, 또는 기사 모양 한 조각을 선택하지는 않는다. 15세기 사람은 나를 이해하지 못할 것이다. 하지만 근대인이라면 모두가 나를 이해할 것이다. 장식 옹호자들은 단순함에 대한 나의 열망이 금욕과 같은 것이라고 생각한다. 아닙니다. 응용예술 학교의 존경받는 교수님, 저는 금욕하지 않습니다! 공작, 꿩, 가재를 더 맛있게 보이려고 온갖 장식을 총동원했던 지난 세기의 과시용 요리들은 나에게 정반대의 효과를 가져왔습니다. 요리 박람회를 둘러보고 박제된 동물 시체를 먹어야 한다는 생각에 나는 섬뜩합니다. 나는 구운 소고기 요리를 먹습니다.

장식의 부흥으로 심미적 발전에 초래된 엄청난 손실과 황폐는 쉽사리 이겨낼 수 있으리라. 왜냐하면 어느 누구도, 또 국가의 권력까지도 인류의 진화를 막을 수 없기 때문이다. 다만 지연될 수는 있다. 우리는 기다릴 수 있다. 그렇지만 그것은 인간의 노동과 재산, 원료의 낭비를 초래하는, 국가 경제에 반하는 범죄이다. 시간으로 이 손실을 보상할 수 없다.

뒤처진 사람들 때문에 문화의 진화 속도는 더뎌지고 있다. 아마도 나는 1908년에 살고 있는 듯하지만, 내 이웃은 1900년에 그리고 길 건너편 사람은 1880년에 사는 듯하다. 거주민의 문화가 이렇게 광범한 시기에 걸쳐 있는 것은 국가에는 불행한 일이다. 칼스 지방의 농부는 여전히 12세기에 살고 있다. 그리고 프란츠 요제프 황제를 위한 성체축일행사 행렬에 참여하는 사람들은 민족 대이동 시기에서도 뒤떨어졌던 듯하다. 이런 낙오자와 약탈자가 없는 나라는 행복하리라. 행복한 미국이여!

우리들 가운데에는 도시에 살고 있으면서도 비근대적인 사람들이 있다. 다시 말해 18세기에서 온 뒤처진 사람들이 있는데, 그들은 아직 보라색을 알 수 없었기에 보라색 그림자가 있는 그림에도 충격을 받는다. 그들에게는 요리사가 하루 종일 요리한 꿩이 더 맛있을 터이고, 매끈하기보다 르네상스 장식물이 있는 담뱃갑이 더 마음에 들 것이다. 그러면 시골에서는 어떻겠는가? 의복과 가구는 완전히 지난 세기의 것이다. 농부는 기독교도가 아닌, 여전히 이교도다.

뒤처진 사람들은 민족과 인류 문화의 진화를 늦추고 있다. 왜냐하면 장식은 범죄자에 의해 생산될 뿐만 아니라, 장식이 인간의 건강, 민족 자산, 결국엔 문화의 진화에 심각한 손해

27

를 입힘으로써 범죄가 일어나기 때문이다. 동일한 필요와 동일한 삶의 요구를 갖고 소득은 같지만 다른 문화에 속한 두 사람이 이웃하여 살고 있다면, 경제적인 측면에서 다음과 같은 과정을 볼 수 있다. 20세기 사람은 점점 부유해지는 반면에 18세기 사람은 점점 가난해진다. 내가 추측해보건대, 두 사람 모두 자신의 성향에 맞게 생활한다. 20세기 사람은 훨씬 적은 자본을 지출하면서 자신의 필요를 충족할 수 있고, 이런 이유로 저축도 할 수 있다. 즐겨 먹는 채소를 그냥 물에 넣고 삶은 후 약간의 버터를 채소에 얹는다. 다른 한 사람은 여기에 꿀과 견과를 곁들이고 누군가가 붙어서 몇 시간이고 요리를 했을 때에야 같은 맛을 즐긴다. 장식이 있는 접시는 매우 비싼 반면, 근대인이 담아 먹고 싶은 하얀 그릇은 싸다. 한 사람에게는 저축한 돈이 늘어나는 반면, 다른 한 사람에게는 부채만 늘어간다. 모든 국가도 마찬가지다. 국민이 문화의 진화에서 뒤처져 있다는 것을 생각하면, 슬픈 일이다. 영국인은 점점 부유해지고, 우리는 점점 가난하게 ….

장식 때문에 제조업에 종사하는 사람들의 손실은 더욱 크다. 장식은 더 이상 우리 문화의 자연스러운 결과물이 아니어서 낙후 현상이거나 퇴보 현상이기 때문에, 장식가의 작업은 더 이상 적절하게 보수를 받을 수 없다.

목공과 선반공의 소득에 비해 여성 자수가와 레이스 제작자가 터무니없이 낮은 임금을 받는 것은 잘 알려져 있다. 근대의 노동자가 여덟 시간 일해서 받는 수입에 도달하려면 장식가는 스무 시간을 일해야 한다. 장식으로 인해 물품 가격은 대체로 상승한다. 그럼에도 불구하고 원재료 가격이 같고 세 배의 노동 시간이 들어가는 장식이 있는 물건이 장식 없이 매끈한 물건의 반값에 팔리는 현상이 벌어지고 있다. 장식의 생략은 노동 시간의 단축과 임금의 상승을 불러온다. 중국의 조각가는 열여섯 시간을 일하는 데 비해서, 미국의 노동자는 여덟 시간을 일한다. 내가 장식이 있는 담뱃갑에 지불하는 만큼 장식이 없는 매끈한 담뱃갑에도 지불하면, 노동시간의 차이는 노동자의 몫이다. 그리고 장식이 전혀 없다면, 아마도 수천 년 후에야 일어날 상황이지만, 인간은 여덟 시간 대신에 네 시간만 일하면 될 것이다. 지금도 노동의 절반을 장식하는 일에 쏟고 있기 때문이다. 장식은 허비된 노동력이며 결국에는 쇠약해진 건강이다. 언제나 그래왔다.

장식은 더 이상 우리 문화와 유기적인 관계를 맺지 못하므로, 이는 또한 더 이상 우리 문화의 표현이 아니다. 오늘날 제작된 장식은 우리와 관련이 없다. 다시 말해 어떤 인간적 관련도, 어떤 세계 질서와의 관련도 없다. 그것은 발전의 여지가 없다. 오토 에크만의 장식은 어떻게 되었는가? 반 데 벨데의 장식은? 그 예술가는 언제나 활력과 건강이 넘치는 인류의 선두에 서 있었다. 그러나 근대 장식 예술가는 뒤처진 사람이거나 병리학적 현상이다. 그조차도 3년 후에는 자신의 결과물을 부정할 것이다. 교양인은 그 결과물을 당장이라도 견딜 수 없는 반면, 다른 이들은 몇 년이 지나야 그것을 알게 된다. 오늘날 오토 에크만의 작품은 어디에 있는가? 10년 후 올브리히의 작품은 어디에 있을 것인가? 근대 장식은 부모도 후손도, 즉 과거도 미래도 없다. 교양이 없는 사람들에게는 우리 시대의 위대함은 일곱 봉인의 책인데, 장식은 그들에게 열렬히 환영받다가 얼마 지나지 않아 외면된다.

인류는 예전보다 더욱 건강하다. 단지 몇몇 사람만이 병들어 있다. 그렇지만 이 소수자들은 건강해서 장식을 발명할 수 없는 노동자 위에 군림한다. 그들은 노동자에게 자신이 발명한 장식을 여러 가지 재료로 만들도록 강요한다.

장식의 변화는 노동 상품의 때 이른 가치 하락으로 이어진다. 노동자의 시간과 사용된 재료는 소모되는 자본재이다. 나는 "어떤 물건이 물리적으로 유지되는 한, 그 물건의 형태는 오래도록 지속된다. 즉, 물건의 형태는 오래도록 싫증나지 않는다"라는 명제를 말해왔다. 이를 설명해보겠다. 값비싼 모피보다 양복의 형태가 더 자주 바뀔 것이다. 책상보다 단 하룻밤을 위해 제작된 부인의 무도회복의 형태가 더 빨리 바뀔 것이다. 그렇지만 낡은 형태를 참을 수가 없어서, 책상을 무도회복만큼 빠르게 바꿔야 한다면 슬픈 일이다. 그리고 이런 경우에 책상에 사용한 돈은 낭비될 것이다.

이는 장식 예술가들에게 잘 알려진 사실이어서, 오스트리아 장식 예술가들은 이러한 결점을 최대한 활용하려 하고 있다. 그들은 "오래된 것이 닳아서 못 쓰게 될 때까지 쓴 연후에나 새것을 장만하는 소비자보다는 10년 후에는 참을 수 없는 가구 세트가 있어, 그 결과로서 10년마다 새로 가구를 들여야만 하는 소비자를 선호한다. 산업은 이러한 것을 필요로 한다. 수백만 명이 급속한 변화로 인해 일자리를 얻는다"라고 말한다.

이는 오스트리아 국가 경제의 비밀인 듯하다. 화재가 나면 누군가 "정말 다행이군, 이제야 사람들이 뭔가 할 일이 다시 생기겠군"이라는 말을 얼마나 자주 듣는가. 이런 경우에 나는 정말 좋은 방법을 알고 있다. 한 도시를 불태워라, 한 제국을 불태워라. 그러면 모두가 돈과 번영 속에서 헤엄치게 될 것이다. 경매에서 원래 품삯과 재료비의 10분의 1도 받을 수 없어서, 3년 후에는 땔감으로나 쓸 수 있는 가구나 4년 후에는 녹여버려야 하는 철제 부속품을 제작하라. 그러면 우리는 점점 부유하게 될 것이다.

이 손실이 단지 소비자뿐만 아니라 결국에는 생산자에게도 영향을 끼친다. 오늘날 장식할 필요 없이 발전한 물건에 달린 장식은 허비된 노동력과 망가진 재료를 뜻한다. 모든 물건이 물리적으로 지속되는 동안 미적으로도 오래 유지된다면, 소비자는 노동자가 더 짧은 시간을 일하면서 더 많은 돈을 벌 수 있도록 하는 가격을 지불할 수 있을 것이다. 내가 충분하게 이용할 수 있다고 확신하는 물건이라면, 형태와 재료 면에서 열등한 물건의 네 배 가격을 기꺼이 지불할 용의가 있다. 다른 가게에서 10크로넨이면 부츠를 살 수 있을지라도, 내 부츠에 기꺼이 40크로넨을 지불한다. 그러나 장식 예술가의 횡포 아래 신음하는 분야에서는 솜씨가 좋고 나쁨은 차이가 없다. 아무도 노동의 진정한 가치를 지불하려고 하지 않아서 노동은 고통받는다.

이것은 좋은 일이다. 품질이 가장 형편없을 때만이 장식된 물건을 그나마 견딜 수 있기 때문이다. 무가치한 쓰레기만 타버렸다고 들으면, 나는 훨씬 수월하게 화재를 이겨낼 수 있다. 나는 빈 예술가협회에 있는 그 쓰레기 같은 것에 대해 기뻐할 수 있는데, 왜냐하면 그것들이 수일간에 제조되어 하루 만에 철거되리라는 것을 알기 때문이다. 그러나 돌덩이 대신 금화를 던지고, 지폐로 담뱃불을 붙이고, 진주를 갈아 마시는 것으로 미적 효과를 만들어낼 수 없다.

최상의 재료와 최고의 세심함으로 오랜 시간을 들여 만든 장식된 물건은 정말이지 미적이지 못한 효과를 낳는다. 나 역시 질 높은 작업을 요구한 죄가 있지만, 그래도 이런 유는 아니다.

지난 시대의 예술적 잉여의 상징으로 장식을 신성시하는 근대인은 오늘날의 장식물이 비틀리고 부자연스럽고 불건전하다는 사실을 안다. 우리와 같은 문화 수준에 살고 있는 사람들로 인해, 오늘날 어떠한 장식도 더 이상 만들어질 수 없다.

이러한 수준에 아직 이르지 못한 개인과 사람들은 다르다.

나는 귀족을, 다시 말해 인류의 정점에 서 있지만 그 아래 있는 사람들의 빈곤과 결핍에 대해 아주 깊이 이해하고 있는 사람을, 설득하는 중이다. 그는 완성이 된 후 풀어헤칠 때만 보이는 장식물을 어떤 일정한 리듬에 따라 엮어 자신의 직물로 만드는 남아프리카 흑인을, 자신의 양탄자를 짜는 페르시아인을, 자신의 레이스에 수를 놓는 슬로바키아의 시골 여성을, 유리구슬과 비단을 코바늘로 떠서 훌륭한 것을 만드는 노부인을 아주 잘 이해한다. 귀족은 그들이 하는 대로 맡겨두는데, 왜냐하면 그는 그들이 일하는 시간이 그들의 성스러운 때라는 것을 알기 때문이다. 혁명가는 그들에게 가서 "이것 모두 쓸데없는 짓이오"라고 말할지도 모른다. 마치 그가 길가의 십자가상에서 힘없는 노부인을 떼어 놓으며, "신은 없소"라고 말할지도 모르는 것처럼. 반면에, 귀족은 무신론자라 할지라도 교회 앞을 지날 때면 모자를 살짝 들어 인사한다.

내 구두는 부채꼴(또는 물결) 무늬와 점 문양의 장식으로 뒤덮여 있다. 구두장이가 했지만, 그에게 지불되지 않은 노동이다. 나는 구두장이에게 가서, "당신은 신발 한 켤레 값으로 30크로넷을 요구했지요. 40크로넷을 지불하겠소"라고 말한다. 그렇게 함으로써 나는 구두장이를 행복의 절정으로 끌어올린 것이고, 그는 초과 지불액과는 비교할 수 없는 노동과 재료로 나에게 감사를 표할 것이다. 그는 행복하다. 이런 행복은 그의 가게에서는 드문 일이다. 여기 그를 이해하고, 그의 노동을 소중하게 여기고, 그의 진실성을 의심하지 않는 한 사람이 있다. 그는 이미 완성된 구두를 머릿속에 그리고 있다. 그는 지금 현재 가장 좋은 가죽을 어디서 구할 수 있는지 알고 있고, 어느 숙련공에게 이 구두를 맡길 것인지 알고 있고, 그리고 이 구두에는 우아한 구두에서만 볼 수 있는 부채꼴(또는 물결) 무늬와 점 문양이 들어갈 것이다. 그런데 이때 나는 "하지만 한 가지 조건이 있소. 그 구두는 장식 없이 완전히 매끈해야 하오"라고 말한다. 이렇게 말해서 나는 그를 행복의 절정에서 절망의 구렁텅이로 추락시켰다. 그의 노동은 줄었지만, 나는 그에게서 모든 기쁨을 빼앗았다.

나는 그 귀족을 설득하는 중이다. 장식이 내 이웃에게 기쁨을 주는 것이라면, 나는 내 몸에 있는 그것을 참아낸다. 그렇다면 그것은 곧 나의 기쁨이다. 나는 남아프리카 흑인과 페르시아인, 슬로바키아의 시골 여성, 내 구두장이의 장식까지도 견뎌낼 수 있는데, 왜냐하면 그들 모두는 그들 존재의 정점에 이르는 다른 어떤 방법도 없기 때문이다. 우리에게는 장식을 대체할 예술이 있다. 우리는 일과의 걱정을 뒤로하고 베토벤이나 「트리스탄」을 들으러 간다. 나의 구두장이는 이렇게 할 수 없다. 나는 그의 기쁨을 빼앗아서는 안 되는데, 왜냐하면 그 자리를 대치할 그 어떠한 것도 없기 때문이다. 그러나 9번 교향곡을 감상하러 가서 벽지 문양을 그리는 사람은 사기꾼이거나 부도덕한 자다. 장식의 부재로 인해 여타의 예술은 예상치 못한 수준으로 올라갔다. 비단이나 공단, 레이스를 걸치고 산책해야 하는 사람은 베토벤 교향곡을 결코 쓸 수 없었을 것이다. 오늘날 벨벳 코트를 입고 돌아다니는 사람은 예술가가 아니라 어릿광대거나 가옥 칠장이다. 우리는 더 섬세하고 예민해졌다. 유목민들은 여러 가지 색상으로 서로를 구분해야 했지만, 근대인은 의복을 가리개로 사용한다. 그들의 개성이 워낙 강해서, 더 이상 옷 몇 벌로 표현될 수 없다. 장식으로부터의 자유는 정신적 힘의 증거이다. 근대인은 적절하다고 생각하는 대로 예전 또는 이방의 문화에서 온 장식품을 사용한다. 그는 자신의 독창성을 다른 것들에 집중시킨다.

1910

프랭크 로이드 라이트:
유기적 건축(발췌)

Frank Lloyd Wright:
Organic Architecture

1910년, 프랭크 로이드 라이트(1867년 또는 1869년 위스콘신 주, 리칠랜드 센터 출생, 1959년 애리조나 주, 탈리에신 웨스트 사망)는 첫 작품집 『선집』(1893~1910) 출간을 주관하기 위해 발행인 에른스트 바스무스의 초청으로 독일로 건너갔다. 한동안 하버드에서 교환 교수로 재직한 쿠노 프랑케의 도움으로 베를린으로 가 큰 주목을 받았다. 직접 서문을 쓴 이 작품집으로 라이트는 유럽에서 다양한 거주 영역을 매개하는 자유로운 공간의 흐름이라는 건축적 개념과 L형 또는 X형, T형 평면에서 건축물의 유기적 전개를 위한 확고한 발판을 마련했다.

|

"유기적 건축"에서는 가구와 비품 그리고 건축물이 자리할 장소와 환경으로부터 건축을 완전히 분리하여 생각하기 어렵다. 정신(Sprit)에서 이런 건축물이 창작되는데, 그 정신은 함께 작용하는 이 모두를 하나로 본다. 모두가 구조의 본질에서 신중하게 예견되고 규정되어야 한다. 이것들 모두는 구조의 특징과

완성도에 대한 지엽적인 사항들이 되어야 한다. 통합되는 것(또는 배제되는 것)은 조명과 난방, 환기다. 의자와 탁자, 캐비닛, 악기조차(연주되는 곳에서) 건축 그 자체에 속하는 것이지, 결코 건축에 놓이는 세간살이는 아니다….

　　그래서 인간의 거주 장소를 완전한 예술작품으로 만드는 것, 다시 말해 그 자체로 표현적이고 아름답고, 그리고 근대의 삶에 밀접하게 관련되고 살기에 적합하고, 그 자체로 조화된 실체로서 거주자의 개인적 욕구에 더 자유롭고 적절하게 순응하고, 색상, 패턴, 자연에 공공 설비를 일치시키고, 또 거주자들의 진정한 표현이 되는 예술작품으로 만드는 것은 근대 미국 건축에 굉장한 기회다. 참된 문화의 참된 밑바탕이다. 우리 시대가 가져야 할 "소유 본능"에 대한 고양된 견해일까? 그러나 일단 토대만 정립되면 내 견해로는, 확실히 이러한 이상(Ideal)은 새로운 전통이 될 것이다. 다시 말해, 주택이 제각각인 방으로 이루어진 작은 조직의 복합체였고, 가구는 그럴싸하게 채워넣어도 설비는 갖춰지지 않았으며, 주로 재산으로 여겨지던 시절에서 큰 발걸음을 내딛게 될 것이다. 근대 건축은 부분들을 분별없이 모아놓은 집합체와 대조되는 유기적 통합체이다. 분명 우리는 환경 속에서 삶을 더 직접적으로 표현하는 것으로써 통합체에 대한 더 높은 이상을 가지고 있다. 서로 상충하는 자잘한 것들 대신 하나의 중요한 것.

1911

헤르만 무테지우스:
독일공작연맹의 목표

Hermann Muthesius:
Werkbundziele

독일공작연맹 탄생의 결정적인 계기는 1906년 드레스덴에서 열린 제3회 독일 응용예술 전시회였다. "이 전시회는 예술가들과 통상 및 산업에서 충분한 자격을 갖춘 대표들이 함께하는 협회를 설립하는 것으로 끝나야 한다"는 견해를 같이했던 일부 동지들의 제안이 1907년 10월 6일 실행에 옮겨졌다. 비록 이 제안의 발기인인 헤르만 무테지우스(1861년 그로스 노이하우젠 출생, 1927년 베를린 사망)는 창립 회원에 포함되지 않았지만, 연맹 프로그램의 최초 작성자였다. 영국주택건축(1904~07)에 관한 보고서로 인해, 그는 이미 독일 수공예운동과 건축 산업에 '무테지우스 사건'으로 알려져 있었다.

|

형태가 지녔던 권리를 되찾도록 돕는 것이 우리 시대의 중요한 과업이어야 하고, 특히 오늘날 시작한 예술 개혁 작품들에서 다루는 내용이어야 한다. 미술공예운동은 우리 방의 실내 장식에 새로운 형상을 부여하고, 수공예품에 새 기운을 불어넣으며, 건축에 유익한 영감을 주었다. 이러한 미술공예운동의 상서

로운 발전은 반드시 일어나야 하는 일의 작은 전주곡에 불과하다고 여겨질 수도 있다. 왜냐하면 성취한 모든 것에도 불구하고 우리는 형태의 야만화에 빠진 채 여전히 힘겹게 나아가는 중이었기 때문이다. 증거가 필요하다면, 우리나라가 가장 열등한 특성을 지닌, 즉 시대에 적합하지 않고 문화 결핍을 후세에게 너무나도 잘 전달토록 의도된 건물들로 시시각각 뒤덮이고 있다는 사실을 언급하는 것으로 충분하다. 사태가 여전히 그러하다면 성공에 대해 말하는 것이 어떤 의미가 있을까? 가로와 거주지를 가득 메운 건물들보다 민족의 취향을 더 정확하게 보여주는 증거가 있을까? 이에 비해, 오늘날 품위 있는 건축물을 건설하는 데 필요한 능력은 있으나, 이러한 능력이 과업에 전혀 대처할 수 없다는 게 드러났다면 무슨 의미가 있는가? 분명히 말하건대, 과업에 대처하지 못한다는 사실은 우리 시대의 문화적 상황을 특징짓는다. 수많은 사람은 형태에 대한 범죄를 그냥 태연하게 지나치고 있을 뿐만 아니라 건축가들의 고용주로서 그들은 부적당한 조언자를 선택함으로써 그 범죄가 배가되는 데에도 기여한다는 바로 그 사실은 형태에 대한 우리 감각의 참담한 상태를 보여주고 그래서 우리의 예술 문화 전반의 끔찍하고 절망적인 상태까지 보여주는 명백한 증거다.

독일공작연맹은 상대의 맹렬한 공격에 맞서 더 나은 것을 위해 투쟁하는 사람들이 결속을 강화해야 했던 시기에 설립되었다. 독일공작연맹의 원칙을 위해 투쟁하던 시기는 이제 끝났다. 그 누구도 독일공작연맹이 존속하는 동안 선전하려던 사상들에 더 이상 반론을 제기하지 않는다. 그 사상들은 보편적인 동의를 얻고 있다. 이러한 현상은 독일공작연맹의 존재가 더 이상 필요치 않다는 것을 의미하는가? 응용예술이라는 좁은 분야만 고려한다면, 그렇게 생각할 수도 있다. 하지만 우리는 쿠션과 의자를 정돈하는 정도로는 만족할 수 없고, 더욱 깊이 생각해 봐야 한다. 사실, 평화 시대의 도래와 더불어 독일공작연맹의 진정한 작업은 지금 막 시작됐다. 그리고 지금까지도 품질에 대한 생각이 독일공작연맹의 작업에서 최우선 순위를 차지했다면, 오늘날 우리는 이미 기술과 재료에 관한 한 독일에서 품질에 대한 감각이 빠르게 개선되고 있음을 알 수 있다. 그러나 이러한 성공도 독일공작연맹의 과업을 완수하는 것과는 거리가 있다. 정신적인 측면이 물질적인 측면보다 훨씬 더 중요하다. 그리고 형태는 목적과 재료, 기술에 비하여 더 높은 위치를 점한다. 목적, 재료, 기술은 비판과 무관할지도 모르지만, 형태 없이는 우리는 여전히 거친 세계에서 살 것이다. 그래서 우리는 점점 더 분명하게 지적인 이해와 건축적인(architektonischen) 감각을 되살리는 훨씬 더 크고 중요한 과업에 직면하게 된다. 왜냐하면, 건축 문화는 한 민족 문화 전체를 보여주는 참다운 지표이기 때문이다. 가령 한 민족이 훌륭한 가구와 조명 기구들을 생산하지만, 날마다 최악의 건물들을 세운다면, 이는 단지 이질적이고 불명확한 조건들의 징후일 뿐이다. 다시 말해서, 조건들의 불일치가 기율과 조직의 결여를 보여주는 증거다. 형태를 완전히 존중하지 않고는 문화를 생각할 수조차도 없고, 형태가 없다는 것은 문화의 결여를 의미한다. 청결이 한층 높은 육체적인 요구인 것처럼 형태는 한층 높은 정신적인 요구이다. 형태가 조야함으로 인해서 매우 교양 있는 사람은 고통을 거의 육체적으로 느끼고, 먼지나 악취로 인한 불쾌함과 같은 느낌을 받는다. 그러나 우리 민족의 교양 있는 사람들이 깨끗한 리넨 제품을 필요로 하는 정도만큼 형태에 대한 감각이 발달되지 않았기 때문에, 우리는 고도의 문화적 성취를 이룬 시대들과 어떤 식으로든 비교될 수 있는 환경과는 여전히 크게 동떨어져 있다.

1914

무테지우스 / 반 데 벨데:
독일공작연맹의 테제와 안티테제

Muthesius / Van de Velde:
Werkbund-thesen und -gegenthesen

독일공작연맹 최초의 대규모 전시회가 1914년 6월 쾰른에서 열렸다. 독일공작연맹이 설립된 이래로 7년간의 작품 개요를 소개하는 전시회였다. 전시회에서 소개하는 건축물들이 가진 이질성—베렌스의 신고전주의에서 그로피우스와 마이어의 사무소 건물과 공장의 명랑하고 간결한 즉물성에 이르는—은 독일공작연맹 내부의 반대 세력을 넌지시 암시했다. 7월 초, 쾰른에서 열린 독일공작연맹 총회에서 격렬한 충돌이 있었다. 무테지우스는 독일공작연맹 디자인의 목적으로 집중과 표준화를 선포했던 반면, 반 데 벨데는 독창적 개인주의자인 예술가라는 반대되는 테제를 주창했다.

|

1   건축 및 독일공작연맹 활동의 모든 영역은 표준화를 향해
      나아가고, 오직 표준화를 통해서만 조화로운 문화가 있던
      시대의 건축 특징인 보편적 의의를 회복할 수 있다.

2   취향을 갖춘 보편성(Allgemeinhöhe), 유익한 집중(Konz-

entration)의 성과로서 이해되는 표준화를 통해서만 보편
적으로 타당하고 변함없이 좋은 취향의 발전이 가능할 것
이다.

3   보편적으로 높은 수준의 취향에 도달하지 못한다면 널리
(느껴지는) 영향력을 행사하는 독일 미술공예를 기대할
수 없다.

4   우리의 제품들이 확실한 양식 표현의 수단이 될 때, 세
계는 그 제품들을 필요로 할 것이다. 독일의 운동으로 이
를 위한 토대는 이제 마련되었다.

5   이미 성취되어온 것을 창조적으로 발전시키는 것이 우리
시대의 가장 긴급한 과업이다. 여기에 그 운동의 궁극적
성공이 달려 있다. 오늘날 모방으로의 퇴보는 가치 있는
소유물의 낭비를 의미할 것이다.

6   끊임없이 생산의 품격을 높이는 것에 독일의 존망이 달려
있다는 신념에서 예술가와 기업가, 상인이 모인 독일공작
연맹은 예술산업(Kunstindustriellen)의 수출을 위한 전제
조건에 집중해야 한다.

7   응용 예술과 건축 분야에서 거둔 독일의 진보를 효과적으
로 선전해 외국에 알려야 한다. 전시회 다음으로 이를 선
전하는 가장 확실한 방법은 삽화가 들어 있는 정기간행물

의 발행이다.

8 독일공작연맹 전시회는 철저하리만큼 최고이고 가장 모범
적일 때에야 비로소 유의미하다. 해외 미술공예 전시회는
국가적인 사안으로 간주되어야 하고, 따라서 정부 보조금
을 필요로 한다.

9 신뢰할 수 있는 좋은 취향을 가진 유능한 대기업의 존재
는 수출의 선행 조건이다. 개별 요구 사항들에 대해 예술
가가 디자인한 물건으로는 국내 수요조차도 맞추기 불가
능할 것이다.

10 새로운 운동이 무엇을 할 수 있는지 보여주었기에, 국가적
인 사유로 국외 활동을 지향하는 대형 유통 및 운송 사업
들은 이 운동과 연결되어야 하고, 세계 속에서 독일 예술
을 의식적으로 대변해야 한다.

— 헤르만 무테지우스

1 여전히 독일공작연맹에 예술가들이 있고 그들이 독일공
작연맹의 운명에 어느 정도 영향력을 행사하는 한, 그들
은 규범의 수립과 표준화에 대한 모든 제안에 불복할 것
이다. 예술가는 자신의 가장 내밀한 본질에 따르면 열렬한
이상주의자이자 자유롭고 자발적인 창조자다. 자유의지

를 가진 예술가는 결코 양식과 규범을 강요하는 기율에 자신을 예속시키지 않을 것이다. 본능적으로 예술가는 자신의 행동을 쓸모없게 만드는 것을 불신한다. 그리고 예술가는 사고 자체의 자유로운 목적에 이르기까지 충분하게 생각하지 못하게 만드는 원칙을, 또는 무능을 미덕으로 추구하는 가면만을 보는 보편타당한 형태에 자신을 이르게 하는 원칙을 설파하는 모든 사람을 불신한다.

2   분명히 '유익한 집중'을 실천하는 예술가는 자신의 의지와 생각보다 더욱 강한 흐름에 맞추어 시대정신에 본질적으로 부합하는 것이 무엇인지 알아야 한다는 사실을 항상 인식하고 있었다. 이러한 흐름은 아주 다양할 수 있다. 예술가는 의식적으로든 무의식적으로든 이 흐름을 보편적 영향으로 받아들인다. 이 흐름에는 예술가가 물질적으로 그리고 정신적으로 눈을 뗄 수 없는 어떤 것이 있다. 예술가는 이 흐름에 자기 자신을 기꺼이 종속시키고, 새로운 양식 그 자체라는 생각에 온통 열중한다. 그리고 20년간 우리 가운데 다수는 우리 시대와 완전히 일치하는 형태와 장식을 추구했다.

3   그럼에도 불구하고 이제부터 추구하거나 찾아낸 이러한 형태와 장식을 기준 삼아 다른 사람들에게 강요해야 한다는 생각을 어느 누구도 하지 않았다. 우리가 시작한 것에 여러 세대에 걸쳐 공을 들인 후에야 새로운 양식에 대한 외면적 특징이 갖춰진다는 것을, 그리고 노력한 모든 기간

이 경과한 후에야 기준과 표준화에 관해 이야기할 수 있다는 것을 확신한다.

4 그러나 이러한 목표가 달성되지 않는 한, 우리의 노력이 창조적 자극이라고 하는 매력을 여전히 지닐 것이라는 점을 확신한다. 점진적으로 모든 힘들 가운데 천부적 재능들이 결합되기 시작하고, 안티테제들이 상쇄되고, 개인의 노력들이 소홀해지는 바로 그때 그 외면적 특성은 갖춰질 것이다. 모방의 시대는 시작될 것이고, 형태와 장식들은 활용되고, 어떠한 창조적 자극도 더 이상 필요하지 않는 생산, 즉 불모의 시대가 도래할 것이다.

5 양식의 확립 전에 표준형이 나타나는 것을 보고 싶은 욕망은 원인에 앞서 결과를 보고 싶은 것과 같다. 초기에 배아를 파괴하는 것이 될 것이다. 빠른 결과를 거둘 수 있는 명백한 가능성에 현혹되도록 자신을 내버려둘 사람이 정말 있을까? 이 조급한 결과들로 인해, 독일 미술공예가 외국에 효과적으로 영향을 미칠 가망성은 더욱 희박해진다. 좋은 취향을 지닌 오랜 전통과 오랜 문화를 지닌 다른 나라들은 우리보다 한 발 앞서 있기 때문이다.

6 다른 한편, 독일은 더욱 오래되고 몹시 지친 다른 민족들이 잃어가는 (천부적) 재능을 여전히 지니고 있다는 커다란 이점이 있다. 예술적 창작과 훌륭한 개인적 영감이 있다. 그리고 이 풍부하고, 다재다능하며, 창조적인 열정을

옭아매는 것은 이내 곧 거세나 다름없게 될 것이다.

7 독일공작연맹은 개인의 손재주라는 재능과 매우 차별화
된 제작의 아름다움에 대한 기쁨과 확신뿐만 아니라 앞서
언급한 재능을 신중하게 함양하는 방향으로 나아가야 하
고, 다른 나라에서 독일 작품에 관심을 보이기 시작한 시
점에 표준화로 이러한 재능을 억제하는 방향으로 나아가
서는 안 된다. 이러한 재능을 발전시키는 것과 관련해서
해야 할 것들은 아직도 산재해 있다.

8 우리는 어느 누구의 선한 의지를 부정하지 않고, 이의 실
천에 극복해야 할 어려움이 있다는 것도 아주 잘 알고 있
다. 노동조합이 노동자의 물질적 복지에 크게 이바지했지
만, 가장 즐거운 협력자가 되어야 하는 이들에게 완전하고
세련된 솜씨에 대한 열의를 일으키는 쪽으로는 거의 아무
것도 하지 않았음에 대한 변명은 없다. 다른 한편으로, 우
리는 저주처럼 산업을 압박하고 있는 수출의 필요성도 잘
알고 있다.

9 수출에 대한 고려만으로는 좋고 탁월한 것이 만들어지지
않는다. 품질은 수출의 정신으로 만들어지지 않을 것이다.
품질은 언제나 아주 제한된 범위의 감정가들과 작품을 의
뢰한 사람들만을 위해 먼저 만들어진다. 이들은 점차 자
신의 예술가들에 대한 신뢰가 생긴다. 그리고 우선 제한
된 의뢰인들이, 그다음에는 전국적인 의뢰인들이 서서히

나타나게 되고, 그리해야만 비로소 다른 나라 또는 세계가 서서히 이러한 품질에 주목한다. 기업가들이 세계 시장을 위한 선험적으로 표준화된 형태들을 생산하여, 이러한 형태들이 국내에서 충분한 시험을 거친 공유 재산이 된다면, 세계 시장에서 더 많은 기회를 갖게 될 것이라고 믿는 것은 완벽한 오해다. 현재 우리가 수입한 훌륭한 작품들은 애초부터 수출을 위해 만들어지지 않았다. 예를 들어, 티파니 유리 제품, 코펜하겐 자기 제품, 젠센의 보석, 코브던-샌더슨의 책 등이 있다.

10 모든 전시회는 그 목적으로서 고유한 품질을 세계에 보여주어야 하고, 무테지우스 선생이 적절하게 말한 바와 같이, 독일공작연맹의 전시회는 철저하게 최고이며 가장 모범적인 것을 다룰 때에만 의미가 있다는 것 또한 사실이다.

— 앙리 반 데 벨데

파울 셰르바르트:
유리 건축(발췌)

Paul Scheerbart:
Glasarchitektur

건축가 브루노 타우트는 파울 셰르바르트(1863년 단치히 출생, 1915년 베를린 사망)를 '건축에서 유일한 시인'이라고 묘사했다. 1893년 이래 놀라울 정도로 풍부하게 서술한 셰르바르트의 이상향적인 환영(phantasmagoria)은 '유리 건축'이라는 개념을 매번 더욱 인상적으로 환기한다. 이것은 사상과 감정에 관한 '옛 유럽의' 습관들을 바꿀 밝고 수정처럼 맑고 다채롭고 이동이 용이하고 떠 있으며 솟아오르는 건축물에 대한 건축가의 꿈이다. 1914년, 셰르바르트에게서 영감을 얻은 브루노 타우트가 쾰른에서 열린 독일공작연맹 전시회에서 '유리 주택'을 지었던 그 해에, 헤르바르트 발덴은 잡지 『폭풍』에 세 개 장으로 된 셰르바르트의 「유리 건축」을 발표했다.

|

1. 환경이 문화의 발전에 미친 영향
우리는 대부분 닫힌 공간에서 지낸다. 이는 우리 문화가 성장하는 환경을 형성한다. 우리 문화는 어떤 의미에서 건축의 소산이다. 문화를 높은 수준으로 끌어올리려면, 좋든 싫든 건축을 바꾸어야만 한다. 그리고 이러한 변화는 우리가 거주하는 공간에서 닫힌 성질을 제거할 때에만 가능하고, 유리 건축을 도입함으로써만 이루어질 수 있다. 단지 창문 몇 개가 아닌 온전히 유리 — 채색유리 — 로 만든 벽에서 동시에 햇빛과 달빛, 별빛을 방으로 들여야 한다. 그렇게 함으로써 만들어진 새로운 환경은 틀림없이 새로운 문화를 가져올 것이다.

18. 유리 건축이 도처에 존재할 때 지상의 아름다움

벽돌 건축이 도처에서 유리 건축으로 대체된다면 지상은 상당히 바뀌었을 것이다.

지상은 빛나는 보석과 에나멜로 뒤덮인 양 보일 것이다.

이 화려함은 상상조차 할 수 없는 것이다. 그리고 우리는 지상에서 아라비안 나이트의 정원보다 훨씬 더 아름다운 것들을 갖게 될 것이다.

그때, 우리는 지상 낙원을 갖게 될 것이고 천상의 낙원을 동경하는 눈으로 쳐다볼 필요도 없을 것이다.

41. 철 구조로 인해 발전될 가능성들

철 구조는 벽을 원하는 어떤 형태로도 만들 수 있다. 벽은 더 이상 수직으로 서 있을 필요가 없다.

이런 까닭에, 철 구조로 인해 발전될 가능성은 사실상 무제한이다.

머리 위의 돔 효과가 측면으로 옮겨질 수도 있다. 돔 효과를 관찰하기 위해서는 테이블에 앉아서 옆으로 그리고 위로 쳐다보기만 하면 된다.

그러나 곡면은 벽의 하부에서도 또한 효과적이다. 예컨대 비교적 작은 방에서 특히 이 효과를 달성하기에 용이하다.

비교적 작은 방에서는 수직성을 고려한 필요가 완전하고 철저하게 없어진다.

그렇게 함으로써 건축에서 바닥 평면의 중요성은 상당히 줄어든다. 그리고 건물의 외형 디자인은 여태보다 더 중요시된다.

62. 테라스

테라스 구성은 의심할 여지없이 다층으로 구성된 높은 유리 건축물에서 필수적이다. 그렇지 않으면 유리 표면이 자유롭게 별이 드는 대기에 닿을 수 없고, 낮이 아닌 밤에만 암흑에서 그 목적을 이룰 수 있기 때문이다.

다층에서 이 테라스 구성은 벽돌 주택의 단조로운 정면 건축을 말할 것도 없이 빠르게 대체할 것이다.

71. 이동 가능한 건축물

이동 가능한 유리 건축물도 제작 가능하다. 특히 전시 목적에 매우 적합하다.

그러한 건축물은 결코 제작하기가 쉽지 않다. 그러나 새로운 것이 개입되면, 그것이 종종 처음 다뤄지는 가장 어려운 문제라는 것을 잊어서는 안 된다.

102. 지표면의 변화

동화 같은 것이 거듭 반복되어 들리면, 그것은 그다지 환상적이거나 이상적이지 않다. 80년 전 증기철도가 나타나 지구의 전체

표면을 사실상 바꾸었다는 것을 부정할 사람은 아무도 없다.

지금까지 언급된 바에 따르면 지표면은 또 다시 변형될 것이고, 이번에는 유리 건축에 의해 이뤄질 것이다. 유리 건축이 나타나면 지표면을 변화시킬 것이다. 물론 현재 논의 이외의 다른 요소들도 작용할 것이다.

우리 모두가 고통받는 현재 대도시의 벽돌 문화를 창조한 것은 바로 증기철도였다. 우리가 아는 의미에서 대도시가 소멸됐을 때 비로소 유리 건축이 나타날 것이다.

대도시가 소멸되어야 한다는 것은 우리 문화를 한층 더 발전시키고자 하는 모든 이에게 더할 나위 없이 명백하다. 이에 대해서 더 이상 말할 가치는 없다.

우리 모두는 색이 의미하는 것을 알고 있다. 그것은 스펙트럼의 일부분만을 이룬다. 그러나 우리는 이 부분을 소유하고 싶어 한다. 우리 눈으로는 적외선과 자외선을 볼 수 없지만, 개미의 감각 기관은 자외선을 분명히 감지할 수 있다.

현재로서는 우리 감각 기관이 하룻밤 사이에 갑자기 한층 더 진화할 것이라고 생각할 수 없더라도, 이해할 수 있는 것을 먼저 받아들이게 되리라고 가정하는 것은 타당할 것이다. 그러니까 우리 눈으로 지각할 수 있는 스펙트럼, 우리가 받아들일 수 있는 색의 경이로운 산물들 말이다.

이렇게 하도록 도울 수 있는 유일한 것이 유리 건축이고, 그 건축은 우리 생활 전체, 우리가 거주하는 환경을 틀림없이 바꾸어놓을 것이다.

유리 건축이 사실상 지표면을 '완전히 바꿔' 놓기를 희망한다.

안토니오 산텔리아/필리포 톰마소 마리네티: 미래주의 건축 선언

Antonio Sant'Elia/Filippo Tommaso Marinetti:
Manifesto dell'Architettura futurista

1914년 밀라노에서 안토니오 산텔리아와 마리오 키아토네라는 두 젊은 건축가는 '신도시'를 위한 드로잉과 도면을 전시했다. 그 카탈로그의 서문에서 안토니오 산텔리아(1888년 코모 출생, 1916년 몬팔코네에서 피살)가 제안한 급진적 사상은 이탈리아 미래주의의 대변자인 마리네티에 의해 곧바로 「미래주의 건축 선언」으로 재해석되었다. 이 선언문은 같은 해 7월, 마리네티의 선언문 「기하학과 기계학의 광휘 그리고 수의 감성」이 발표되고 4개월 후에 나왔고, 이로써 위대한 미래주의의 선언문 시리즈를 끝맺었다.

|

아래 박스의 내용은 마리네티와 친티에 의해 안토니오 산텔리아의 선언문에 덧붙여졌다.

18세기 이래로, 더 이상 건축은 존재하지 않는다. 이른바 근대 건축은 현대적 골격을 감추기 위해 사용한 다양한 양식적 요소들로 이루어진 지루한 혼합체다. 콘크리트와 철의 새로운 아름다음은 축제 장식용 겉치장을 덧붙임으로써 훼손된다. 그러한 겉치장은 구조적 필요성으로도 우리의 취향으로 납득되지 않는다. 고대 이집트나 고대 인도나 고대 비잔틴에 혹은 '신고전주의'로 알려진 어리석은 언행과 무기력의 놀랄 만큼 급격한 증가에 그 기원을 두고 있다.

이탈리아에서는 이러한 건축적 매춘 알선의 산물들이 환영을 받고, 해외의 탐욕스러운 무능은 눈부신 독창성, 즉 가장 최신의 건축으로 평가된다. 젊은 이탈리아 건축가들(예술 잡지의 은밀한 모의를 통해 독창적이라는 평판을 얻은 사람들)은 도시의 새로운 구역들에서 자신의 재능을 드러낸다. 그곳에서 첨두 아치가 있는 기둥과 17세기 잎 무늬 장식, 고딕 아치, 이집트식 기둥, 로코코식 소용돌이꼴 장식, 15세기 발가벗은 어린 이상(putti)과 부푼 여신주(caryatids)의 즐거운 혼란을 통해서 양식으로 평가받기를 진지하게 요구하고, 기념비성을 얻으려고 거만하게 노력한다. 변화무쌍하게 출현하고 소실하는 형태들, 끊임없이 증가하는 기계들, 그리고 통신수단의 속도, 인구의 집적, 위생에 대한 요구와 근대 생활의 수많은 현상들로 인해 나날이 증가하는 요구들은 자칭 건축 개혁가라는 젊은 이탈리아 건축가들에게는 아무런 관심을 불러일으키지 못한다. 그들은 비트루비우스와 비뇰라, 산소비노의 원칙들을 계속해서 고집스럽게 적용하고, 가지고 있는 몇 권의 독일 건축 출판물을 통해 오래된 어리석은 행위를 우리 자신을 직접적이고 충실하게 투영해야 하는 도시에 다시 강요하고 있다.

그래서 이러한 표현과 통합의 예술은 그들의 손에서 공허한 양식적 실행이다. 다시 말해서, 벽돌과 돌로 축조된 진부한 건물들을 근대 건축물로 위장하기 위해 부적절하게 사용된 공식들이 무한히 반복되었다. 마치 기계적 확장 부분들과 생활 소음과 속도로 운동을 축적하고 발생시키는 우리가 4세기, 5세기, 6세기 전 사람들의 요구로 건설된 거리에서 살 수 있다고 하는 것 같다.

이는 근대 건축의 가장 어리석은 짓이다. 아카데미의 이기적인 공모에 끊임없이 얽혀 들어가는 것으로, 지성의 감옥인 아카데미는 젊은 건축가들이 '미래주의 주택과 도시'에 관한 새롭고 긴급한 문제에 대한 해결책에 열린 마음으로 몰두하기보다는 고전적 모델을 자의적으로 모방하기를 강요한다. 정신적으로나 물질적으로도 우리의 것인 미래주의 주택과 도시. 그곳에서 우리 격변의 존재는 기괴하게 시대착오적인 것처럼 보이지 않고 발생할 수 있다.

미래주의 건축의 문제는 순차적인 재배열의 문제가 아니다. 새로운 프로필, 새로운 문틀과 창문틀, 그리고 기둥, 벽기둥, 소용돌이꼴 초엽, 여신주, 괴물 홈통 주둥이의 대체물을 찾는 문제가 아니다. 정면을 맨 벽돌로 남겨둘 것인지, 정면에 페인트를 칠할 것인지 아니면 돌을 붙일 것인지에 관한 질문도, 새로운 건물과 오래된 건물 간의 형식적 차이를 규명할 것인지에 관한 질문도 아니다. 철저한 계획을 바탕으로 미래주의 주택을 만드는 것인지, 모든 과학적이고 기술적인 자원에 의지하여 그것을 지을 것인지, 우리의 생활 방식과 영혼의 모든 요구를 최대한 충족할 것인지, 우리에게 기괴하고, 크고 무거운, 그리고 이질적인 모든 것, 예를 들어 전통과 양식, 미학, 비례을 거부할 것인지, 새로운 형태들, 새로운 선들, 프로필과 볼륨의 새로운 조화를 확립할 것인지, 즉 그 존재 이유가 근대 생활의 특별한 조건에 있고 그 미적 가치가 우리의 감성과 완벽하게 조화를 이룬 건축에 관한 질문이다. 이러한 건축은 역사적 연속성의 법칙을 따를 수 없다. 우리 마음의 상태가 새로운 것처럼, 건축도 새로워야 한다.

건축술은 건축의 변하지 않는 보편적 특징들을 유지하면서도, 시간에 따라 발달하여 한 양식에서 다른 양식이 될 수 있었다. 유행으로 인한 그리고 잇따른 종교 운동과 정치 체제가 가져오는 변화들은 역사적으로 빈번한 반면에, 환경 조건의 엄청난 변화를 일으키는, 즉 옛것을 뒤집어서 새로운 것을 창조하는 요소들, 예를 들면, 자연 법칙들의 발견과 기계 시스템의 완성, 재료의 합리적이고 과학적 사용은 정말 극히 드물기 때문이다. 현대에 건축의 일관된 양식의 발전 과정은 멈추었다. '건축은 전통에서 벗어나고 있다. 그리고 필연적으로 처음부터 다시 시작해야 한다.'

재료 강도 계산과 철근 콘크리트의 사용은 고전적이고 전통적인 의미에서의 '건축'을 배제한다. 현대의 건축 재료와 우리의 과학적 개념들은 역사적 양식들의 기율에 전혀 적합하지 않다. 최신 유행 건물의 모습이 기괴해지는 주요 원인이다. 그러한 건물에서는 굉장히 가볍고 가는 지지 부재들과 약해 보이는 철근 콘크리트로 아치의 육중한 곡선과 대리석의 중후한 외관을 모방하기 때문이다.

근대와 고대 세계 간의 엄청난 대립은 지금은 존재하지만 그때는 존재하지 않았던 것들 때문에 일어난다. 고대인은 꿈조차 꿀 수 없었던 가능성을 지닌 요소들이 우리의 삶으로 들어왔다. 정신의 물질적인 가능성과 태도가 나타났고, 수많은 반향을 일으켰다. 그중 무엇보다 아름다움에 대한 새로운 이상이 있다. 여전히 모호하고 발생 초기이지만 그 매력은 이미 대중들조차도 감지하고 있다. 기념적인 것, 육중한 것, 정적인 것에 대한 감각을 상실했다. '가벼운 것, 실용적인 것, 일시적이고 신속한 것에 대한 취향'으로 우리의 감성을 풍요롭게 했다. 우리는 더 이상 대성당, 궁전, 집회장이 아니라, 호텔, 철도 역사, 대규모 도로, 초대형 항구, 지붕 덮인 시장, 휘황찬란하게 불이 켜진 갤러리, 고속도로, 철거와 재건축 계획에 속한 사람들이라고 생각한다.

우리는 미래주의 도시를 발명하고 재건해야 한다. 그러한 도시는 틀림없이 거대하고, 소란스럽고, 활발하고, 숭고한 일터같은, 즉 모든 부분에서 역동적일 것이다. 그리고 미래주의 주택은 틀림없이 거대한 기계와 같을 것이다. 승강기는 계단통의 외로운 벌레처럼 몸을 숨기지 않아도 된다. 쓸모없어진 계단은 폐쇄되어야 하고, 승강기는 철과 유리로 된 뱀처럼 주택의 정면을 기어 올라가야 한다. 페인트칠도 조각도 없이 콘크리트, 유리, 철로 지은, 그리고 오로지 선과 형상화에 내재한 아름다움으로만 충만하고, 기계적 단순함에서 극단적으로 '추하고', 지방 정부 규정에 따라 높고 넓은 이 주택은 수선스러운 나락의 끝에서 솟아올라야 한다. 다시 말해 도로는 더 이상 발매트가 놓인 수위실 레벨로 이어지지 않고, 지하로 파고 들어가 몇 개의 레벨을 이루어서, 한 지점에서 다른 지점으로 이어지는 통로와 연결될 것이다. 대도시의 교통을 담당하는 이 통로는 금속재 보도와 초고속 에스컬레이터로 이루어져 있다.

'장식적인 것은 없어져야만 한다.' 미래주의 건축의 문제는 기막힌 발상과 과학적이고 기술적인 경험을 갖춘 조치에 의해서 해결되어야 한다. 사진을 사용하여 중국 또는 페르시아나 일본을 표절하거나 비트루비우스의 원칙들을 무모하게 고수해서는 안 된다. 모든 것은 혁명적이어야 한다. 우리는 지붕과 지하층을 활용하고, 정면의 중요성을 축소하고, 좋은 취향의 문제들을 절단면과 주두, 출입구의 작은 영역에서 '매스들의 주요한 그룹,' 즉 거대한 '도시 계획 프로젝트'의 더 넓은 영역으로 옮겨야 한다. 기념비적이고 침울한 기념하는 건축을 끝내자. 기념비, 보도, 아케이드, 계단을 버리자. 광장을 땅속으로 가라앉히고, 도시의 레벨을 올리자.

나는 다음을 반대하고 경멸한다.

1   오스트리아와 헝가리, 독일, 미국의 모든 사이비 아방가르드 건축.

2   모든 고전적이고, 장중하고, 종교 미술 양식의, 과장된, 장식적인, 기념비적인, 경박한, 기분 좋은 건축.

3   기념비와 고대 궁전의 보존, 복원, 복제.

4   수직선과 수평선, 즉 정적이고, 육중하고, 중압감을 주며

우리의 새로운 감성과 완전히 다른 정육면체와 피라미드 같은 형태들.

그리고 다음을 선언한다.

1   미래주의 건축은 계산의 건축이고, 대담하고 소박한 건축 이며, 철근 콘크리트, 철, 유리, 보드지, 방직 섬유와 같이 나무와 돌, 벽돌을 대신하는 대체물이 최대의 탄성과 가 벼움을 가능하게 하는 건축이라는 것.

2   이러한 건축은 현실적이고 실용적인 것의 무미건조한 결 합이 아니라, 이것은 예술, 즉 통합과 표현이라는 것.

3   사선과 타원형의 선들은 본질적으로 역동적이고 수직선 과 수평선보다 천 배 정도 큰 감동을 불러일으키는 힘을 지니고, 역동적으로 통합된 건축은 그것들 없이는 불가능 하다는 것.

4   건축에 적용하는 장식은 불합리하며, 미래주의 건축의 '장 식적 가치는 오로지 가공되지 않거나 있는 그대로거나 강 렬하게 채색된 재료의 독창적 사용과 배열에 의해서만 좌 우된다'는 것.

5   고대인들이 자연의 요소들에서 자신의 예술에 대한 영감 을 얻은 것처럼, 물질적으로 정신적으로 인위적인 우리는

우리 자신이 만든 엄청나게 새로운 기계적인 세상의 요소들에서 영감을 얻어야 하고, 그 가운데에서 건축은 틀림없이 가장 훌륭한 표현이고, 가장 완벽한 통합이며, 가장 효과적인 예술적 완성일 것이라는 것.

6 정해진 기준에 따라 건축물의 형태를 배열하는 기술로서의 건축은 끝났다는 것.

7 건축은 자유와 비상한 담대함으로 환경과 인간을 화합하려는, 즉 사물의 세계에 정신을 직접적으로 투사하려는 시도로서 이해되어야 한다는 것.

8 그렇게 시작된 건축은 어떠한 삼차원적이거나 선적인 경향을 만들어낼 수 없다. 그 이유는 미래주의 건축의 근본적인 특징들이 쇠퇴해갈 것이고 일시적이기 때문이다. '주택들은 우리보다 오래가지 못할 것이다. 그리고 각 세대는 자신의 도시를 세워야 할 것이다.' 건축 환경의 끊임없는 갱신은 '자유언어'와 '조형적인 역동성', '(악보의) 세로줄 없는 음악', '소음의 예술'로 이미 확인된 '미래주의'의 승리에 기여할 것이다. 우리가 과거의 소심한 숭배에 맞서 주저하지 않고 싸우는 그러한 승리이다.

미래주의 건축 선언

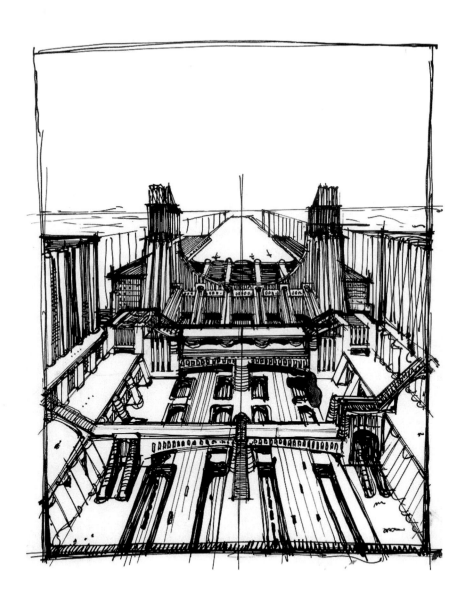

안토니오 산텔리아, 1914

1918

'데 스테일': 선언 1

'De Stijl':
Manifest 1

유명하지만 오늘날에 와서야 비로소 중요성이 평가되는 '데 스테일' 그룹의 선언 1은 1918년 11월에 등장했고, 동명의 잡지가 2년째에 접어들고 있음을 소개했다. 1년 전 라이덴에서 급진적인 예술가 그룹이 테오 판 두스뷔르흐(1883년 위트레흐트 출생, 1931년 다보스 사망)의 주도하에 결성되었다. 그들의 목표는 명쾌하고, 요소적이며, 감상적이지 않은 건축물에서 건축과 조각, 회화의 유기적 결합이다. 그 그룹은 '데 스테일'이라는 이름을 받아들였고, 그렇게 함으로써 자신의 구축적인 이론이 새로운 미학을 목표로 삼고 있다고 꽤 정확하게 표명했다. 그 첫 발언은 '순수성'이었다. '백색의' 세계는 '갈색의' 세상을 대체하는 것이었다.

|

1   낡은 시대의식과 새로운 시대의식이 있다.
     낡은 것은 개인적인 것으로 향한다.
     새로운 것은 보편적인 것으로 향한다.
     보편적인 것에 맞서 개인적인 것의 투쟁은 세계대전과 요즘 예술 모두에서 볼 수 있을 것이다.

2   전쟁은 내용이 있는 세계, 즉 모든 분야에서 개인적인 탁
      월함이 있는 낡은 세계를 파괴하고 있다.

3   새로운 예술은 새로운 시대의식에 내포된 것, 즉 보편적인
      것과 개인적인 것 사이의 동등한 관계를 드러냈다.

4   새로운 시대의식은 외적인 생활을 포함한 모든 것에서 그
      자신을 실현할 준비가 되어 있다.

5   전통과 도그마와 개인적인 것의 탁월함은 그 실현을 가로
      막는다.

6   그러므로 새로운 문화의 창시자들은 예술과 문화의 개혁
      을 믿는 모든 이에게 발전을 막는 장애물들을 파괴하도록
      요구한다. 그것은 마치 조형 예술에서, 그들이 자연적 형
      태를 제거함으로써 순수한 예술적 표현, 즉 모든 예술적
      개념의 논리적 결론을 가로막던 것을 제거했듯이 말이다.

7   다름 아닌 바로 그 동일한 의식에서 세계 도처의 현대 예
      술가들은 개인주의, 즉 자의성의 지배에 맞서 정신적인 차
      원에서 세계대전에 참전했다. 그러므로 그들은 삶과 예술
      과 문화에서 국제적인 단일체 구성을 위해 정신적으로 물
      질적으로 투쟁하고 있는 모든 이에게 공감한다.

8   이러한 목적을 위해 창간된 (공식) 기관지인 『데 스테일』은 분명하게 삶의 새로운 개념을 정립하는 데 기여하려 한다. 모든 협조는 다음과 같이 가능하다:

동의의 증거로 (편집부에)(정확한) 성명, 주소, 직업을 써서 보낼 것.

월간지 『데 스테일』에 보낼 가장 광범위한 의미에서 (재간행뿐만 아니라 비평적이고 철학적인, 건축적인, 과학적인, 문학적인, 음악적인 등) 기고문들.

『데 스테일』에 게재된 그 견해들을 다른 언어로 번역하여 전파.

필자들의 서명:
테오 판 두스뷔르흐, 화가 / 로베르트 판트 호프, 건축가 / 빌모시 후슈자르, 화가 / 안토니 코크, 시인 / 피트 몬드리안, 화가 / 조르주 반통겔루, 조각가 / 얀 빌스, 건축가.

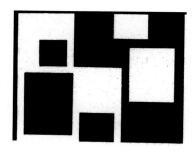

빌모스 후슈자르, 1917

브루노 타우트:
건축 프로그램

Bruno Taut:
Ein Architektur-Programm

1918년 크리스마스에 나온 브루노 타우트의 「건축 프로그램」은 예술노동자협의회의 승인을 얻어 리플릿으로 인쇄되었다. 베를린에 본부를 둔 예술노동자협의회는 제1차 세계대전 후 독일 전역의 혁명적 예술가들이 함께 모였던 11월 그룹과 같은 시기에 설립되어 밀접한 관계를 유지했다. 그러나 11월 그룹과는 달리, 예술노동자협의회의 새로운 계획은 브루노 타우트(1880년 쾨니히스베르크 출생, 1938년 앙카라 사망)와 함께 건축이 인도주의적 과제임을 보여준 젊은 건축가 그룹에 달려 있었다. 이 과제는 타우트가 '지구는 좋은 거주지다'라는 슬로건에서 압축해서 보여주었다.

|

예술—그것은 존재할 때 유일한 것이다! 오늘날 예술은 존재하지 않는다. 여러 가지 분열된 경향들이 새로운 건축의 비호 아래에서만 통일성으로 되돌아갈 수 있다. 개개의 기율은 이를 만드는 데 기여할 것이다. 그러면 응용 예술과 조각 또는 회화 사이의 어떠한 경계는 없을 것이다. 모든 것이 하나가 될 것이

다. 그것이 건축이다.

　　오늘은 잠들어 있지만 내일은 깨어날 정신적 힘의 직접적인 매개체이자 일반 대중 감성의 제작자는 건축이다. 정신적인 영역에서 완전한 혁명만이 이러한 건축을 창조할 것이다. 그러나 이러한 혁명과 건축은 저절로 생기지 않을 것이다. 모두는 의지가 있어야 한다. 다시 말해서, 오늘날 건축가는 내일의 건축을 준비해야 한다. 미래의 그들 작품은 공공의 조력을 얻어야만 가능하다.

그러므로,

ㅣ　건축가들 사이에서 이념적인 힘의 지지와 결집

　　(a) 순수하게 형식적인 측면에 더하여, 더 나은 미래에 속하는 건축의 상징에서 모든 국가적 에너지를 집중하려고 노력하고, 건축의 우주적인 특징과 종교적인 토대, 이른바 이상향을 입증하는 건축적인 개념들을 지지. 급진적인 건축가들이 그러한 프로젝트를 수행할 수 있도록 그들에게 주는 보조금 형식의 공공기금을 제공. 문서로 된 자료의 출판과 모델들의 입체적 구성을 위한 재정적 지원과

　　(b) 건축가들이 자신의 개념을 구현하기 위해 대규모 모델을 세울 수 있는 적절한 실험 장소(예를 들어, 베를린의 템펠호프의 들판)를 마련하기 위한 재정적 지원. 또한, 여기 새로운 건축적 효과들(예를 들어, 건축 재료로서의 유리)을 시험적으로 사용해보고, 완벽하게 하여, 실

물 크기의 임시 구조물이나 건물의 개별적 부분을 대
중에게 공개해야 한다. 비전문가와 여성과 어린이는 억
압된 전문가들보다 한층 더 멀리 내다볼 것이다. 비용
은 실험적 건물 관련 기업들의 참여뿐만 아니라 공공
의 기념물을 녹이거나 개선 도로를 깨부수거나 그 밖
의 것들을 함으로써 충족될 수 있다. 실험 장소에 장인
과 예술가 마을이 있는 공방.

(c) 창의적인 건축가들과 급진적 성향의 비전문가들로 절
반씩을 구성한 협의회가 재정 보조금 분배에 대한 결
정. 합의에 도달하지 못할 경우, 최종 결정은 협의회에
서 선출한 비전문가가 최종 결정할 것이다.

II   민중의 주택

(a) 도시 내부가 아닌 탁 트인 시골에 숙박시설 등을 갖춘
연극과 음악을 위한 건물 군집 등의 정착지와 연계하여
대규모 민중 주택 단지를 시작하고 종교 건물에서 절정
을 이룸. 장기간의 건설이 예상되므로, 소자본으로 만
든 웅대한 계획에 따라 착수해야 한다.

(b) 건축가는 경쟁에 의하지 않고 I (c)에 준하여 선정됨.

(c) 건설이 중단되면, I (a)–(c)에 준하여 확장 계획과 새로운
개념으로 중단 기간에 새로운 장려책을 주어야 한다.

이러한 건물들은 문화를 발전시키기 위한 예비 단계인 민중과
예술가의 에너지를 통합하려는 첫 시도여야 한다. 그러한 건물
들은 대도시에 설 수 없는데, 그 이유는 대도시 자체가 부패해

서, 낡은 권력과 함께 사라질 것이기 때문이다. 미래는 새롭게 개발되어 자급자족할 ('물 위'가 아닌) 대지 위에 놓인다.

III 단지

(a) 건축가 스스로가 모든 프로젝트와 건물을 검토하고, 그것 때문에 개인의 자유를 저해하지 않는 전반적인 원리들을 확립하려는 점에서 일원화된 방향. 이 건축가는 거부권을 가짐.

(b) II (b)와 같음.

(c) 농업과 현실적인 고려 사항들 다음 차순위로 급격하게 축소된 형태적 요소들. 극단적 단순성도 색채도 걱정할 필요는 없다.

IV 기타 건물들

(a) 가로 개발에 대해서, 그리고 경우에 따라 전체 시가지에 대해서, III (a)와 (b)처럼 적용한다.

(b) 공공건물과 민간건물 간의 차이는 없음. 프리랜서로 일하는 건축가가 있는 한, 프리랜서로 일하는 건축가만 있을 것이다. 관영 도공이 없는 한, 관영 건축가도 필요 없다. 누구나가 공공건물과 민간건물을 지을 수 있다. I (c)에 따르거나 경쟁을 통해 의뢰. 그리고 그 경쟁에서는 익명의 참가자 아닌 I (c)를 따른 협의회에 의해 초청받아 상을 받는 참가자. 무보수 디자인은 아님. 무명의 건축가는 협의회에 초청을 신청할 것이다. 익명성은 성공한 건축가가 쓴 식별 가능하고 아름다운 필적으로

67

인해 가치 없게 된다. 심사위원단의 만장일치 아님. 만
장일치가 아닐 경우에는 심사위원단의 각 구성원이 자
신의 투표에 대해 개별적으로 책임을 진다. 최선은 심
사위원 한 명이다. 최종 선택은 국민 투표다.

(c) 시 당국의 건설 자문위원 등과 같은 건설 공무원은 순
수하게 기술적인 역할로 현지 건물의 제어와 철거, 그리
고 재정 감독에만 관여함. 도시 계획과 같은 중간 분야
는 건축가와 조경가로 구성된 자문위원회의 감독 아래
둘 것.

(d) 건축가에 대한 직함과 명예는 없음(박사, 교수, 의원,
각하 등).

(e) 모든 것에서, 우선권은 독창성에 주어짐. 일단 임명되
면 건축가는 통제받지 않음.

(f) 공공의 반대가 있는 경우, I (c)를 따른 협의회에서 결정.
이 협의회는 건축가들의 단체에 의해 설립될 수 있다.

(g) 건축 단체들만이 이런 문제와 또 다른 문제에서 권위
가 있어야 하고 정부에 의해 인정되어야 한다. 이 단체
들은 상호 협력 원칙을 최대한 발휘해야 한다. 그들은
강제력을 가진 건축 시행 규칙들을 책임지고 있는 경
찰에 영향을 미쳐야 한다. 상호 협력만이 한 협회를 생
산력 있고 왕성하게 만든다. 그것은 투표수보다 더욱
중요하다. 투표수는 사회적 합의 없이 무의미하다. 협
력은 비예술적인 것과 불공정한 경쟁을 없앤다.

V 건축가의 교육

(a) IV (g)에 따라서 단체들은 공업학교들의 설립, 학칙, 감독에 관한 결정권을 갖는다. 학생들과 공동으로 교사 임명. 동업 조합에서 견습공처럼 건설 현장에서 그리고 작업장에서 실습.

(b) 직업학교에서는 예술 교육이 아닌 기술 교육만 실시. 기술직업학교.

(c) 젊은 사람들과 건축가들의 선택을 따라 건축사무소에서 실시하는 예술 교육.

(d) 대학에서의 사전 지식과 성향에 따라 실시하는 일반 교육.

VI 건축과 기타 예술

(a) 건축가가 즐거운 형태로 전시회를 계획하기. 그래서 붐비는 광장이나 공원에서나 대중노선, 즉 거의 박람회 같은 곳에서 경량 건물들을 세우기.

(b) 화가와 조각가를 살롱 예술에서 떼어놓기 위해, 모든 건물에 예술가들을 대규모로 고용하기. 그래서 건축가와 '예술가' 사이의 공통 관심사를 불러일으키기.

(c) 이러한 원리에 따라 건축 학생들을 창의적인 '신예술들'에 도입하기. 예술 전 분야를 개관하고 회화와 조각의 급진적인 시도들을 이해하는 건축가만이 유일하게 중요하다. 그만이 전체의 통합을 이루게 할 것이다.

이 프로그램의 실행으로 요직 등을 맡아 공공의 삶을 사는 건축가의 중요성은 자연히 증대될 것이다.

건축 프로그램

1919

'예술노동자협의회':
위대한 건축의 비호 아래

'Arbeitsrat für Kunst':
Unter den Flügeln einer Grossen Baukunst

1919년 3월에 베를린에서 예술노동자협의회는 1918년에 나온 브루노 타우트의 「건축 프로그램」 지침과 6대 요구사항으로 압축된 프로그램 회보를 간행했다. 발터 그로피우스, 아돌프 베네, 세자르 클라인이 당시 협의회를 이끌었다. 실무위원회에는 오토 바르트닝, 헤르만 하슬러, 에리히 헤켈, 게오르크 콜베, 게르하르트 마르히스, 루트비히 마이트너, 막스 페히슈타인, 헤르만 리히터–베를린, 카를 슈미트–로틀루프, 브루노 타우트, 막스 타우트, 빌헬름 발레티너가 있었다. 건축가들은 이미 소수였지만, 여전히 결정적인 발언권을 가지고 그룹 내부에서 통솔력을 발휘했다.

예술을 수십 년간의 통제로부터 해방시키기 위해서는 정치적 혁명이 이용되어야 한다는 신념 아래, 공통의 세계관으로 뭉친 예술가와 예술 애호가 그룹은 베를린에서 결성되었다. 이 그룹은 일면적인 전문가의 관심사를 옹호하는 것을 넘어서, 우리의 모든 예술적 삶을 재건하기 위해 결연히 협력하기를 바라는 산발적으로 분열된 힘 모두를 모으려고 노력한다. 독일의 다른 곳에서 유사한 목적들을 가진 단체들과 긴밀하게 접촉하는 예술노동자협의회는 머지않은 미래에 다음 프로그램에서 요약된 목표들을 관철시켜나갈 수 있기를 희망한다.

먼저 지침을 밝혀둔다.

예술과 민중은 통일체를 형성해야 한다.
예술은 더 이상 소수의 흥밋거리가 아니라
민중의 삶이자 행복이다.
목표는 위대한 건축의 비호 아래 맺는 예술 동맹이다.

이러한 지침을 근거로 여섯 개의 예비 요구 사항들을 제안한다.

1   국가와 민간의 모든 건축 활동이 지닌 공공성을 인지. 공직자에게 부여된 모든 특권을 철폐. 세부 사항들에 대한 자유를 제한하지 않고 전체 시가지, 가로, 주거지에 대한 일원화된 관리 감독. 새로운 과제는 민중에게 모든 예술을 상기시키는 수단으로써의 주택. 새로운 건축적 효과들을 시험하여 완벽하게 하기 위한 영구적인 실험 장소들.

2   기존 형태의 예술 아카데미, 건축 아카데미, 프로이센 지역 예술위원회를 해체. 영역 재설정이 일어나는 이러한 단체를 생산적인 예술가들 스스로 조직해 국가의 간섭에서 자유로운 단체로 대체함. 소수가 독점한 전시회를 입장이 무료인 전시회로 변경.

3   건축, 조각, 회화, 수공예의 훈련 모두를 국가의 관리감독에서 벗어나게 하기. 모든 예술과 수공예 교육을 완벽하게 탈바꿈함. 정부 자금은 이러한 목적과 훈련장에서 장인들을 양성하는 데 사용 가능.

4   민중을 위한 교육 기관으로서 박물관에 생기를 불어넣음. 강연과 가이드 투어로 민중의 흥미에 기여하도록 끊임없이 변화하는 전시회를 시작하기. 특별하게 건설된 건물들에서 과학적 재료를 분리. 예술 공예 노동자들의 연구를 위해 특별하게 마련된 소장품을 구축하기. 신구 작품들의 취득을 위해 정부 자금을 공정하게 분배하기.

5   다른 용도로 쓰일 수 있는 재료의 가치에 비해 과중한 예술적 가치를 지닌 모든 건물뿐만 아니라 예술적으로 가치 없는 기념물들을 파괴하기. 성급하게 계획한 전쟁 기념비들을 막고, 베를린과 제국에 제안한 전쟁 박물관 작업을 즉각 중단하기.

6   장래의 입법 테두리 안에서 예술 함양을 위한 국립 센터를 설립하기.

1919

그로피우스/타우트/베네: 건축에 관한 새로운 생각

Gropius/Taut/Behne:
Der neue Baugedanke

1919년 4월에 베를린에서 예술노동자협의회는 '무명 건축가들의 전시회'를 개최했다. 이 노동자협의회의 첫 전시회에 즈음하여 발행한 4쪽짜리 리플릿에는 이름이 실려 있지 않고, 다만 발터 그로피우스와 브루노 타우트 그리고 노동자협의회의 총무인 아돌프 베네(1885년 마그데부르크 출생, 1948년 베를린 사망)에 의해 쓰인 세 개의 선언문 같은 글이 실려 있다. 이 전시회 무렵, 그로피우스는 바이마르에 있는 옛 대공(Großherzoglich) 미술공예학교 교장으로 임명되어, 국립 바우하우스로 명칭을 변경하는 데 성공했다. 전시회 리플릿에 쓴 그의 기고문은 첫 번째 바우하우스 선언문과 본질적으로 다르지 않다.

|

건축이란 무엇인가? 인간의 가장 고귀한 사상, 열정, 인간성, 신앙, 종교에 대한 수정 같이 투명한 표현! 과거 한때 그랬다. 그러나 실용성에 시달리는 이 시대 사람들 가운데 누가 건축의 포괄적이고 영혼을 부여하는 특성을 아직도 이해할까? 우리는 가

로와 도시를 가로질러 걸으면서, 그 추한 황무지에서 부끄러움으로 울부짖지 않으리라! 다음을 확실히 해두자. 우리가 살고 일하는 이러한 회색의 텅 빈, 영혼 없는 모조품은 위대하고 유일한 예술인 건축을 잊어버린 우리 세대가 지옥으로의 정신적 추락을 후대에게 보여주는 수치스러운 증거가 될 것이다. 우리 시대의 형편없는 건물들이 전반적인 상황을 바꿀 수 있다고 하는 유럽인의 오만함으로 스스로를 기만하지 말자. 우리 작품 모두는 단지 부서진 조각에 불과하다. 실용적인 요건과 필요로 만들어진 구조물들은 처음부터 새롭게 세워진 미의 세계에 대한, 그리고 고딕 성당의 그 경이로운 산물까지 높아졌던 정신적 통일의 재탄생에 대한 열망을 만족시키지 못한다. 우리는 살아서 그것을 보게 되지는 못할 것 같다. 그러나 우리에게 한 가지 위안거리가 있다. 예를 들어, 반드시 다가올 행복한 시대를 통해서 실현될 열정적이고, 대담하며, 진보적인 건축 아이디어를 구축하기. 예술가여, 일그러진 학교 교육을 통해서 '예술들' 간의 세워진 벽들을 허물자! 그러면 우리 모두는 다시 한 번 건설인이 된다. 우리 함께 건축의 새로운 이념을 모색하고, 신중하게 고려하여 만들자. 화가와 조각가여, 장벽을 돌파하여 건축까지 돌진하자. 그리고 예술의 최종 목표, 즉 건축과 조각과 회화 모두가 하나로 된 형태로 다시 한 번 이루어지는 미래의 성당이라는 창의적인 구상을 위한 동료 건설인이자 동료 투쟁가가 돼라.

　　그러나 이념은 타협되는 순간 사장되어버린다. 그러므로 꿈과 현실, 즉 별에 대한 열망과 일상의 노동 사이의 분명한 분수령이 있어야 한다. 건축가와 조각가와 화가여, 우리들은 수공예로 모두 돌아가야 한다! 왜냐하면 '직업적인 예술'은 존재하지 않기 때문이다. 단어 원래 의미로는 예술가가 수공예가다. 그리고 예술가들의 의지력 밖에 놓인 계시의 희귀하고 신성한 순간들에만, 예술은 자신의 손으로 한 작업에서부터 부지중에 꽃을 피울 수 있다. 화가와 조각가여, 다시 수공예가가 돼라. 당신의 그림들을 둘러싸고 있는 살롱 예술의 틀을 박살내고, 건물로 들어가서, 색채의 동화로 축복하고, 아이디어를 맨 벽들에 새겨라. 그리고 기술적 어려움에 대해 걱정하지 않은 상상력에 붙박이로 고정시켜라. 상상력의 혜택은 인간의 창조적 의지에 항상 자신을 순응시키는 모든 기술보다 항상 더 중요하다. 오늘날 건축가들은 없다. 우리는 다시 한 번 건축가의 이름을 받을 만한 이를 위한 길을 단지 마련하고 있다. 왜냐하면 그것은 사막에서 정원을 만들고 하늘에 경이로운 것들을 쌓는 예술의 구세주를 의미하기 때문이다.

― 발터 그로피우스

오늘날 어떤 건축이 있을까? 어떤 건축가가 있을까? 에르빈 폰 슈타인바흐, 지난, 아벤 센시드, 디바카라, 페펠만과 같은 저명한 이름들에 앞에서, 누가 자신을 건축가라고 감히 부를 수 있을까? 아니, 오늘날에는 건축도 건축가도 존재하지 않는다.

　　모든 것을 집어삼키는 사회에서 속수무책인 우리는 건축을 알지 못하고 건축을 원하지도 않으며 건축가도 필요 없는 사회 구조에서 기생충 같은 인간들이 아닌가! 왜냐하면 우리가 수많은 유용한 것들, 예를 들어 주택, 사무소, 정거장, 시장, 학교, 급수탑, 가스저장소, 소방서, 공장과 같은 것들에 만족스러운 형상을 부여하는 것을 건축이라고 부르지 않기 때문이다. 우리가 생계를 유지하는 수단으로써 '유용성'은 우리의 직업과 전혀 관계가 없다. 이는 근대 건축물이 앙코르 와트나 알함브라 궁전이나 드레스덴의 츠빙거 궁전과 아무런 공통점이 없는 것과 마찬가지다.

건축계에서 오늘날 우리는 창조자가 될 수 없고, 구도자이며 선도자이다. 우리는 나중에 구체화될 것을 구하는 일을 멈추지 않을 것이다. 그리고 그 힘든 길에서 우리와 함께할, 심원한 겸손함으로 오늘날 모든 것이 새벽의 바로 그 첫 서광임을 아는, 헌신적인 굴복으로 새로운 태양의 돋음을 준비하는 동지들을 찾는 일을 멈추지 않을 것이다. 우리는 미래를 믿는 사람들 모두에게 요구한다. 미래에 대한 그 모든 열망은 형성되고 있는 건축이다. 언젠가는 하나의 세계관이 될 것이며, 또한 그것의 징후와 결정체가 될 것이다. 바로 건축이다.

무수히 많은 진부함으로 가득한 삶에서 예술을 얻으려고 노력하고 강박적으로 추구하는 일은 없을 것이다. 그리고 나서 하나의 예술이 있을 것이다. 이 예술은 구석구석을 비출 것이다. 그때까지는 건축가가 이 태양에 대한 예감을 자신 안에 가지고 있어야만 실용적인 것을 감내할 수 있다. 태양만이 모든 사물의 척도를 제공하고, 신성한 것을 세속적인 것과, 그리고 위대한 것을 사소한 것과 엄격하게 구별 짓는다. 그러나 그것은 또한 모든 사물에 희미한 광채를 더해 준다.

― 브루노 타우트

이 전시회에서 모은 스케치와 디자인은 팔려고 내놓은 것이다. 그래서 대중은 새로운 건축인 새로운 예술의 장래 운명에 대한 관심을 스케치를 구매하여 예술가들을 물질적으로 지원함으로써 행동으로 옮길 수 있는 기회를 갖는다. 그렇게 함으로써, 예술가들을 격려하여 대중의 무관심과 그들의 직업적인 소박함으로 이전에 막혀버린 길을 따라 일을 계속할 수 있게 한다.

우리는 고상한 체하는 자들이 건축 스케치를 살 것이라고는 기대하지 않는다! 그들은 감흥과 효과를 원한다. 우리는 예술과의 관계에서 좀 더 책임감 있는 생각을 지닌 사람들을 기대한다. 조직과 예술가에 도움이 되는 유익한 구매자들은 많은 프리 드로잉보다도 건축 스케치에서 더 깊고 영속적인 기쁨을 얻을 것이다. 왜냐하면 건축 스케치는 항상 상상력을 다시 자극한다. 다시 말해 상상력은 건축 스케치와 함께 일하고, 함께 구축하여, 그 의지를 건축 스케치에 연결한다.

자유로운 그래픽보다 한층 탁월한 건축 스케치는 그 의지를 다루고, 그렇게 함으로써 임무를 성취한다. 왜냐하면 우리는 무슨 수를 써서라도 예술 애호가가 의지박약하고 수동적인 예술 소비자가 되는 상황을 벗어나야 한다.

우리 전시회에 흥미를 갖는 대중과 구매자들이 지금까지 살롱에서 구매하던 사람들과는 사뭇 다르다는 것은 아주 확실하다.

발터 그로피우스와 브루노 타우트가 서술한 것처럼, 문제가 되고 있는 일이 결코 사소하지 않다. 이 전시회는 최초의 시도다. 게다가 무명 화가들에 의한 전시회가 뒤따라 열리게 될 것이다. 오늘날까지의 전시회들의 배타적인 특징과 절연하는

건축에 관한 새로운 생각

새로운 스타일의 전시회가 될 것이다.

— 아돌프 베네

1919

발터 그로피우스:
바이마르 국립 바우하우스의 프로그램

Walter Gropius:
Programm des Staatlichen Bauhauses in Weimar

바이마르에서 그로피우스가(제1차 세계대전 초인 1914년에 사임한) 앙리 반 데 벨데의 후임이 된 날은 국립 바우하우스를 설립한 날이기도 하다. 이 학교의 이름은 1919년 4월 12일 공식 변경되었다. 같은 달에 그로피우스(1883년 베를린 출생, 1969년 보스턴 사망)는 설립 선언문과 상세 프로그램을 네 쪽짜리 리플릿 형태로 발행했다.

|

모든 시각 예술의 궁극적인 목표는 완결된 건물이다! 건물을 장식하는 것이 한때는 순수 예술의 가장 고귀한 기능이었다. 순수 예술은 위대한 건축의 필수적인 구성 요소였다. 오늘날 예술은 고립된 채로 존재하고, 모든 장인의 의식적인 공동 노력을 통해서만 이러한 고립으로부터 구출될 수 있다. 건축가와 화가와 조각가는 독립체로서 그리고 부분들에서 건물의 복합적 특징을 새로 인식하고 이해하는 법을 배워야 한다. 그렇게 해야만 그들의 작품은 '살롱 예술'에서 상실한 건축적 정신으로 가득 찰 것이다.

옛 예술 학교들은 이러한 통합을 만들어낼 수 없었다. 예술은 가르친다고 되는 것이 아닌데 어떻게 그 학교들이 할 수 있었겠는가. 학교는 다시 공방으로 합병되어야 한다. 패턴 디자이너와 응용 예술가의 단순한 드로잉과 회화 세계는 다시 구축하는 세계가 되어야 한다. 예술적 창조에서 기쁨을 느끼는 젊은이들이 숙련을 요하는 일을 배워서 자신 평생의 작품을 다시 한 번 시작하면, 비생산적인 '예술가'가 더 이상 불완전한 예술적 기교에 머물지 않아도 된다. 왜냐하면 그들의 기술은 이제 수공예를 위해 보존되고, 수공예에서 탁월함을 이룰 수 있기 때문이다.

건축가와 조각가와 화가 들이여, 우리 모두는 수공예로 돌아가야 한다! 왜냐하면, 예술은 '직업'이 아니기 때문이다. 예술가와 공예가 사이에 근본적인 차이는 없다. 예술가는 고상한 공예가이다. 의지의 인식을 초월한 아주 드문 영감의 순간에, 하늘의 은총으로 인해 작품은 예술로 피어나게 될 것이다. 그러나 공예에 능숙함은 모든 예술가에게 필수불가결하다. 바로 그 안에 창조적인 상상의 원천이 있다. 공예가와 예술가 사이에 오만한 장벽을 세우는 계급 차별 없이, 장인들의 새로운 조합을 만들자! 건축과 조각과 회화를 하나의 통일체로 아우르는 미래의 새로운 구조를 다 함께 꿈꾸고 인식하고 만들자. 이는 어느 날 새로운 믿음의 수정 상징과 같이 100만 노동자의 손에서 천상을 향해 솟아오를 것이다.

— 발터 그로피우스

라이오넬 파이닝거, 1919

바이마르 국립 바우하우스의 프로그램

국립 바우하우스는 신설한 건축학과와 더불어 옛 작센 대공 미술 아카데미와 옛 작센 대공 미술공예학교를 합병한 결과다.

바우하우스의 목표

바우하우스는 모든 창조적인 노력을 하나에 모으려고, 조각, 회화, 수공예, 공예와 같은 응용 예술 분과를 새로운 건축의 필수적인 요소로 재통합한다. 요원하긴 하지만, 바우하우스의 궁극적인 목표는 기념비적 예술과 장식적인 예술의 구분 없이 통합된 예술 작품이자 위대한 건축물이다.

바우하우스는 각자의 능력에 따른 모든 수준의 건축가, 화가, 조각가를 교육하고자 한다. 유능한 공예가나 독립적이고 창조적인 예술가가 되도록, 선도적인 미래 예술-공예가들의 작업 공동체를 만들도록 훈련시킨다. 비슷한 생각을 가진 이들은 구조, 마감, 장식, 설비를 포함한 전체에서 어떻게 조화롭게 건물을 디자인할 것인지를 알게 될 것이다.

바우하우스의 원칙

예술은 모든 방식을 초월한다. 본질적으로 예술은 가르칠 수 없지만, 틀림없이 공예는 가르칠 수 있다. 건축가와 화가 그리고 조각가는 진정한 의미에서 공예가이다. 그러므로 공방과 실험·실습장에서 공예를 연마하는 철저한 훈련은 모든 예술적 창작의 필수불가결한 토대로서 모두 학생들에게 요구된다. 우리 소유의 공방들은 점차 늘어날 것이고, 외부 공방들과의 도제 협약은 체결될 것이다.

학교는 공방의 봉사자이고, 언젠가는 공방에 흡수될 것이다. 그러므로 바우하우스에는 교사와 학생이 아닌, 마이스터(Meister)와 장인(Gesellen)과 도제(Lehrlinge)가 있을 것이다.

교육 방식은 공방의 특성에서 비롯된다.

손 기술에서 발전한 유기적 형태들.

모든 경직성 방지, 창조성 우선, 개성의 자유, 그렇지만 엄격한 면학 규율.

바우하우스 마이스터 평의회 또는 외부 마이스터 앞에서, 동업 조합의 정관에 따라 마이스터와 장인(자격) 시험 실시.

마이스터의 작업에서 학생들의 협조.

미래를 목표로 한 대규모의 유토피아 구조물 디자인인 공공건물과 예배용 건물의 공동 계획. 건축을 구성하는 모든 구성 요소들과 부분들이 조화를 점차 이루게 할 목적으로 이러한 디자인들에 대한 모든 마이스터와 학생, 예를 들어 건축가와 화가와 조각가의 공동 작업.

조국의 공예와 산업 지도자들과의 지속적인 접촉.

전시회 및 기타 활동을 통해서 공공 생활과 대중과의 접촉.

건축의 테두리 안에서 시각적 작업과 조각을 전시하는 문제를 해결하기 위해서 전시회 성격에 대한 새로운 연구. 공방 밖, 그러니까 연극, 강연, 시, 음악, 가장무도회에서 마이스터들과 학생들 사이의 친밀한 관계를 장려. 이러한 모임들에서 유쾌한 의식 절차를 확립.

교육 범위

바우하우스에서 교육은 창의적인 작업의 모든 실용적이고 과학적인 영역들을 포함한다.

    A. 건축,

    B. 회화,

    C. 조각

공예의 모든 분야를 포함.

학생들은 (1) 공예에 더하여 (2) 데생과 회화와 (3) 과학과 이론 훈련을 받는다.

1   학생들이 도제 협약으로 묶여 있는 점차 확대되는 우리 소유의 공방이나 외부 공방에서의 공예 훈련은 다음을 포함한다.

    (a) 조각가, 석공, 벽토 치장공, 목조공, 도예공, 석회 주조공

    (b) 제철공, 자물쇠 제조공, 주물공, 선반공

    (c) 가구공

    (d) 무대배경 화가, 유리 도장공, 모자이크 세공사, 에나멜공

    (e) 동판화가, 목판화가, 석판화가, 미술 인쇄공, 상감 세공사

    (f) 직조공

공예 훈련은 바우하우스에서 모든 수업의 기초가 된다. 모든 학생은 공예를 배워야 한다.

2   데생과 회화 훈련은 다음을 포함한다.

    (a) 기억과 상상력을 통한 프리 핸드 스케치

(b) 두상, 실제 모델, 동물의 데생과 채색

(c) 풍경, 인물, 식물, 정물의 데생과 채색

(d) 구성

(e) 벽화, 패널화, 종교적 성소화의 제작

(f) 장식 디자인

(g) 레터링

(h) 구조도와 투영도

(i) 건물의 외부, 내부, 정원 디자인

(j) 가구 및 실용적인 물품 디자인

3 　과학과 이론 훈련은 다음을 포함한다.

(a) 양식사적 의의에서가 아닌 역사적 작업 방식과 기술을
더욱 능동적으로 이해하기 위한 예술사

(b) 재료 과학

(c) 실물 모델을 이용한 해부학

(d) 색채에 관한 물리적이고 화학적인 이론

(e) 합리적인 회화 기법

(f) 부기, 계약 협상, 인사에 대한 기본적 개념

(g) 예술과 과학의 모든 분야에서 일반적으로 흥미 있는
주제들에 대한 개별 강의

교육 구분

훈련은 다음과 같이 세 가지 교육 과정으로 나뉜다.

I. 도제 과정

II. 장인 과정

III. 주니어 마이스터 과정

개인 교육은 종합적인 프로그램과 매 학기 수정되는 작업 일정의 테두리 안에서 개별 마이스터의 자유재량에 맡겨진다. 학생들에게 기술적이고 예술적인 훈련을 가능한 다목적이고 종합적으로 제공하기 위해서는 작업 일정을 잘 짜서 모든 예비 건축가, 화가, 조각가가 다른 교과 과정의 일부에 참여할 수 있도록 한다.

입학

나이, 성별에 관계없이 평판이 좋고, 마이스터 평의회에서 예비 교육이 충분하다고 인정받은 사람은 누구든지 입학 허가를 받을 것이다. 수업료는 연간 180마르크다. (바우하우스의 수입 증가로 수업료는 점차 완전하게 없어질 것이다.) 또한 입학금으로 20마르크를 1회 지불한다. 외국 학생들은 두 배 지불한다. 주소는 바이마르 국립 바우하우스 사무국에 문의한다.

1919년 4월,
바이마르 국립 바우하우스
— 발터 그로피우스

1919

에리히 멘델존:
새로운 건축의 문제(발췌)

Erich Mendelsohn:
Das Problem einer neuen Baukunst

1919년, 에리히 멘델존(1887년 프로이센 알렌슈타인 출생, 1953년 샌프란시스코 사망)은 11월 그룹의 중앙위원회 위원이었다. 그는 베를린의 예술노동자협의회의 리플릿(72쪽 참조)에 협의회의 목표에 대해 지지 의사를 밝힌 동지들 가운데 한 명으로 나온다. 아래의 글은 멘델존이 협의회 회원들에게 한 슬라이드를 곁들인 프로그램 강연의 일부를 발췌한 것이다. 이 강연은 협의회가 1919년 4월 전시회에서 정리한 유토피아 디자인들에 대한 지식을 전제로 한다. 멘델존은 이 디자인들을 새로운 발전의 모범적인 예로 여긴 건물들과 비교한다.

|

혁명적인 정치 결정들과 경제와 과학과 종교와 예술에서 인간 관계의 급진적 변화들이 동시에 일어나는 과정은 새로운 형태에 대한 확신(권리와 통제)을 제공하고, 세계사적 참사가 만들어낸 고통 속에서 부활을 위한 타당한 근거가 된다.

형태들이 해체될 때, 이미 존재하지만 이제야 드러난 새로운 형태들로 인해 그것들은 그저 뒷전으로 밀린다.

건축의 특별한 전제조건들이라는 점에서, 시대정신에 대한 응답으로 만들어진 사회 재편은 교통과 경제와 종교의 변화에 따라 건물의 목적이 달라져서 생긴 새로운 과제를 의미하고, 유리와 철과 콘크리트와 같은 새로운 건축 재료가 제공하는 새로운 가능성들과 결부된다.

아직까지 알려지지 않은 가능성들을 고려할 때, 우리는 근시안적 관점에서 비롯된 무딘 통찰력으로 자신을 오도해서는 안 된다. 오늘날 끈적거리며 완만하게 흐르는 듯한 것이 나중에 역사에는 위험할 정도로 빠르고 소름끼치는 속도로 진행되는 것처럼 보일 것이다. 우리는 여기서 창조 행위를 다룬다!

우리는 단지 이른 출발점에 있을 뿐이지만, 이미 그 발전 가능성에 직면해 있다.

그러한 미래 앞에서, 역사적 시대의 위대한 업적은 저절로 퇴색하며, 현재의 즉시성은 그 중요성을 잃는다.

무슨 일이 발생할 것인지가 비전에 도취되어 나타날 때에만 가치 있다.

비판은 모든 문제를 아우를 수 있을 때에만 결실을 맺는다. 미래는 자신을 변호하기 때문에, 후견은 실패한다. 이러한 신념을 전하려 한다면 그리고 그 명백한 결론을 넓은 층에 자명한 사실로서 전달하려 한다면, 우리는 건축의 젊은 유력자들이 건축적 경험이란 역사나 낙원이 아니라 오직 공간에 대한 자신의 상상이라는 비옥함에서 생긴다는 것을 필연적으로 입증해야 한다. 이것에서 현재까지는 세 가지의 경로로 구분될 수도 있다. 비록 근본적으로 다르지만, 이들은 동일한 목표를 향해 평행한 경로를 가고 있으며 언젠가는 교차할 것이다.

새로운 건축에서 이 세 가지 식별 가능한 경로가 회화와 조각에서의 새로운 경로의 수와 성격과 일치한다는 것은 우연일 수가 없다.

이 경로들 뒤에 있는 의지의 일치는 결과로 생긴 작업에서 나타날 것이고, 모든 예술을 다시 통일로 이끌 것이다. 이 통일은 일상적 주택에서 아주 사소한 사물들뿐만 아니라 새로운 세계의 성소들과 같은 위대한 업적들까지 아우를 것이다.

오늘날 문제인 것이 언젠가 과제가 될 것이다. 오늘날 개인의 비전과 신념인 것이 언젠가 모두의 법이 될 것이다.

그러므로 모든 유행은 목표를 달성하고 따라서 새로운 건축의 문제를 해결하는 데 필수적인 것 같다. 예를 들면,

유리 세계의 사도들,

공간 요소의 분석가들,

재료와 구조의 새로운 형태에 대한 탐구자들.

물론, 전통에 지배받는 사회적 계층들로 이 시대는 열리지 않을 것이다.

오직 새로운 의지만이 무질서한 추동력의 무의식에서, 그리고 보편적인 것을 아우르는 원시적인 활력에서 순조롭게 미래의 가능성을 가진다. 왜냐하면 인류 역사의 발전에 결정적이었던 모든 시대가 정신적인 의지 아래 알려진 전 세계를 통합했던 것처럼, 우리가 바라는 것은 자신의 조국과 유럽을 넘어서 모든 민족에게 행복을 가져다주어야 할 것이기 때문이다. 이것은 내가 통제권을 국제주의에 양도하는 것을 의미하지는 않는다. 왜냐하면 국제주의(Internationalismus)는 와해되는 세계

속에서 어느 민족에게도 기반을 두지 않는 미학적 태도를 의미하기 때문이다. 그러나 초국가성(überstaatlichkeit)은 전체 조건으로서 국가 구분을 받아들인다. 그리고 자유로운 인류만이 모두를 아우르는 문화를 다시 구축할 수 있다.

그렇게 위대한 의지는 그 일에 참여하는 모든 사람을 통합할 것이다.

그것은 나타난다. 다시 말해서, 모든 민족의 궁극적인 성공을 융합한 후에만 그것이 적절한 종교적 신념을 불러일으킨다.

여기 우리는 신념과 기꺼이 봉사할 마음으로 우리 자신의 일에 소소하게만 기여할 수 있다.

에리히 멘델존, 1920

1920

나움 가보/앙투안 페브스너:
구축주의의 기본 원리(발췌)

Naum Gabo/Antoine Pevsner:
Basic principles of Constructivism

가보와 페브스너 형제는 두 사람 모두 조각가였고, 1920년 모스크바에서 '리얼리즘 선언'을 집필했다. 이 선언문에서, 그들은 특히 전후 러시아 건축(타틀린, 베스닌 형제, 리시츠키)에 막강한 영향력을 행사한 구축주의(Constructivism)의 기본 원리를 규정했다. 가보와 페브스너는 공간에서의 구축에 관심이 있다. 그러나 이러한 구축은 주로 건축이 아닌 조각으로 해석된다. 이 공간적 구축에서 다양한 재료의 조합으로 생겨나는 촉각적이고 시각적인 매력이 구축 개념에서 중요한 역할을 한다. 이러한 재료들은 예외 없이 산업적으로 생산된 것들이다.

|

1   우리는 몰딩으로 공간을 조형적으로 표현하는 닫힌 공간 구획을 거부한다. 우리는 공간이 오로지 그 깊이에서 안으로부터 밖으로만 만들어질 수 있지, 볼륨을 통해 밖에서부터 안으로는 만들어질 수 없다고 주장한다. 그렇다는 것은 유일무이하고 일관되며 무한한 깊이 이외에 다른 무엇

이 절대적인 공간일까?

2   우리는 공간에서 삼차원적이고 건축적인 물체를 구축하기 위한 독점적 요소로서 닫힌 매스를 거부한다. 이에 반하여, 우리는 체적법(stereometry)으로 구축된 조형적 물체를 요구한다.

3   우리는 삼차원적 구축에서 회화적인 요소로서의 장식적 색채를 거부한다. 우리는 콘크리트 재료를 회화적 요소로 사용해야 한다고 요구하다.

4   우리는 장식적인 선을 거부한다. 우리는 예술 작품에서 모든 선은 재현할 물체의 내적인 힘의 방향을 정의하는 데에만 역할을 해야 한다고 요구한다.

5   우리는 더 이상 조형 예술에서 정적인 형태 요소들로는 만족하지 못한다. 우리는 새로운 요소로서 시간을 포함할 것을 요구한다. 그리고 우리는 그저 환영적이지만은 않은 방식으로 동적인 리듬을 사용 가능하도록 하기 위해서는 실제 움직임을 조형 예술에 사용해야 한다고 주장한다.

1920

브루노 타우트:
진지함을 타도하라!

Bruno Taut:
Nieder der Seriosismus

1919년 11월 베를린에서 예술노동자협의회는 11월 그룹과 통합되었다. 그러나 타우트와 베네는 건축가 동료들과 서로 협조했다. 그들의 선동으로 유리사슬이라고 알려진 신앙 고백서 성격의 회람장, 스케치, 에세이의 교환이 있었다. 1920년 1월부터 타우트는 새로운 대변지인 『고대와 근대의 도시건축』 매 호에 4~6쪽 분량으로 자유롭게 기고했다. 타우트는 이 부록을 『여명』이라 불렀다. 아래 재록한 글은 이 시리즈의 도입부 페이지이다.

|

뛰어라! 뛰어라! 뛰어라! 내 작고 아담한 망아지야!
뛰어라! 뛰어라! 뛰어라! 어디로 가고 싶으냐?
저 높은 담장 넘어?
글쎄 정말 난 모르겠어!
뛰어라! 뛰어라! 뛰어라! 내 작고 아담한 망아지야!
뛰어라! 뛰어라! 뛰어라! 어디로- 가고- 싶으냐?
(셰르바르트, 「숙취의 시」)

울상인 자들, 울부짖는 겁쟁이들, 무뚝뚝한 자들, 미간을 찡그리는 자들, 늘 진지한 자들, 달콤새큼한 자들, 항상 거드름 피우는 자들이 없어졌으면!

'중요해! 중요해!' 중요한 체 행동하는 이 넨장맞을 습관! 고물상과 헌 옷 가게 앞의 묘비와 묘지 파사드! 패석회 도리스, 이오니아, 코린트 기둥을 박살내고 이 하찮은 것들을 철거하라! 대리석과 값비싼 목재의 쓰레기로 산산조각이 되고 모든 폐품으로 수북한 쓰레기 더미 위에 사암과 판유리의 '고결함'을 타도하라!

'오, 우리의 개념들인 공간과 가정과 양식이여! 웩, 이 개념들은 얼마나 악취를 풍기는지! 그것들을 파괴하고 끝장내라! 아무것도 남기지마라! 그것들의 학파들을 쫓아 버리고, 교수 가발이 날아가도록 내버려 둬라. 그러면 우리는 그것들로 캐치볼이라도 할 것이다. 폭파하라, 폭파하라! 개념들과 이데올로기들과 시스템들의 먼지투성이의 칙칙하고 뒤죽박죽인 세계가 우리의 차가운 북풍을 맞도록 내버려둬라! 그 개념이라는 이(lice)를 제거하라! 답답한 모든 것을 제거하라! 직함, 품위, 권위라 불리는 모든 것을 제거하라! 진지한 모든 것을 타도하라!

바늘구멍을 통과하지 못할 모든 낙타를 해치워라! 맘몬과 몰록의 숭배자들을 해치워라! '폭력의 숭배자들은 폭력에 굴복해야 한다!' 우리는 그들의 흡혈, 즉 새벽에 울어대는 소리에 넌더리난다.

저 멀리에서 우리의 내일이 빛난다. 만세, 폭력 없는 우리의 왕국을 위해 세 번 만세를 외쳐라! 투명하고 맑은 것에 위해 만세를 외쳐라! 순수함을 위해 만세를 외쳐라! 크리스탈을 위

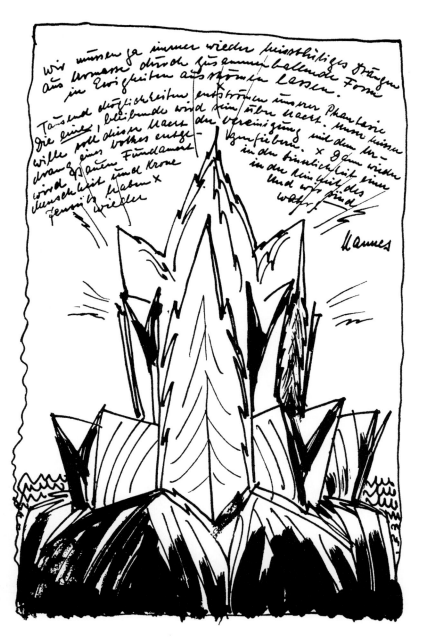

브루노 타우트

해 만세를 외쳐라! 유동적인 것과 우아한 것, 각이 진 것, 반짝거리는 것, 번쩍이는 것, 그리고 가벼운 것을 위해 만세 그리고 다시 만세를 외쳐라! 영원히 변치 않는 건축을 위해 만세를 외쳐라!

1920

르 코르뷔지에:
건축을 향하여

Le Corbusier:
Vers une architecture

르 코르뷔지에(1887년 스위스, 라쇼드퐁 출생, 1965년 프랑스, 로
크브륀 캅마르탱 사망)는 이 프로그램 노트가 잡지 『에스프리 누보』
에서 발간된 1920~21년 무렵에 프랑스 밖으로 이미 알려져 있었다.
1923년, 그는 이를 『건축을 향하여』라는 제목의 책으로 출판했다.
1910년, 그는 베를린에서 페터 베렌스와 몇 달간 함께 일했고, 독일
공작연맹(반 데 벨데의 주장에 반하여[43쪽 참조], 표준화와 산업화
문제에 이미 관심을 갖고 있었음)을 알았다. 또한 그는 1917년부터
유럽 전역을 여행했으며, 1920년부터는 대량생산 건물의 미학을 발
전시켰다.

|

엔지니어의 미학과 건축

서로 앞서거니 뒤서거니 하면서 함께 나아가는 엔지니어의 미
학과 건축 가운데 하나는 한창 절정에 올라 있고, 다른 하나는
고통스러운 퇴보를 하고 있다.

엔지니어는 경제의 법칙에 고무되고 수학적 계산의 통제

를 받으면서 우리로 하여금 보편적인 법칙과 조화를 이루게 해
준다. 엔지니어는 조화를 성취한다.

　건축가는 형태 배치를 통해서 정신의 순수한 창조물인 질
서를 실현한다. 건축가는 형태와 형상을 통해 조형적 감동을
불러일으키면서 우리의 감각에 커다란 영향을 미친다. 건축가
가 창조하는 관계들은 우리의 내부의 깊은 공명을 일으키고,
세계의 척도와 일치하는 듯한 질서의 척도를 우리에게 제공하
며, 우리의 마음과 지성의 각종 움직임을 결정한다. 그때 우리
는 미감을 느끼는 것이다.

건축가에게 전하는 세 가지 조언

— 볼륨
우리의 눈은 빛 속에서 형태를 볼 수 있도록 만들어졌다.
기본적인 형태들은 명확하게 인식될 수 있기 때문에 아름답다.
오늘날의 건축가는 이 단순한 형태를 더 이상 구현하지 않는다.
계산의 결과에 따라 작업하는 엔지니어는 기하학으로 우리의
　　눈을, 수학으로 우리의 지성을 만족시키면서 기하학적 형
　　태를 이용한다. 엔지니어의 작품은 훌륭한 예술품이 되어
　　간다.

— 표면
볼륨은 표면으로 싸여 있고, 표면은 볼륨을 지배하고 생성시키
　　는 선들로 분할된다. 이 분할된 표면은 매스의 특성을 제

공한다.

오늘날의 건축가는 표면의 기하학적 구성요소를 두려워한다.

근대적 구조에서 야기되는 커다란 문제점의 해법을 기하학에
　　　서 찾아야 한다.

정확한 지정 조건들에 대한 엄격한 요구에 따라 작업해야 하는
　　　엔지니어는 형태를 생성하고 규정하는 요소를 사용한다.
　　　엔지니어들은 명쾌하고 감동적인 조형물을 창조한다.

— 평면

평면은 생성원이다.

평면이 없으면, 무질서과 자의성만이 있을 뿐이다.

평면은 어떤 느낌을 자극하는 본질적인 힘을 지니고 있다.

집단적 필요가 야기한 내일의 커다란 문제들로부터 새로운 형
　　　태로 '평면'에 대한 의문은 제기된다.

근대적 생활은 주택과 도시 모두를 위한 새로운 종류의 평면을
　　　요구하며 기다린다.

규준선

건축의 필연적 요소.

질서를 위한 필요. 규준선은 자의성에 대비한 보장이다. 규준
　　　선은 지성의 만족을 가져온다.

규준선은 목적을 위한 수단이지 비법은 아니다. 규준선의 선택
　　　과 표현 방식은 건축적 창조에 없어서는 안 될 부분이다.

보지 못하는 눈

— (대형) 여객선

위대한 시대가 시작되었다.

거기에는 새로운 정신이 존재한다.

새로운 정신으로 표현된 다수의 작품이 특히 산업 생산품에서
　　나타나고 있다.

건축은 관습에 숨이 막힌다.

'양식들'은 거짓이다.

양식은 한 시대의 모든 작품들에 생기를 불어넣는 원리의 통일
　　이며, 그 시대만의 특성을 지닌 정신 상태의 결과물이다.

우리의 시대는 날마다 자신의 양식을 결정짓는다.

우리의 눈은 불행히도 아직 그것을 분별할 줄 모른다.

— 비행기

비행기는 정밀한 선택에 따른 결과물이다.

비행기의 교훈은 문제를 파악하고 그것을 깨닫게 하는 논리에
　　있다.

주택의 문제는 아직 제기되지도 않았다.

건축의 현재 관심사는 더 이상 우리 요구에 부응하지 않는다.

그럼에도 불구하고 주거를 위한 표준은 존재한다.

기계(류)는 자체에 이미 선택을 요구하는 경제적 요인들을 내포
　　한다.

주택은 살기 위한 기계이다.

— 자동차

완벽함에 대한 문제에 직면하기 위해서 표준을 설정해야 한다.

파르테논은 표준을 적용한 신중한 선택의 산물이다.

건축은 표준에 부합되게 작동한다.

표준은 논리와 분석과 면밀한 연구에 관한 문제이다. 표준은
 정확하게 '명시된' 문제에 기반한다. 표준은 실험을 통해
 최종적으로 확립된다.

건축

— 로마의 교훈

건축은 원재료를 사용하여 감정적인 관계를 수립하는 것이다.

건축은 실용적인 필요를 초월한다.

건축은 하나의 조형물이다.

질서의 정신, 의도의 통일, 관계에 대한 감각.

건축은 양을 다룬다.

열정은 비활성의 돌에서 극적 효과를 창출할 수 있다.

— 평면의 허상

평면은 내부에서 외부로 전개된다. 외부는 내부의 결과다.

건축의 요소는 빛과 그림자 그리고 벽과 공간이다.

배치는 목적의 위계이며 의도의 분류다.

인간은 지상에서 대략 167센티미터 높이에 있는 자신의 눈으
 로 건축의 창조물을 바라본다. 인간은 눈으로 이해할 수

있는 목표와 건축적 요소들을 고려하는 의도만을 다룰 수
있다. 만약 건축의 언어로 말하지 않는 의도가 작동하기 시
작하면, 당신은 평면의 허상에 이르게 된다. 다시 말해서,
당신은 개념상의 착오 또는 자만에 빠짐으로써 평면의 규
율을 어기게 된다.

— 정신의 순수한 창조물
윤곽은 건축가의 시금석이다.
여기에서 건축가는 자신을 예술가 또는 단순한 엔지니어로 드
    러낸다.
윤곽은 모든 제약으로부터 자유롭다.
여기에는 관습이나 전통이나 구축이나 실용적 요구에 대한 순
    응과 관련한 문제들은 더 이상 존재하지 않는다.
윤곽은 정신의 순수한 창조물이고 조형 예술가를 필요로 한다.

대량 생산 주택
위대한 시대가 시작되었다.
거기에는 새로운 정신이 존재한다.
정해진 목표를 향해 밀려오는 대하와 같이 우리를 압도하는 산
    업은 새로운 정신으로 활기를 띠게 된 새로운 시대에 적합
    한 새로운 도구를 우리에게 가져다준다.
경제 법칙은 필연적으로 우리의 행위와 사고를 좌우한다.
주택 문제는 시대의 문제이다. 오늘날 사회의 균형은 이 주택 문
    제에 달려 있다. 건축은 변혁의 시기에 첫 번째 과업으로서

가치를 재조명하고 주택의 구축 요소들을 수정해야 한다.

대량 생산은 분석과 실험을 기반으로 한다.

규모가 큰 기업이 건설로 분주해야 하고, 대량 생산의 기반 위
에 주택을 구성하는 요소들을 확립해야 한다.

우리는 대량 생산의 정신을 환기해야 한다.

대량 생산 주택을 짓고자 하는 정신.

대량 생산 주택에서 살고자 하는 정신.

대량 생산 주택을 알고자 하는 정신.

주택에 대한 케케묵은 생각들을 지워버리고, 비판적이고 객관
적인 견지에서 그 문제를 바라본다면, 건강하고 (그리고 도
덕적으로도 물론이고) 우리의 존재와 함께하는 작업 도구
들이 아름다운 것과 같은 식으로 아름다운 "주택-기계",
즉 대량 생산 주택에 이르게 될 것이다.

엄격하고 순수한 유기체에 부여할 수 있는 활기찬 예술가의 감
성 역시 아름답다.

건축이냐 혁명이냐(발췌)

… 건축 분야에서도, 대량 생산은 이미 시작되었다. 새로운 경
제적 요구에 직면하여, 전체와 부분 모두에서 대량 생산
을 위한 구성단위는 만들어졌다. 그리고 전체와 부분 모두
에서 명확한 성과를 이루었다. 이러한 사실을 과거와 대조
해보면, 사용 방법과 대단한 실행 규모 면에서 혁명이 일
어났다.

… 우리의 정신은 의식적으로든 무의식적으로든 이러한 사건
들을 감지했고, 새로운 요구들이 의식적으로든 무의식적

으로든 생겨났다.

전혀 통제할 수 없게 된 사회의 기계는 역사적 중요성에 대한 개선과 파국 사이에서 동요한다.

모든 인간의 원초적 본능은 자신의 안식처를 확보하는 것이다. 오늘날 사회의 다양한 계층의 노동자들은 더 이상 자신의 요구에 적합한 주거를 갖지 못한다. 장인(육체노동자)도 지식인(정신노동자)도 그러하다.

그것은 오늘날 사회적 불안의 원인인 건축의 문제이다.

건축이냐 혁명이냐.

1921

브루노 타우트:
여명

Bruno Taut:
Frühlicht

1920년 7월, 브루노 타우트는 『여명』의 첫 번째 시리즈를 끝내야만 했다. 『고대와 근대의 도시건축』의 편집자는 이 기고문을 더 이상 허용할 수 없다고 생각했다. 1921년, 타우트는 마그데부르크의 시 건축가가 되었고, 그해 가을부터 계간지를 계속하여 간행할 수 있었다. 다시 한 번 유리 사슬의 동료들은 발언 기회를 얻었다. 타우트는 첫 간행물의 서문에 표현이 풍부하고 찬가 같은 산문 한 편을 썼다. 그러나 다음 호에서부터 새로운 생각과 힘은 새로운 표현을 찾고 있었고, 현실에 좀 더 밀접했음이 분명해졌다. 그리고 새로운 명사들로는 오우트와 메흘러와 미스 반 데어 로에가 있었다.

|

마침내 어떻게 날이 밝을 것인지, 누가 아는가? 그러나 우리는 그 아침을 느낄 수 있다. 우리는 더 이상 역사의 흐릿한 빛에서 꿈을 꾸듯이 배회하는 발광한 방랑자가 아니다. 서늘한 새벽바람이 우리 주위로 불어온다. 추위로 떨고 싶지 않은 사람은 성큼성큼 걸어가야 한다. 우리와 함께 걷고 있는 사람들은 저 멀

리 잠에서 깬 아침의 여명을 바라본다! 밤의 유령은 모두 어디에 있는가? 유리같이 밝은 새로운 세계는 여명에 빛나고, 그 첫 빛을 방사한다. 환희에 넘친 새벽의 첫 어슴푸레한 빛. 수십 년, 수 세대 그리고 건축과 예술 일반의 위대한 태양은 의기양양한 전진을 시작할 것이다.

　여명에 대한 생각이 이 시리즈에서 처음으로 반영된 것은 아니다. 분명한 상상으로 지평에 대한 우리의 견해를 유지하는 것이 좋았고 여전히 좋다. 새로운 생각의 실현은 소재로 이미 시험되고 있다. 그리고 이 페이지들은 다른 무엇보다도 더 실현에 기여하도록 계획되었고, 미래를 즐기는 시의회의 활동들에서 출발한다. 그것들은 독일에서 우리 동지들이 우리와 함께 좀 더 즐겁게 전진하도록 돕기 위한 것이다. 그리고 우리의 길에서 국경을 초월하여 정신적으로 형제인 사람들을 만날 것이다.

　우리는 물질적인 개화와 정신적인 개화 사이의 유사점을 믿지 않는다. 가득 찬 배는 아이디어를 좋아하지 않는다. 과식한 배는 그것들을 증오한다. 그것은 평온함을 원한다. 오늘날 그 어느 때보다 우리는 자신을 위해 유일한 삶의 가치를 창출하는 자신의 의지를 믿는다. 그리고 이 가치는 끊임없는 변화다.

1922

'데 스테일':
창조적인 요구

De Stijl:
Creative demands

『데 스테일』은 유럽 전역에 자신의 목소리를 전했다. 다달이 그 잡지
는 요소주의적(elemental) 창조성의 원리들을 확산시켰다. 테오 판
두스뷔르흐는 강연을 하면서 도시에서 도시로 돌아다녔다. 네덜란드
의 진보적인 건축가들은 국제적인 입장을 취했는데, 이는 실천으로
부터 생겨났다. 실천의 장은 확장되어나갔다. 1920년에『데 스테일』
은 선언문을 만들었고, 1921년에는 「세계의 새로운 구성을 향하여」
라는 선언문을 발표했다. 1922년 5월 뒤셀도르프에서 개최된 국제
예술가 회의에서 판 두스뷔르흐는 다음과 같이 발표했다. "우리는 객
관적이고 보편적인 창작 수단의 사용을 준비하고 있다."

|

1   전시회의 종말. 대신, 전체 작품들을 위한 실물 설명 공간.
2   창조적인 문제에 관한 국제적인 사상 교류.
3   모든 예술에 대한 보편적인 창작 수단의 발전.
4   예술과 생활의 구분 폐지. (예술은 생활이 된다.)
5   예술가와 일반인의 구분 폐지.

테오 판 두스뷔르흐, 1922

1923

'데 스테일':
선언 5: − □ + = R₄

De Stijl:
Manifest V: − □ + = R₄

'집단적 건설을 향하여'는 파리에서 집필한 데 스테일 「선언 5」의 제목이다. 집단적 건설이 의미하는 것은 공간과 시간에 존재하는 한 작품에 건축가와 조각가와 화가가 구축적 협업을 한 것을 말한다. 구체적인 재료의 기본적인 법칙들에 따라 실행된 모든 작업. 이러한 작업의 결과는 모든 개별적인 감정이 사라진 예술의 완벽한 통합일 것이다. 「선언 5」에서 테오 판 두스뷔르흐와 코넬리스 판 에스테렌은 파리 선언문에 대해 논평한다. 예술과 삶은 더 이상 분리될 수 없다. 그러므로 예술이라는 용어는 사용할 수 없게 되었다. 우리는 객관적인 시스템을 찾고 있다.

|

I   긴밀한 협력으로 우리는 건축을 산업과 기술로 구성된 하나의 조형적인 단위로서 검토했고 새로운 스타일이 결과로 나타났음을 밝혀냈다.

II 우리는 공간의 법칙과 그것들의 무한한 변형(즉, 공간적인 대비, 공간적인 불일치, 공간적인 보완)을 검토했고 모든 변형이 하나의 안정된 단일체로 융합될 수 있음을 밝혀냈다.

III 우리는 시간과 공간에서 색의 법칙을 검토했고 이러한 요소들 상호 간의 조화가 새롭고 실제적인 단일체를 만든다는 것을 밝혀냈다.

IV 우리는 공간과 시간 사이의 관계를 검토했고 색의 사용을 통해 두 요소들을 가시적으로 만드는 과정이 새로운 차원을 만든다는 것을 알았다.

V 우리는 치수, 비례, 공간, 시간, 재료 상호 간의 연관성을 검토했고 그것들로부터 단일체를 구축하는 결정적인 방법을 발견했다.

VI 둘러싸는 요소들(벽 등)을 분해함으로써, 우리는 내부와 외부의 이원성을 제거했다.

VII 우리는 건축에서 색의 제자리를 마련했으며 건축적 구조로부터 분리된 회화(즉, 그림)는 더 존재할 자격이 없다고 주장한다.

VIII 파멸의 시대는 끝났다. 새로운 시대, 즉 구축의 시대가 밝아온다.

— 판 에스테렌/테오 판 두스뷔르흐/게리트 리트펠트

판 두스뷔르흐와 판 에스테렌: 집단적 건설을 향하여

Van Doesburg and van Eesteren:
Towards collective building

「선언 5」에 대한 논평

우리는 예술과 삶이 더 이상 분리된 영역이 아니라는 점을 깨달아야 한다. 그러므로 실제 삶과는 관련 없는 환영으로서의 '예술' 개념은 사라져야 한다. '예술'이라는 말은 우리에게 아무 것도 의미하지 않는다. 이러한 개념을 뒤로하고, 우리는 고정된 원칙에서 얻은 창조적인 법칙들을 따르는 환경을 건설할 것을 요구한다. 경제학, 수학, 기술, 위생 등과 연관된 법칙들은 새로운 조형적인 단일체에 이른다. 이러한 호혜적인 법칙들의 연관성이 정의될 수 있도록 하기 위해서는 그 법칙들 자체가 먼저 확립되고 이해되어야 한다. 오늘날까지 인간 창조의 영역과 그 구조물을 지배하는 법칙들은 한 번도 과학적으로 검토되었던 적이 없었다.

이러한 법칙들을 상상할 수 없다. 그것들은 사실로서 존재하고 집단의 작업과 경험에 의해서만 밝혀질 수 있다.

우리 시대는 예술, 과학, 기술 등에서 모든 주관적인 사색에 적대적이다. 거의 모든 근대적 삶을 이미 지배하고 있는 새

로운 정신은 동물적인 즉흥성(서정주의), 자연의 지배, 복잡한
헤어스타일과 복잡한 요리(법)에 반대한다.

새로운 것을 만들기 위해서 우리는 방법, 즉 객관적인 시
스템이 필요하다. 만약 다른 사물들에서 동질성을 발견할 때는
언제나 우리는 하나의 객관적인 척도를 발견했다. 예를 들어,
그 기본 법칙들 가운데 하나는 특유의 활동 영역에 알맞은 수
단으로 근대 건설인이 사물들 자체의 관계가 아닌 그것들의 특
질들의 관계를 밝히는 것이다.

20세기 건축선언과 프로그램

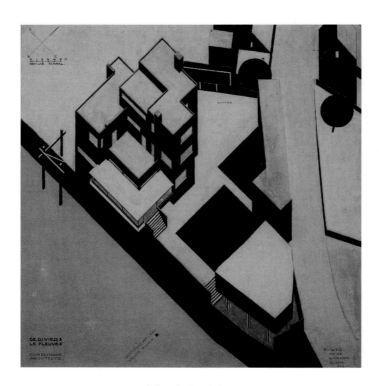

코넬리스 판 에스테렌, 1923

112

1923

오스카 슐레머:
첫 바우하우스 전시회를 위한 선언문

Oskar Schlemmer:
Manifest zur ersten Bauhaus-Ausstellung

바이마르에서 열린 첫 바우하우스 전시회(1923년 7~9월)를 위한 홍보 리플릿에 실린 선언문은 원칙적으로 오스카 슐레머의 운영 위원회의 찬성을 얻어 쓰였지만, 위원회가 선언문을 제대로 검토하기도 전에 인쇄되었다. 바우하우스가 '사회주의의 성당'을 만들려는 사람들의 집결 장소였다는 언명으로 인해, 리플릿의 선언문 부분은 폐기되었다. 예방책은 허사였다. 몇몇 완벽한 사본이 대중에게 퍼졌고, 바우하우스가 정치에 관여하는 기관이라는 의심을 불러일으켰다.

|

바이마르 국립 바우하우스는 (만일 세계에서가 아니라면) 독일 제국에서 최초이며 지금까지 유일한 국립 학교이다. 이 국립 학교에서는 순수 예술의 창조적인 힘이 필수적이며 영향력이 있어야 한다. 동시에, 공예를 기반으로 한 공방의 설립을 통해 건축에서 예술들을 결합하려는 목적으로 예술을 통합하고 생산적인 자극을 주려고 한다. 건물이라는 개념은 질 저하된 아카데미주의와 지나치게 까다로운 수공예로 사라진 통합을 회복

시킬 것이다. 그것은 '전체'와 광범위한 관계를 회복시키고, 가장 심오한 의미에서 종합예술을 가능하게 만들어야 한다. 이상은 낡았지만, 그것의 표현은 항상 새롭다. 다시 말해서 그 실현은 양식이고, 오늘날보다 더 강력했던 '양식에의 의지'가 결코 아니었다. 그러나 개념과 태도의 혼동으로 인해, 이념의 충돌로 드러나는 '새로운 미'로서 양식의 본질에 대한 갈등과 논쟁이 일어났다. 내외적으로 활기 넘치는 학교는 무심결에 당시의 정치적이고 지적인 삶의 격변에 대한 척도가 되고, 바우하우스의 역사는 현대 예술의 역사가 된다.

세계대전의 대참사 이후 격변의 혼돈 속에서 그리고 감성 충만하고 격정적인 예술의 개화기에 설립된 국립 바우하우스는 미래에 대한 믿음과 에너지 넘치는 열정으로 '사회주의의 성당'을 건립하려던 사람들 모두의 집결 장소가 된다. 세계대전 이전에 산업과 기술의 개가와 그동안에 파괴라는 미명 아래 일

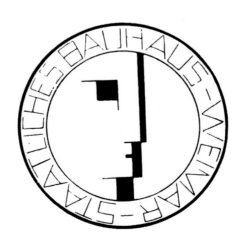

오스카 슐레머, 1922

어난 북새통으로 인해, 물질주의와 예술과 삶의 기계화에 대한 격렬한 저항이었던 열렬한 낭만주의가 등장했다. 당시의 참상은 정신적인 고통이기도 했다. 무의식적인 것과 설명할 수 없는 것을 추종하는 신비주의와 파벌주의 성향은 의심과 분열이 넘쳐나는 세상에서 자신의 의미를 잃어버릴 위험에 처한 궁극적인 것들에 대한 탐구에서 유래한다. 고전 미학의 한계를 무너뜨리는 것은 감정의 무한함을 강화했다. 그것은 동양의 발견과 흑인과 농부와 아이들과 정신 이상자들의 예술에서 자양분과 근거를 얻는다. 예술적 창조의 기원은 그 한계가 대담하게 확장되는 것처럼 탐구되었다. 표현 수단의 열정적인 사용은 제단화에서 발전했다. 그러나 결정적인 가치들은 그림에서, 거의 언제나 그림에서 피난처를 찾았다. 속박에서 풀려났고 구원받지 못한 개인적 과장이 달성한 최상의 성과로서, 이 그림들은 그림 자체의 통일성에는 한참 못 미치는 말뿐인 종합에 머물러 있다. 공예는 재료의 이국적인 즐거움에 빠졌고, 건축은 종이 위에 유토피아적 계획을 쌓았다.

가치들의 전환인 관점, 명칭, 개념의 변화는 다른 관점과 다른 믿음을 낳는다. 이 왕국의 궁정 광대인 다다이즘은 역설과 협력하여 분위기를 자유스럽게 만든다. 미국정신(Americanism)이 유럽에 전해지고, 신세계는 구세계를 파고들며, 과거와 달빛과 영혼에 죽음을 불러왔다. 그리하여 현재는 정복자 행세를 하게 되었다. '인간의 가장 위대한 권력'인 이성과 과학은 통치자가 되고, 엔지니어는 무한한 가능성의 차분한 집행자다. 수학과 구조와 기계화는 요소들이고, 권력과 돈은 철과 콘크리트와 유리, 전기와 관련한 근대적 현상들의 절대 권력자다.

고정된 물질의 속도, 물질의 비물질화, 비유기적 물질의 유기적 구조, 이 모든 것은 추상화의 기적을 만들어낸다. 자연 법칙을 기반으로 한 이들은 자연의 정복 과정에서 나타난 정신의 성과물이고, 자본의 권력을 기반으로 한 이들은 인간에 반하는 인간의 작품이다. 상업주의의 속도와 극도의 긴장감이 편의와 실용을 모든 능률의 기준으로 만들고, 계산은 초월적인 세상을 장악한다. 즉, 예술은 대수학이 된다. 그 이름을 오랫동안 상실한 예술은 입방체의 기념물과 채색된 정사각형에서 사후의 삶을 살고 있다. 종교는 바로 그 사고의 과정이며 신은 죽었다. 자의식이 강하고 완벽한 존재인 인간은 정확성에서 꼭두각시에 추월당했으며, '정신'(Geist)의 공식 또한 발견될 때까지 화학자의 증류기로부터의 결과를 기다린다.

괴테가 말하길, "온 힘을 다하여 마음과 정신으로, 이해와 사랑으로 서로를 의식하리라는 희망이 실현된다면, 그때에는 여태껏 누구도 상상할 수 없었던 일이 일어날 것이다. 알라신은 더 이상 창조할 필요가 없을 것이며 우리가 그의 세상을 창조할 것이다." 이것은 종합, 즉 가장 강력한 중도를 형성하는 모든 긍정적인 것들의 집중이자 강화이자 응축이다. 전혀 평범하거나 약하지 않고 척도와 균형으로 인식되는 중도의 이념은 독일 예술의 이념이 된다.

중앙에 위치한 나라인 독일 그리고 그 심장부인 바이마르가 지적인 결정으로 채택된 장소로 처음이 아니다. 목적 없이 길을 잃고 헤매는 일이 없도록 우리에게 적절한 것이 무엇인지에 대한 인식하는 것이 중요하다. 서로 상반된 것들을 균형 잡는 동안, 예를 들어, 아주 먼 미래뿐 아니라 아주 먼 과거도 사랑하고, 무정부주의뿐 아니라 정치적 반동도 피하고, 그 자체로 중요하고 자기 지향적인 것으로부터 대표적인 것으로 나아가는, 그리고 문제가 있는 것으로부터 타당하고 안정감 있는 것으로 나아가는 동안, 우리는 책임감 있는 사람이 되고 세계의 양심이 된다. 예술과 과학과 기술을 아우르고, 침투하여, 결속시키며 조사와 연구와 작업에 영향을 미치는 활동의 이상주의가 바로 천체 시스템의 상징인 인류의 "예술의 전당"을 구축할 것이다. 오늘날 우리는 단지 전체 계획을 숙고하고, 토대를 쌓고, 건축용 석재를 마련할 수 있을 뿐이다.

그러나

우리는 존재한다! 우리는 의지가 있다! 우리는 생산하고 있다!

오스카 슐레머, 1923

1923

베르너 그래프:
새로운 엔지니어가 다가온다

Werner Graeff:
Es kommt der neue Ingenieur

잡지 『게』 창간호 "요소적 형성을 위한 재료"(Material zur elemen-
taren Gestaltung)는 1923년 7월, 베를린에서 발행되었다. 발행인
은 영화의 선구자인 한스 리히터였다. 동료 편집자들은 베르너 그래
프(1901년 부퍼탈 출생, 1978년 버지니아 블랙스버그 사망)와 엘
리시츠키(1890년 스몰렌스크 출생, 1941년 모스크바 사망)였다. 편
집 프로그램은 기본적인 사항에서 데 스테일 그룹의 원칙들을 따랐
다. 새로운 개념은 다음과 같이 도입되었다: '요소적 형태의 창조를
위한 기본 요구는 경제다. 힘과 재료 사이의 순수한 관계. 이것은 기
본적인 수단, 즉 수단의 완전한 습득을 필요로 한다. 요소적 질서, 규
칙에 기초.' 베르너 그래프의 기고는 1922년 12월 자로 되어 있다.
그것과 함께 『리얼리스트 선언문』(모스크바, 1920)의 논문들이 실
려 있다.

|

근대의 창조적인 사람들을 판단하는 근본적인 기준은:
    요소적으로 생각하고 고안하는 능력.

형태의 새로운 창조를 위한 유파는 모든 창조적 영역의 요소들을 의심할 여지없이 철저하게 명료하게 밝히고, 파격적인 의미에서 근대 세계관을 실천한다.

이제 엔지니어의 새로운 세대가 출현한다.

이는 다음을 의미한다: 먼저 기계적 기술을 완성하고 나서 그 기술의 종말. 기계 기술 최후의 엄청난 비상. 왜냐하면 필수 법칙들은 숙달된 근대 세계관의 구성 요소이고 요소적 형태의 창조를 위한 수단은 새로운 엔지니어에게 더할 나위 없이 명백하기 때문이다.

이러한 명확함과 정통함으로 인한 필연적인 결과들에는 간소함과 조화와 자연스러움과 아주 빈틈없는 경제가 있다.

새로운 엔지니어는 일부를 변경하지 않고 새로 창조한다. 다시 말해서, 개선이 아니라 절대적으로 기본적인 요구를 충족시킨다.

몇 년 내에 엔지니어들 가운데 새로운 기본 훈련을 받은 세대는 기계 기술에 합리적으로 부과될 수 있는 모든 요구를 용이하게 완수할 것이다.

그러나 이것은 끝난 것이 아니다:

이를 뛰어넘어, 엄청난, 훨씬 더 중요한 장이 새로운 창조자들의 리더에게 펼쳐질 것이다. 이미 예술과 과학에서는 그 첫 윤곽이 드러나고 있다. 10년 안에 가설은 이론으로 발전하고, 결국 그 법칙들을 통달하게 될 것이다. 이 능력이 피와 살이 될 때, 모든 새로운 요구를 절대적으로 요소적인(기본적인) 방식으로 처리해 나갈 수 있을 것이다.

1922년에는 상상할 수조차도 없는 장력, 보이지 않는 움직임, 원거리 제어, 속도와 같은 새롭고, 더욱 훌륭한 기술은 기계 기술의 방법에 영향받지 않고 나타날 것이다.

새로운 엔지니어는 이미 준비해서 기다리고 있다. 요소적 형태여, 길이 번영하라!

1923

에리히 멘델존:
역동성과 기능(발췌)

Erich Mendelsohn:
Dynamik und Funktion

1919년 카시러 갤러리에서 전시회를 개최한 이후, 멘델존은 암스테르담 잡지인 『벤딩겐』에 기고를 요청받았다. 그의 작품을 다룬 특집호는 1920년 10월에 발행되었다. 이로 인해 멘델존은 암스테르담에서 자칭 '건축과 우정'이라는 건축가 그룹과 긴밀하게 접촉했다. (멘델존은 그들에게 '역동성과 기능'이라는 주제로 강연을 했다.) 그러나 그는 자신의 대항자인 야코뷔스 오우트와 로테르담의 데 스테일 그룹의 회원들 또한 알게 되었다. 1919년 초에 멘델존은 아내에게 다음과 같이 썼다: "두 그룹은 서로 자신의 길을 찾아야 한다. … 그렇지 않으면 로테르담은 스스로를 차가운 죽음으로 몰아갈 것이고, 암스테르담은 스스로를 마법과도 같은 대화재 속으로 떨어뜨릴 것이다. … 기능적 역동성은 필요조건이다."

|

이전에는 엄격하게 분리되었던 물질과 에너지라는 두 개념이 동일한 주요 요소의 다른 상태에 불과하다는 것과 세계의 질서에서 우주와의 상대성과 전체와의 연관성 없이 아무것도 일

어나지 않는다는 것을 과학에서 깨달은 엔지니어는 무기물의 기계적 이론을 폐기하고, 자연에 대한 헌신을 재천명했다. 그는 원시적 상태로부터 상호작용을 결정하는 법칙들을 추론한다. 이전의 오만함은 창조자가 되는 행복감에 무너져내렸다. 지적으로 한 면만을 생각하는 발명가는 직관력 있는 다재다능한 창작자가 되었다. 지금까지 생명 없는 착취에 순응하는 도구였던 기계가 새로운 살아 있는 유기체의 구성적인 요소가 되었다. 그 존재는 익명 기부자의 변덕 덕분도 아니고 구성적 천재의 발명에서 얻는 기쁨 덕분도 아니다. 필요가 생기는 바로 그때, 기계는 진화에 수반되는 필수적인 결과물로 나타난다. 기계가 수행할 실제 임무는 인구 통계와 증산 사이의, 그리고 산업화와 인간 소비 사이의 다양한 상호 관계를 만족시키는 데 있다. 그것은 이러한 상호 관계에 질서를 가져오고, 그 결과들을 지배해야 한다.

그래서 그것은 심화된 쇠퇴의 상징이자 새롭게 규정하는 삶의 요소이다. 우리는 그것의 힘을 발견했으니, 우리는 외관상으로는 자연을 지배한다. 사실 우리는 단지 새로운 방식으로 자연에 봉사하고 있을 뿐이다.

언뜻 보기에 우리는 중력의 법칙으로부터 벗어났다.

사실 우리는 단지 새로운 감각으로 자연의 논리를 이해할 뿐이다. 그 순환 주기의 정확성과 그 진로의 거친 소리로 인해, 우리는 새로운 명료함에 이른다. 그리고 그 재료의 금속성 섬광으로 인해, 우리는 새로운 광명으로 끌려 들어간다.

새로운 리듬은 세계를 장악하고 있다. 새로운 운동이다.

명상적인 평일의 수평적인 고요함 가운데 있는 중세인이

높이 있는 자신의 신을 찾으려면 성당의 수직선이 필요했다. 빠르게 흘러가는 삶의 들뜬 소란 속에서 근대인은 긴장 없는 수평 위치에서만 평정을 찾을 수 있다. 자신의 현실에 의지함으로써만 그는 자신의 불안을 헤쳐나갈 수 있고, 최대 속력으로 움직임으로써만 그는 자신의 조급함을 극복할 수 있다. 왜냐하면 자전하는 지구는 여전히 제자리에 있기 때문이다! 대기를 지배하는 것, 즉 자연 요소들에 대한 지배권을 포기해야 한다는 것은 생각할 수 없다.

관건은 학교에서 배운 지식에서 생산으로 나아가는 것이다.

아이들은 전화 걸기를 배운다. 숫자들은 자신의 중요도를 상실했고, 거리는 짧은 산보 정도로 축소되었다.

기술은 수공예이고, 실험실은 공방이며, 발명가는 마이스터다.

… 세계의 질서가 그렇게 명확하게 자신을 드러냈던 경우는 드물고, 존재의 로고스가 소위 혼돈의 시기에 더 광범위하게 열렸던 경우도 드문 것 같다. 왜냐하면 우리는 근본적인 사건들로 인해 깨어났고, 편견과 충분히 만끽하는 자기만족을 버릴 시간도 있었기 때문이다. 스스로가 창조자로서, 우리는 얼마나 다양하게 운동의 힘과 긴장의 유희가 개별 사례들에서 해결되었는지 알고 있다. 그렇다면 더욱이 우리의 과제는 사색으로 들뜬 소란에, 단순함으로 과장에, 그리고 분명한 법칙으로 불명확함에 저항하는 것이다. 그리고 에너지의 파편 가운데에서 에너지의 요소들을 재발견하는 것, 즉 새로운 전체를 만들기 위한 에너지의 요소로부터다. 지구를 작동시키고, 구축하여, 재

검토하는 것! 그러나 당신을 기다리고 있는 세계를 만들어라. 당신의 피 속의 역동성으로 현실의 기능을 만들고, 그 기능을 역동적 초관능성까지 향상시켜라. 기계와 같이 단순하고 확실하고, 구조처럼 분명하고 대담하게. 실제 전제 조건들로부터 예술을 구성하고, 매스와 빛으로부터 무형의 공간을 구성하라. 그러나 개별적 창조는 시대 현상들의 전체 맥락 내에서만 이해될 수 있다는 것을 잊지 마라. 그것은 마치 현재와 미래가 역사의 상대성에 결부되어 있는 것처럼 사실의 상대성에 결부되어 있다.

에리히 멘델존, 1923

1923

루트비히 미스 반 데어 로에: 작업 명제들

Ludwig Mies van der Rohe:
Arbeitsthesen

미스 반 데어 로에가 1923년 5월에 쓴 명제들은 철근 콘크리트 사무소 건축을 위한 디자인(1922)과 함께 자신이 발행인으로 참여하고 있었던 잡지 『게』의 창간호에 실렸다. 미스(1886년 아헨 출생, 1969년 시카고 사망), 그래프, 리히터 외에, 다른 기고가들로는, 당시 베를린에 거주하고 있던 가보, 페브스너, 오스만과 파리에 거주하고 있던 두스뷔르흐가 있었다. 이는 세력들의 놀라운 집중과 회합이었다. 다시 말해서, 데 스테일과 러시아 구축주의가 한데 모였고, 그곳에서 바로 반년 전인 1922~23년 겨울, 베를린 분리파의 건축 전시회에 즈음하여, 비평가들은 만장일치로 다음과 같이 언명했다: 이것이 '새로운 건축'이다.

모든 미학적 사변을,
모든 교리를,   } 우리는 거부한다.
그리고 모든 형식주의를,

건축은 공간으로 표현된 시대의지다.

살아 있는. 변화하는. 새로운.

어제도, 내일도 아닌, 오늘만이 형태를 만들 수 있다.

이러한 건축만이 형태를 창조한다.

우리 시대의 수단으로 과제의 본질에서 형태를 창조하라.

이것이 우리의 일이다.

사 무 소 건 축

사무소 건축은 일과 조직과 명료성과 경제의 건물이다.

밝고 넓은 사무 공간, 전체를 한 번에 볼 수 있도록 나누지 않은
공간. 기업 구조처럼 유기적으로 조직화되어 있다. 최소의
수단으로 최대의 효과를.

재료는 콘크리트와 철과 유리다.

철근 콘크리트 건물은 본래 골조 건물이다. 밀가루 반죽 제품도
철판으로 만든 탑도 아니다. 하중을 받는 구조와 하중을 받
지 않는 벽, 다시 말해 뼈대와 외피로 만든 건물.

1923

아르투르 콘:
분석적이고 이상향적인 건축

Arthur Korn:
Analytische und Utopische Architektur

이 에세이는 1923년 12월에 파울 베스트하임이 발행한 『예술지』에 실렸다. 아르투르 콘(1891년 브레슬라우 출생, 1978 클로스터노이베르크 사망)은 1919년에 멘델존의 파트너였고, 1922년에는 지그프리트 바이츠만과 함께 사무소를 열었다. 베를린과 실레지아에서의 인테리어 디자인과 주택을 제외하고, 콘은 예루살렘과 하이파를 위해 상당히 많은 작업을 했다. 1923년 그는 하이파 비즈니스 센터를 디자인했다. 이 디자인은 설계 경기에서 2등으로 당선되었으며, 그로피우스에 의해 바우하우스 총서(『국제건축』, 뮌헨, 1925) 제1권에 수록되었다. 1924년 아르투르 콘은 11월 그룹의 총무가 되었다. 이 에세이는 그의 첫 저작물이다.

|

건축은 상징이다. 광휘다. 충격의 힘에서 끝으로 나아가는 음악이다. 둘러쌈과 분해다. 주택은 더 이상 사각형 덩어리가 아니라, 작은 방으로의 분해이고, 상세하게 구체화하는 것이며, 가교와 접합과 외피와 도관의 건설이다. 외피들은 공기를 둘러싸

거나 배출한다. 열매가 줄기를 제거하는 것처럼 공기는 외피들 사이에 가라앉는다. 공기는 그것들 사이로 흘러 들어가서, 단단하게 또는 유연하게 만든다.

건축은 열정적인 사랑이다. 양육이며 선회이다. 우리처럼 움츠렸다가 불쑥 솟아오른다. 상징이다. 격렬한 조짐이다.

왜냐하면 현실을 예술 작품으로 바꿔놓은 것은 그 격렬한 조짐 때문이다. 불타는 도시. 불타는 풍경.

건축은 당당한 지도자다. 철과 강철과 유리와 나무와 자기, 그리고 직물과 종이와 같은 모든 재료가 그 수중에 있다. 모든 재료의 물질과 구조와 공법에 대한 감각을 키웠다. 가구는 자라나는 벽에서 갑자기 나타났고, 토착민의 갈대 움막은 이미 오래전에 환상적인 초목의 탑으로 성장햇다.

건축은 기계나 지하철 같은 의미가 있다. 항공기 객실이나 자동차 본체와 같다. 눈에 띄지 않고 집합적이다.

그러나 욕구 충족을 넘어 유기체를 느끼는 상징적 예술 형식이 있을 때, 비인격적이고 실용적인 건물에 겨우 거주할 수 있다. 그리고 다음과 같이 질문한다. 이러한 건물은 어떤 기둥과 외피에 의존할까? 빛의 영역이 그 건물 내부에 어떻게 존재할 수 있는지? 다시 말해서, 그 빛의 면은 어떻게 서 있는가? 똑바로 서 있는가? 기울어져 있는가? 움직일 수 있는 가구와 움직일 수 없는 가구가 건물과 어떻게 결합할 수 있는가? 인공 광원은 어떻게 위치하는가? 색은 어떻게 본래대로이거나 달라지는가? 건물은 어떻게 가깝고도 먼 주위의 상황과 관계를 맺는가?

개별 방들은 어떻게 총체적으로 관계하는가? 전체는 어떻게 가장 사소한 부분과 관련하여 의미를 가지는가? 그리고 어떤 방법으로 전체는 더 큰 공동체에서 단위 조직이 되는가? 전체는 어떻게 인간과 경관의 상징으로 발전되는가?

정체불명의 해결책은 부적절하다. 직선으로 된 미국의 합리적인 도시는 치명적이다.

실제로 비인격적이고 실용적인 건물은 구축적일 때만 지낼 만하다. 그러나 구축(Konstruktion)은 분석을 통해서만 이루어진다. 기계 디자이너 역시 다음과 같이 먼저 질문한다. 어떤 임무를 수행할 기계인가? 선삭? 평삭? 천공? 그리고 내가 천공 작업을 하려면, 회전 운동이 필요하다. 그는 우선 분석하고 나서 만든다.

건축가 역시 주택이나 공장의 건물 프로그램 분석으로 시작한다. 그는 부분들인 방이나 칸들을 찾아낸다. 그는 소통 수단들로서의 수평적 터널이나 수직적인 계단 탑을 만들어낸다. 그는 평평한 원판에 구멍을 도려내는 송곳처럼 중심들을 찾아서 고정한다.

그는 근원적인 구성 단위(Urzelle)를 찾는다. 모든 집과 모든 도시에 고유하며, 모든 형태에 흔적이 남아 있는 것. 그는 재료와 재료의 내부 구성과 강도와 구조를 분석한다.

그는 모든 것이 근거를 두고 있는 전체 구성, 즉 (세포) 핵에서의 가는 지주들과 원반들을 분석하고, 그 핵 주위에 구멍이 있는 외부 벽을 매단다. 그래서 그는 역할을 하는 모든 요인들을 분석한다.

그제야 그는 구축해 올리기 시작한다.

물질적인 물체와 그 위의 대기 공간의 맞물림. 물체 덩어리 안으로 공기가 들어오고 새로운 항공기를 만드는 강철선으로 물체를 감싸기. 중앙에서 허공으로 뻗은 팔과 바닥을 뚫고 자라난 늑골.

재료와 구조와 조직화와 상호 통신 수단들의 궁극적인 비밀을 활용한 분석적인 건물은 필수 조건이다. 그것은 그 이하도, 그 이상도 아닌 기본이다.

그렇다 치더라도 그것은 이 세상에 막 나온 것처럼, 완전하게 독창적인 방식으로 종합 작품을 창조하는 예술의 문제이다.

미지의 법칙에 따른 불가사의하고 우발적이더라도 구체적인 사건은 자신만의 정신적인 영역에서 최초의 합리적 절차를 신비롭게 재창조한다.

마치 우리 안의 무의식적인 천재가 알려지지 않은 고차원의 목표에 이르는 창조적 과정을 다시 반복했던 것처럼, 지극히 예리한 분석적 구성과 무의식의 영역에서 난 이상향은 한 점에서 교차한다는 불가해한 미스터리가 남아 있다.

우리 안의 상징과 격렬한 조짐은 분석적인 구성만큼이나 구체적이다. 그리고 나에게만 그런 것은 아니다. 기계적인 인간과 무정부주의적이며 예술적인 인간 사이의 갈등과 집단의 성격과 그 자체를 자유롭고 신비로운 법칙에 따라 조직하는 개인의 성격 사이의 갈등은 음악 소리처럼 좀 더 큰 규모로 필연적인 구조적이고 분석적인 현실에서 직관적이고 예술적인 현실로의 상승을 반복한다.

20세기 건축선언과 프로그램

1924

테오 판 두스뷔르흐:
조형적 건축을 향하여

Theo van Doesburg:
Vers une architecture plastique

테오 판 두스뷔르흐는 자신의 요소주의적 구축 이론을 다시 한 번 파리에서 공식화했다. 마지막은 아니었다. 판 두스뷔르흐는 1922년에 바우하우스와 가까운 바이마르에서 강의를 하며 머무른 후에, 파리에 정착했다. '1921년부터 1923년까지 바우하우스의 두 중심인 바이마르와 베를린에서 신조형주의는 근대 디자인 전체의 가장 중요한 특징이 되었다.' 대규모 데 스테일 전시회는 1923년 11월과 12월에 '근대적 성과'(L'Effort Moderne)라는 갤러리에서 개최되었고, 젊은 파리 건축가에게 데 스테일 운동을 접하게 해주었다. 새로운 주택 건축 설명회는 1924년 봄에 판 두스뷔르흐에 의해 기획되었다.

|

1   형태. 고정된 유형이라는 의미에서 형태의 개념 모두를 철폐하는 것은 건축과 예술 전체를 건전하게 발전시키는 데 있어서 가장 중요하다. 훌륭한 사례로서 이전의 양식들을 사용하거나 모방하는 대신에, 건축의 문제는 완전히 새롭게 제기되어야 한다.

2 　새로운 건축은 요소적이다. 다시 말해서, 새로운 건축은
　　가장 광범위한 의미에서 건물의 요소들로부터 발전한다.
　　기능, 매스, 표면, 시간, 공간, 빛, 색, 재료 등과 같은 요소
　　들은 초형적이다.

3 　새로운 건축은 경제적이다. 다시 말해서, 새로운 건축은
　　가능한 한 효과적이고 알뜰하게 그 요소적 수단을 사용하
　　고, 수단도 재료도 낭비하지 않는다.

4 　새로운 건축은 기능적이다. 다시 말해서, 새로운 건축은
　　분명한 원칙 내에서 자신이 포함하는 실제적 요구들에 대
　　한 정확한 결정으로부터 발전하다.

5 　새로운 건축은 무정형이지만 정확하게 규정된다. 다시 말
　　해서, 새로운 건축이 고정된 미적, 형태적 유형을 따라야
　　하지는 않는다. 그것은 현실적인 생활 요구들로부터 나타
　　난 기능적 평면들을 만드는 어떠한 (제과업자들이 사용하
　　는 것 같은) 틀도 없다.

　　　　모든 이전의 양식들과 대비하여, 새로운 건축 방식들
　　에는 폐쇄형도 기본형도 없다.

　　　　기능적 공간은 고유의 특성이 전혀 없는 장방형 면으
　　로 분명하게 분할된다. 각각은 나머지 면들을 기반으로 고
　　정됨에도 불구하고, 장방형 면은 무한하게 확장하는 것으
　　로 시각화될 수 있다. 그래서 그것들은 모든 점들이 우주
　　에 있는 같은 수의 점들과 일치하는 단일 좌표체계를 형

성한다. 이것으로 미루어보면, 결과적으로 면들은 무한한 공간과 직접적인 연관이 있다는 것이다.

6 새로운 건축은 크고 작음과는 관계없이 기념비적이라는 개념을 표현해왔다. ('기념비적'이라는 단어는 진부해졌기 때문에 '조형적'이라는 단어로 대체되었다.) 새로운 건축은 모든 것이 상호 관계를 기반으로 존재한다는 것을 보여주었다.

7 새로운 건축에는 수동적 요인이 조금도 없다. 새로운 건축은 (벽에서) 개구부를 극복했다. 새로운 건축의 개방성으로 인해, 창문은 벽면의 폐쇄성에 반하여 적극적인 역할을 한다. 개구부 또는 갈라진 틈이 중요한 위치를 차지한 곳은 어디에도 없다. 모든 것은 대비를 통해 분명하게 결정된다. (면과 선과 매스)로 이루어지는 건축 요소들이 삼차원적 관계에 얽매이지 않고 배치되는 다양한 반(反)구성들을 비교해보라.

8 평면. 새로운 건축은 벽을 개방해서 내부와 외부의 구분을 없앴다. 벽 자체는 더 이상 지지체가 아니다. 벽은 단지 지지점만을 규정한다. 그 결과 고전적인 것과는 완전히 다른 새롭고 개방된 평면이 된다. 왜냐하면 내부와 외부는 이제 서로를 넘나들기 때문이다.

9 새로운 건축은 개방적이다. 전체 구조는 다양한 기능적 요

구들에 따라 구분된 공간으로 구성된다. 이러한 구분은 (내부에서) 분할하는 면과 (외부에서) 보호하는 면으로 이루어진다. 다양한 기능적 공간들을 분리하는 내부의 면들은 이동 가능하다. 다시 말해서, (이전에는 내부의 벽이었던) 분할하는 면들은 이동 가능한 중간의 면이나 판으로 대체될 것이다(같은 방법이 문들에 사용될 수도 있다). 건축 발전의 다음 단계에서, 평면은 완전히 사라져야 한다. 평면에 고정된 이차원적 공간 구성은 정확한 구조적 계산으로 대체될 것이다. 그러한 계산은 지지 능력이 가장 단순하지만 강한 지지점에 제한되는 방식이다. 이러한 목적을 위해서, 유클리드 수학은 더 이상 쓸모없어질 것이다. 비유클리드적이며 사차원을 고려하는 계산으로 모든 것은 매우 쉬워질 것이다.

10 공간과 시간. 새로운 건축은 공간뿐만 아니라 그 규모의 시간을 고려한다. 시간과 공간의 통합을 통해 건축 외부는 새롭고 완벽한 조형적 외관을 얻게 될 것이다. (사차원 공간-시간적 양상들.)

11 새로운 건축은 반(反)입방체다. 다시 말해서, 새로운 건축은 모든 기능적 공간 단위들을 닫힌 입방체에 끼워 맞추지 않고, (돌출 면들, 발코니뿐만 아니라) 기능적인 공간 단위를 원심력으로 입방체의 중심에서 바깥으로 돌출시킨다. 그래서 높이, 폭, 깊이에 시간을 더하여 완전히 새로운 조형적 표현을 얻는다. 이러한 방식으로 건축은 자연의 중

력에 대항하면서 작동하는 어느 정도 유동적인 측면을 획득한다(이러한 측면은 건축의 관점에 있어서 가능하지만, 엔지니어에게는 문제다!).

12 대칭과 반복. 새로운 건축은 단조로운 반복과 두 개의 반쪽에 대한 무리한 균등, 즉 거울 반사 이미지인 대칭을 모두 제거했다. 시간의 흐름에서 반복도, 가로에 면한 정면도, 표준화도 없다. 한 블록의 주택들은 개별 주택만큼이나 완전체이다. 개별 주택에 적용되는 법들은 한 블록의 주택들과 도시에도 적용된다. 대칭 대신 새로운 건축은 서로 같지 않은 부분들, 즉 위치와 크기와 비례와 상황과 관련해 자신의 기능적인 특징들 때문에 다른 부분들 사이에서 균형을 이룬 관계를 나타낸다. 이러한 부분들의 균등은 자신들의 유사성에 달려 있지 않고, 비유사성의 균형에 달려 있다. 뿐만 아니라, 새로운 건축은 전후좌우상하의 가치가 동일한 요소로 이루어진다.

13 삶의 엄격하고 정적인 방식에 기원을 두고 있는 정면성의 원리(Frontalismus)와 대조를 이루는 새로운 건축은 공간과 시간에서 모든 면의 발전을 보여주는 조형적 풍부함을 나타낸다.

14 색깔. 새로운 건축은 회화를 없앤다. 회화는 조화를 동떨어진 채 가상적으로 표현한 것이자, 이차적 재현이며 주로 채색된 면일 뿐이다.

새로운 건축은 시간과 공간 내에서 관계들을 표현하는 유기적으로 직접적인 수단인 색깔을 인정하다. 색깔 없이, 이러한 관계들은 실제가 아니라, 볼 수가 없다. 유기적 관계들의 균형은 색깔로써만 가시적인 현실을 획득한다. 근대 화가의 임무는 색깔을 사용하여 이차원적 표면에서가 아닌 시-공간의 새로운 사차원 영역에서 조화로운 전체를 만드는 데 있다. 더욱 발달한 단계에서, 재료 고유의 색깔을 바꾸어버린 재료(화학자의 문제)로 대체된다. 그러나 실질적인 요구가 이러한 재료를 필요로 할 경우에만 그러하다.

15 새로운 건축은 반장식적이다. 색깔(그리고 이것은 색깔을 두려워하는 사람이 이해하려 해야만 하는 것이다)은 건축의 장식적인 부분이 아니라, 표현의 유기적 매개체이다.

16 신초형주의의 종합으로서의 건축. 건물은 예술들의 요소적인 표명에서 모든 예술을 함께 결합함으로써 예술의 진정한 본성을 밝히는 새로운 건축의 일부이다.

전제 조건은 사차원으로 생각할 능력이다. 다시 말해서, 화가들도 포함하는 조형주의 건축가들은 공간과 시간의 새로운 영역 내에서 구성해야 한다.

새로운 건축은 어떠한 이미지(예를 들어, 독립적인 요소로서의 회화 또는 조각)도 허용하지 않기 때문에, 모든 본질적인 수단으로 조화로운 전체를 창조하는 새로운 건축의 목적은 처음부터 자명하다. 이렇게 해서, 모든 건축

적 요소는 실질적인 요구들을 무시하지 않고, 실질적이고
논리적인 기반 위에서 조형적 표현의 최대치를 달성하는
데 기여한다.

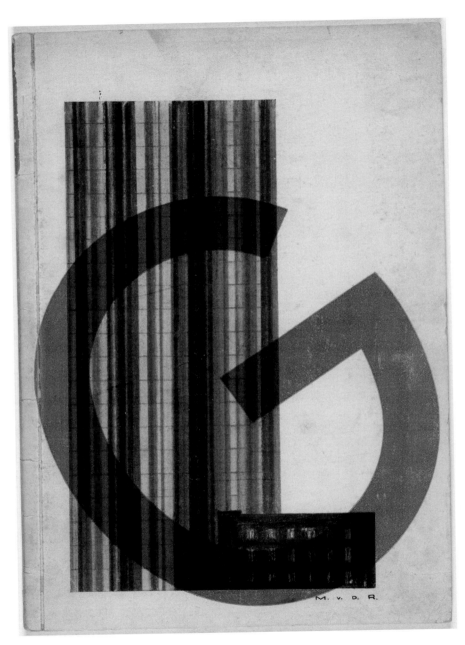

한스 리히터/미스 반 데어 로에, 1923

1924

루트비히 미스 반 데어 로에:
산업 건축

Ludwig Mies van der Rohe:
Industrielles Bauen

잡지 『게』 제3호(1924년 6월 10일)에서 미스 반 데어 로에는 자신의 구체적인 표현 양식을 사용하여, 건축 산업 전반에 근본적인 개편을 요구했다. 1년 전, 『게』 창간호에서 제기되었던 재료와 구조의 효율적 사용에 대한 요구는 이제 새로운 건축 재료의 제조로 시작하여 현장에서 단순 조립 작업에 이르는 건축 과정 전반으로 확대되었다. 처음으로 그러한 명쾌함을 가지고, 관심은 오로지 결과, 즉 건축만이 아니라, 건축의 산업화 형태들을 위한 전제 조건들로도 기울었다.

|

얼마 전, 건축업계에서 산업화의 필요에 대해 대부분의 이해 당사자들은 여전히 이의를 제기하고 있었고, 소수만이 이러한 필요를 정말로 확신함에도 불구하고, 이러한 문제가 이제 넓은 범위에서 심각하게 논의된다는 것 자체를 진보로 생각한다. 만일 특별한 상황들이 여기에서 그 길을 막지 않았다면, 모든 분야에서 팽창하는 산업화는 시대에 뒤떨어진 견해와 감정적 가치들은 고려하지 않고 건축업계로도 확산되었을 것이다. 나는

산업화가 우리 시대 건축의 가장 중요한 문제라고 생각한다. 이러한 산업화가 성공적으로 이루어졌다면, 사회적, 경제적, 기술적 문제들과 예술적 문제까지도 순조롭게 해결되었을 것이다. 우리는 무엇이 방해가 되는지 알게 되면, 산업화가 어떻게 도입되는지에 관한 질문에 대답하기가 수월하다. 시대에 뒤떨어진 조직 형태들이 원인이라는 가정은 옳지 않다. 그 형태들은 원인이 아니라 상황의 결과이고, 오래된 건축 업계의 특성과 결코 상충되는 것은 아니다. 새로운 조직 형태에 이르기 위한 반복된 시도가 있었지만, 그 새로운 형태는 산업화가 허용된 업계의 일부에서만 번영했다. 게다가 근대 건축물이 조립의 문제라는 점은 분명히 과장되어 있다. 프리패브 공법은 산업과 농업을 위한 창고 건설에 거의 독점적으로 실행되었고, 현장 조립 부재를 처음으로 사전에 만든 곳이 바로 주철공장이었다. 최근에 목재 회사들도 건물이 순전히 조립의 문제가 되도록 부재를 사전에 제작하기 시작했다. 여전히 전체 골조 구조물과 실내 마감 대부분은 수공업적인 성격을 지닌 옛날 방식 그대로 지어지고 있다. 경제 형태나 노동 방식에 따라 바뀌지 않는 수공업적 성격 덕분에 소규모 기업의 생존이 가능하다. 분명 새로운 건축 시공 경향이 보여주듯 더 큰 치수의 돌을 사용하거나 가공하는 치수를 바꿔 자재와 임금을 절약할 수는 있다. 그렇지만 시공의 수공업적 성격이 바뀌는 것은 결코 아니다. 하나 유의해야 할 사항은 현재의 건축에서 새로운 시공 방식보다 벽돌조 시공의 장점이 더 크다는 사실이다. 여기서 중요한 문제는 현재 사용되는 시공 방식의 합리화가 아니라 건축 산업 전반의 근본적인 개혁이다.

근본적으로 같은 성질을 지닌 건축 재료를 사용하는 한, 건축의 성격은 달라지지 않는다. 언급했듯이 재료의 성격이 결국 시공 방법을 정한다. 건설업의 산업화는 재료의 문제다. 따라서 새로운 건축 재료에 대한 요구는 첫 번째 전제조건이다. 현재 우리 기술로 도달해야 하고 도달할 수 있는 부분은 기술적으로 생산 가능하고 산업 구조를 통해 조달할 수 있는 새로운 건축 자재, 곧 견고하고 비바람을 견디고 방음과 단열 성능이 뛰어난 재료를 개발하는 것이다. 이 재료는 가볍고 산업화를 통해 생산할 수 있을 뿐 아니라 산업화를 필요로 하는 것이어야 한다. 그렇게 되면 건축 현장에서는 단지 조립만 하면 되기에 상상 이상으로 빠르게 공사가 진행되어 비용 또한 크게 절감될 것이다. 또 예술적 차원에서 건축을 새롭게 정의하려는 노력도 고유의 영역을 찾을 것이다. 산업화를 통해 기존 형식의 건설업은 사라질 것이라고 확신한다. 장차 집을 짓는 사람이 더 이상 수공업자가 아니라고 염려하는 사람은 장차 자동차를 만드는 사람이 달구지를 만들던 목수가 아니라는 사실을 걱정해야 할 것이다.

1924

헤르만 핀스털린:
새로운 집

Hermann Finsterlin:
Casa Nova

'미래의 건축 ─ 형태유희와 좋은 집'이라는 부제는 헤르만 핀스털린 (1887년 뮌헨 출생, 1973년 슈투트가르트 사망)이 암스테르담 잡지 『벤딩겐』의 1924년 3월호 전체를 차지한 자신의 에세이에 붙인 것이다. 그의 건축적 환상은 1919년에 이미 상당한 관심을 불러일으켰다. 그해에 그로피우스는 핀스털린에게 '무명 건축가들의 전시'(75쪽 참조)에 참여할 것을 정식으로 요청했다. 브르노 타우트는 1920년과 1921년에 걸쳐 『여명』에 두 편의 다소 긴 핀스털린의 글을 게재했다. 일반적인 경향에서 『벤딩겐』에 상대적으로 늦게 게재한 그의 에세이는 건축가 그룹 '건축과 우정'이 1924년에 데 스테일 그룹에 반대하는 관점(시각을 통한 인식)을 여전히 주장하고 있었다는 점을 분명히 보여준다.

|

깨어나라! 아담의 자녀인 너희들이 속세의 나무에 열린 설익은 열매를 먹고 빠져든 잠에서 깨어나라. 그리고 이제 결코 다시는 놓칠 수 없는 당신의 신성한 행복을 그 무한한 가지들에

142

서 구해내라. 즉, 모든 존재의 근원적 의미에 대한 인식. 이것이 '발전'. 삶은 자극에 대한 무의식적 대응이고 경험은 인간의 실존이다. 삶의 가치는 온 세상에서 피조물이 경험하는 것의 총합이다. 그러므로 삶의 기간과 삶이 취한 행로는 사소한 문제가 아니다. 모든 불완전한 점들과 절충한 것들이 걸러지도록, 당신의 체(sieve)를 자신의 가장 높은 의지의 기준에 맞춰라. 그것들은 보존할 가치가 없다. 당신이 실체적인 것을 의식하도록 만드는 선과 면에 특혜를 주지 마라. 이는 피조물이라는 생득권에 대한 배은망덕이다. 거대한 오르간의 바람통이 있는 드럼통을 둥둥 울리지 마라. 모방하지 마라. 예전에 존재했던 것은 반복할 필요가 없다. 반복은 항상 무기력하게 퇴화하며 당신의 시간을 버리는 것일 뿐이다. 발명하기를 중단하라. 그것은 단지 당신에게서 당신의 눈을 빼앗을 뿐이다. 왜 당신은 자신의 감각들을 넓히려고 애쓰는가? 발견에 대한 열광은 단지 상상력과 창조력의 빈곤에 지나지 않는다. 당신의 외면적인 감각들 너머에 아무것도 없다. 우주의 축소판이며 인간 존재의 가장 큰 경이인 당신의 가장 깊은 원시적 감각으로도 창조할 수 없는 것이다. 세계 정신처럼 당신을 전능하게 만드는 이 현자의 돌을 찾아내라.

사물들의 뚜렷하고 근본적인 차이는 오직 당신과 사물 사이의 시간적·공간적 거리와 오직 당신의 유기적 메커니즘에서 발생하는 시간의 측정에 달려 있다. 이것 하나만으로도 시간과 공간, 물질과 에너지, 멈춤와 움직임, 생과 사의 대조를 만든다. 세상의 중심으로 나아가라. 그러면 당신은 수액 속에서 현상과 존재가 하나로 흘러 들어가는 속세의 나무뿌리에서 바뀐 형상으로 다시 한 번 자신의 모습을 발견하게 될 것이다.

모든 것은 형태를 갖추고 있다, 즉 모든 것은 형태다.
발산과 향기와 소리, 그리고 영혼의 가장 불가사의한 느낌들.
형태는 그저 닫힌 움직임 내에서 흐르고 사차원적 공간 내에서 비교적 촘촘하게 전개되는 상대적으로 지나치게 빠르고 끊임없는 힘의 체계일 뿐이다. 그 독특한 물질적 현현은 자신의 속도와 다양성의 결과이고, 공간의 사물들과 빛의 압력과 벌이는 유희적 몸부림이며, 가장 미묘한 감정의 엄청난 고조다. 그리고 앞뒤로 흐르고, 서로를 수정하거나 관통하며, 선택적 유사성에 따라 자신들을 배치하고 서로에게 동기를 유발하는 밀도에 의해 전달되는 압력이다. 이러한 몸부림의 경로는 항상 잠시 쉬는 장소들인 절점들로 표시될 것이다. 왜냐하면 에너지 파동들은 아무리 혼란스럽고 다양할지라도 평형 상태가 되기 때문이다. 이들이 세계적인 사건에서 건축의 국면이다. 무한대와 무한소의 영역에는 시간의 단편마다 수많은 '건축물'이 있다. 그러나 지표면 가운데 어떤 것도 주요한 인간의 도구라는 불로 정제된 구조들과 비교할 수 없다. 우리 지구인들은 공식으로 확고하게 결정되는 자연의 몇몇 사소한 사물들에서만, 예를 들어 쌍결정이나 빙하 침식에서 그리고 과도하게 재배한 꽃과 고등동물의 관절에서 정제된 힘의 징후를 알아차릴 수 있다. 그러나 우리에게는 소규모 환경에 대한 내면적인 인상이 완전하게 결핍되어 있다. 풍경, 특히 산은 거의 통일된 공간 경험으로 파악되지 못한다. 암석과 얼음 동굴의 원인이 되는 힘은 최고 수준의 형식적 정교함을 제공하지 못하기 때문이다. 그렇다면,

왜 인간은 결코 아직까지 다채롭고 유일무이한 영혼의 고형화된 울림이라는, 자극이 비할 데 없이 풍부한 경이로운 공간을 스스로 만들 수는 없는지 나에게 말해주기 바란다.

인간다운 건축물의 목적이 사물과 식물과 동물과 인간과 신을 위한 거처, 즉 피난처를 제공하는 동굴을 만드는 것이라는 환상을 버리기를 바란다. 모든 예정된 목적은 압제적이고 억제하는 손처럼 신성하게 자유롭고 순결한 의지의 원동력에 달려든다. 당신이 존재한다는 것을 잊고, 거대하고 신성한 배들을 만들고 나서, 당신 영혼의 엄숙한 시간에 뻣뻣한 가죽이 씌워 질 때에 당신과 인류 신체의 영원한 자궁인 이 기념비를 봉헌하라. 인간의 공간은 더 이상 몇몇 기본적인 체적을 가진(stereometric) 물체에 대한 공허한 인상이 아닌, 영혼의 빙하를 가는 장치이고, 지상의 신진대사로 결정되는 자연 정령들의 산물이 아니라, 아주 미세한 인간 영혼의 맷돌에 끈질기게 갈아서 만들어지거나 암석 속에 박힌 정동석(晶洞石)처럼 엄청난 고열과 고압으로 순식간에 속이 움푹 패인 것이다. 빛은 증식성 물질 사이의 매우 얇은 부분이자 이질적인 몸체로 구성된 낡은 가구로 이루어진 움직이지 않는 용기(vessel) 대체물인 바닥을 비춘다. 바닥은 단지 수평을 맞추는 데 급급한 것을 넘어서서 형태의 아주 매혹적인 이야기들을 새로 발견한 우리 발바닥의 민감함과 더욱 관계있다. 인간이 최고 고등동물이 된 이래 이에 걸맞은 진정한 피난처 ─ 거대하고 영적인 유기체의 기관을 모성으로 만족시키는 ─ 가 인류 유년기 최초의 자연스러운 거주를 독립적이고 가시적으로 그려 보이고 있다. 여전히 거친 재료이기는 하지만 말이다. (물질성이 싫어 부드러운 재료

로 구성된 존재처럼 사라져버린, 빼어난 육체성을 지닌 부조로
된 신적 동물의 껍질은 다시 생명을 얻어 그 생명의 증거로 완
전하게 안정적인 깊이 있는 이미지를 얻는다.) 영혼의 봉인은 자
신을 둘러싼 세계를 알지 못하는 모든 이에게 내면의 목소리의
울림을 주고, 자신에게 가장 낮은 공간 등급의 조잡함이 절대
로 생산할 수 없는 행복을 가져다준다.

철저하게 내쫓긴 건설업자들은 발전의 나무가 무한한 분
지와 분주와 개량 그리고 꽃의 성장을 제어하는 방식으로 지
구 전역에서 지속된다는 것을 잊었는가? 그러한 익명의 근친상
간이 아니었더라면 결함 있는 손풍금처럼, 우주만큼 무한한 형
태의 유행가와 교향곡의 첫 소절을 반복하는 인간 건축을 그렇
게 훼손할 수 있었을까? 물리적 형태의 기본 원칙과 이 삼위일
체 사이의 보잘것없는 관계들은 여전히 오늘날까지 인간 건축
의 어눌한 어휘이다. 원시적 형상, 즉 구체(球體)에 대한 세 가지
동소체(allotropic) 상태들, 예를 들어 원뿔에서 목표를 향한 움
직임과 아스트라갈(astragal) 몰딩에서 무한으로 가는 길. 이는
다중 꼭짓점과 다각형에서 다면체의 저항효과에 접근한다. 원
시적 형상의 이러한 특징들은 최초의 혼성체를 만들어 내기 위
해 일체가 되거나 서로 관통하거나 분리하면서 결합된다. 그러
나 이러한 잡종은 천 년 동안 생식력이 없었다. 자신들을 구성
하는 부분들이 점점 더 풍부해지는 다양한 입체들의 혁신적인
조합을 통한 '형태 그 자체의' 끝없는 변형을 만드는 결정은 내
려지지 않았다. 오늘에 이르기까지 건축물은 형태들을 분해하
는 것이었다.

당신이 어떻게 건축하는지를 알려주면 당신이 누구였는지

를 말해줄 수 있다. 너희 민족은 재판관 클리오의 판결이 들리는가? (개인들은 속일 수 있고, 수많은 이유가 사람들을 감싸는 주거의 본질을 결정한다. 그러나 문화의 한 시대에 한 민족이 자신을 표현하지 않을 수는 없다. 민족의 건축 기관들[organs]은 재료로 표현된 대로 감정의 정도를 드러낼 것이고 민족이 진화의 사다리—살아 있는 것들의 가계도—에서 어디에 있는지 알려준다.) 우리는 여러 세기 동안 기계에 많은 영향을 받았다. 그러나 실증적인 이 죽음의 무도를 넘어, 일면적이고 단선적인 틀에 얽힌 발전과 이 오해받는 탈물질화는—이 기계의 비활성적 성격인 건축의 평형은—지겹게 반복되는 하나의 운동 방정식에서 풀려나고, 지상의 신은 자신의 숭고한 사명을 상기할 것이다. (기계의 가장 좋은 점은 기껏해야 요소들을 처음으로 형식적으로 정교하게 구성하려는 시도일 뿐이다.) 신이 이러한 징후를 새긴 것일까? 후손들이 제기한 이 열광적인 질문은 모든 건축업자가 평생 품어온 야망이 되어야 했다. 그들의 연필이 가장 중심적인 정신의 맥동에 이끌리고 세계 8대 불가사의를 만들기 위한 비의의 씨앗을 심었을 때.

　건축은 공간의 경험이다. 영감, 창의, 태고의 정글 환경에서 영혼의 울림이라는 더할 나위 없이 명백하고 급작스러운 깨달음. 다공성 물질에서 생기는 미세한 힘들의 목적 없고 전례 없는 유희의 움직임은 쾌락마저 잊는 절정의 명상 순간에 정지한다. 이는 힘들이 깨어난 채 자는 바로 그때, 정지된 운동—언제나 사방팔방으로 계속 꽃 피우거나 시작도 없이 살아 있는 수정처럼 자발적으로 분열하는 균형 잡힌 구성 요소들로 분해될지도 모르거나 또는 영원한 것의 맥박이 진동하는 모든 것처럼 끝날지도 모르는—속에만 분명하게 존재한다. 태양이 잠 못 이루는 시선으로 그것을 어루만질 때, 그 구조는 멤논의 화강암 신체처럼 눈을 기쁘게 할 것이라고 말한다. 그리고 그런 용기(vessel)는 보름달에서 넘쳐 나오는 빛에 투항하는 꽃처럼 향기로워야 한다. 그런 것은 무수한 무지개들의 복잡한 패턴처럼 색들 가운데서 무색인 체해야 한다. 왜냐하면 그것은 존재에 대한 직접적이고, 근본적이고, 영원불변하며, 보편적인 표현이다. (존재의 고귀함이 반복이라는 대중적인 규칙에 거둔 최종 승리다. 대중적인 규칙은 기껏해야 뒤틀린 거울 앞에서 뻔한 변화를 흉내 내거나 안 어울리는 복고와 강박적인 왜곡으로 있을 수 없는 혼성을 추구할 뿐이다.)

그리고 영원한 안정과 더불어 우리가 지금도 상상할 수 있는 현실성을 가능한 최대한으로 강화하여, 위대한 단순성(Ein-fache)이 다시 한 번 싹트기 시작할 때에 그날은 올 것이다. 이 단순성은 오늘날의 건설의 소박함과는 아무런 관계가 없다. 이른바 존재하지 않는 '형태 없음' 상태를 넘어선다. 이 상태는 가장 진화했으며 형식적으로 성숙한 것이기 때문이다. 양각과 음각을 가장 정교하게 다듬어 명백한 통합에 이르게 할 만큼 다듬은 무수한 효과들의 결과다. 또 안팎으로 무한한 관점을 품고 있는 상상 속의 혼돈을 넘어서는 것이다. 이 무한한 관점을 어림짐작함으로써, 가장 즐겁고도 고통스럽게 도취된 풍요로움(정역학은 동역학의 형태-소리의 흐름에서 유일한 정지이기 때문이다) 속에 은밀히 숨겨진 중첩은 드러난다. 극단적인 분열은 정신의 가장 큰 영역에서 가장 작은 최초 이미지의 형상을 반복한다. 이 단순성은 절대적으로 인간적인 특성의 무의식적

제한, 가장 세련된 초-인격적 공식의 무의식적인 제한이다. 자신들의 상상력이 방해받지 않고 전지전능하다는(또는 정통한 사랑 속에서 자신의 유사한 이미지에 대한 최고의 환영을 의식적으로 포용하는) 신과 같은 기분을 느끼면서, 별들이 녹아내리는 듯한 돔 혹은 자연 동굴에서 보호받는 듯한 볼트(vault) 아래서 깨어 있듯 잠들어 있을 때, 그날은 올 것이다.

그러나 우선 우리는 길고 괴로울 정도로 더 없이 행복한 길, 즉 낙원으로 되돌아가는 에움길을 가야 한다. 건축도 뛰어넘을 수 없다. 그러나 우선 이러한 길을 걷는 법을 배우도록 몸집만 큰 아기인 건축은 성장해야 한다.

(당신은 이 세상의 것이 아닌 것 같은 이러한 건축의 기술적 수단에 관해 묻는 것인가? 뜻이 있는 곳에 길이 있다. 잉카족의 거대한 동굴 조각과 인도의 석조 신전, 철과 인조석의 가능성과 미래에 거대한 유리의 유동을 생각해보라. 그러한 풍부한 물리적 외관을 구체화하는 데 필요한 수단은 다양해야 할 것이다.)

카지미르 말레비치:
절대주의 선언문 우노비스(발췌)

Kazimir Malevich:
Supermatist manifesto Unovis

1924년 5월 2일, 카지밀르 말레비치(1878년 키예프 근교 출생, 1935년 레닌그라드 사망)는 '새로운 예술 형태의 확립'이라는 의미의 약자인 우노비스를 붙인 「절대주의 선언문」을 발표했다. 말레비치가 이미 1915년과 1916년 사이의 겨울에 그린 '흰 바탕 위의 검은 사각형'은 자신의 '제로 형태'나 '나의 시대의 적나라하게 테두리 없는 도상'과 같은 새로운 형태들에 대한 길잡이 이미지로서 상트페테르부르크에서 열린 '마지막 미래주의 전시: 0.10'에 걸렸다. 저서 『비구상의 세계』(1927년에 바우하우스에서 최초로 출판되었다)는 러시아의 전쟁과 혁명기의 혼돈 속에서 늘어났다. 가보와 페브스너와 칸딘스키와 리시츠키, 그리고 모호이너지는 절대주의를 촉매제로 유럽으로 확장해나갔다.

|

오늘날의 예술, 특히 회화는 전체 전선에서 승리를 거둬왔다. 의식은 평평한 표면을 극복했고 공간에서의 창조 예술로 나아갔다. 앞으로 그림을 그리는 것은 끊임없는 노동에도 불구하고

평평한 표면으로부터 자신의 의식을 자유롭게 할 수 없었던 사람들과 의식이 평평한 표면을 극복할 수 없어서 평평하게 유지되는 사람들에게 남겨질 것이다.

공간 의식을 통해 회화는 구축적인 형태 창작물로 발전되었다.

공간 질서를 위한 체계를 알아내기 위해서는 새로운 길을 따라서 확고하게 나아감으로써 사라져가는 모든 과거 체계와 거기에 덧붙여진 것들을 폐기할 필요가 있다⋯.

우리의 길은 험난하다. 그것도 아주 험난할 것이다! 경제적이고 미적인 개념들의 타성은 대단히 요지부동이다. 미래주의는 자신의 역동성으로, 과거를 고수하는 모든 것과 싸웠다. 이 투쟁만이 이런 것들을 시기적절하게 해체할 수 있다. 허위의 감정적인 개념인 미학 역시 새로운 예술에 대한 인정사정없는 전쟁을 선포했다. 1913년, 이 투쟁은 '비구상적(ungegen-ständlichen) 세계관'으로서의 절대주의라는 신조 아래 보다 격렬하게 진행되었다.

삶이 정상적으로 진화할 수 있도록, 과거의 잡동사니인 기생적인 절충주의를 추방해야 한다.

맹목적인 관습에 대한 오늘날의 승리는 어제로부터의 해방이며 쓰레기 더미에서 의식을 깨끗이 하는 것을 전제로 한다⋯ 어제에 속한 모든 것은 여전히 절충적이다. 예를 들어, 수레, 원시적인 쟁기, 말, 가내 공업, 풍경화, 자유의 여신상, 개선문, 공장식 식사, 그리고 무엇보다도 고전주의 양식 건축이다.

비행기와 라디오의 시대에서 바라보면 모든 것이 절충주의다. 심지어 이미 자동차도 전신과 전화같이 잡동사니를 넣어

두는 방이며 절충주의의 묘지에 속한다. 인간의 새로운 주거는 우주에 존재한다. 지구는 인간에게 중간 장소가 되고 있다. 따라서 비행장은 비행기에 적합하게 건설되어야 한다. 기둥 딸린 건축이 아니다. 우주와 지구상에서 새로운 인간의 일시적인 주거는 비행기에 맞게 조정되어야 한다. 미래에는 이러한 방식으로 지은 주택에서 거주할 것이다. 그러므로 우리 절대주의자는 공동으로 창조하기 위한 근거지로서 구상 없는 행성을 제안한다. 우리 절대주의자는 구식 건축 형태에 대항하는 투쟁을 위해 협력자들을 모집할 것이다….

훗날 레닌그라드가 미국의 초고층 도시들과 같은 양식으로 건설된다면, 그곳 거주자들의 생활양식과 사고방식 또한 미국인과 같아질 것이다. 그러나 우리 중에도 오늘날의 존재를 낡은 틀 안에 쑤셔 넣으려고 애쓰는 이들이 있다.

고전 고대의 형태가 중요하다고, 그들은 고전 형태가 프롤레타리아에게도 의미가 있다는 것을 바보들만 알아차리지 못한다고 말한다. 그렇다면 비행기, 아니 단지 자동차만이라도 어디 보관할 곳이 있을까? 현대 기술은 고전 형태로 어떻게 표현될 수 있을까?

그러므로 우리 절대주의자는 바보라고 여겨질 운명을 받아들이고, 우리 시대에 고대의 형태가 필요하다는 데에 이의를 제기한다. 우리를 낡은 틀에 끼워 맞추기를 단호하게 거부한다.

우리는 바지는 현대식이면서 머리엔 로마병사의 투구를 쓴 소방관이고 싶지 않다. 우리는 영어권 문화에서 우산과 중산모자를 얻은 흑인들처럼 되기를 바라지 않는다. 우리는 아내들이 비너스의 의복을 입고 야만인처럼 벌거벗은 채 돌아다니기를 바라지 않는다!

우리는 고전 예술의 장엄함을 인정한다. 우리는 고전 예술이 그 시대에 위대했다는 것을 부정하지는 않는다.

또한 프롤레타리아 계급이 고전 고대를 알아야 하고, 그것에 대한 올바른 태도를 체득해야 한다는 것에도 이의가 없다. 그러나 고전 고대가 우리 현대 세계에 여전히 들어맞는다는 주장은 아주 단호하게 거부한다.

모든 새로운 생각에는 그것에 적절한 형태가 필요하다.

그러므로 고전주의 신전에 러시아 혁명 지도자들의 이름을 붙이거나 그들의 초상화를 걸어놓아도, 이교도와 기독교도 모두에게 적절한 고전주의 신전이 오늘날 클럽 하우스 또는 프롤레타리아 계급을 위한 '문화 회관'에 알맞다고는 인정할 수 없다!

오늘날의 주제와 새로운 관계, 즉 고대의 국면으로가 아닌 현대의, 오늘날의 국면으로 이동하는 관계를 형성하기 바란다!

우리는 재현적인 회화를 미화하는 형태는 이미 끝난 것으로 간주한다. 절대주의는 그 활동의 주안점을 건축의 전선으로 옮겼고, 혁명적인 건축가들의 참여를 요청하는 바이다.

1925

르 코르뷔지에:
도시 계획

Le Corbusier:
Urbanisme

1925년에는 도시 계획에 관한 르 코르뷔지에의 주요한 에세이가
『에스프리 누보 모음집』에 실렸다. 『건축을 향하여』처럼 프로그램
성명서가 실린 이 책의 각 장은 길잡이 원칙들로 시작한다. 파리와
같은 '300만 명이 거주할 수 있는 현대 도시'를 위한 부아쟁 계획은
1922년 이후 도시 계획가들을 끊임없이 사로잡아왔다. 이즈음에 르
코르뷔지에는 공리들을 자신의 열정적인 방식으로 오늘날의 사건들
과 연계시키면서, 개념적인 결과들을 도출했다. "나는 사건들이 밀어
닥치고 있다는 것을 확실하게 느꼈다. 1922년부터 1925년까지, 모
든 것이 얼마나 빠르게 움직였는지!"

|

원초적인 진리만 좇는다면, 정신은 각박해질 것이고,
현실과 조화를 이룬다면, 정신은 넉넉해질 것이다.
막스 야코프(『철학논집』, 제1권, 1924)

도시는 인간 활동을 위한 도구다.

도시는 이러한 기능을 제대로 다하지 못하고 있다. 도시는 쓸
모가 없다. 도시는 인간의 몸을 소모시키고 정신을 헛되게
한다.

나날이 늘어만 가는 도시의 무질서는 불쾌하다. 도시의 타락은
우리의 자존감을 해치고, 우리의 품위를 깎아내린다.

도시는 이 시대와 맞지 않는다. 더 이상 우리와도 맞지 않는다.

도시!

그것은 자연에 대한 인간의 도전이다. 그것은 자연에 반하는
인간 행위며, 거주와 일을 위해 고안된 인간의 유기적 조직
체다. 그것은 하나의 창조다.

시는 인간의 행위로 지각할 수 있는 이미지들 사이의 일치단결
된 상호관계다. 엄밀히 말하면, 자연에 대한 시는 인간 정
신의 구성일 뿐이다. 도시는 우리의 정신을 활동하게 만드
는 강력한 이미지다. 도시는 왜 오늘날까지 시의 근원이 되
지 못할까?

기하학은 우리가 자신을 돌아보고 표현하기 위해 스스로에게
제공한 수단이다.

기하학은 근본이다.

그것은 완벽함과 신성함을 의미하는 상징들을 위한 물리적인
토대다.

그것은 수학이라는 차원 높은 만족을 가져다준다.

기계는 기하학으로부터 발전한다. 그래서 현대 전체는 무엇보다
도 기하학으로 구성되고, 자신의 꿈을 기하학의 기쁨으로

향하게 한다. 분석의 한 세기가 지난 뒤 현대의 예술과 사상은 임의적인 사실 너머의 것을 찾고, 기하학은 그것들을 수학적 질서와 같은 널리 보급되는 정신의 태도로 이끈다.

주택은 완전히 새로운 실현 수단과 새로운 생활 방식에 적합한 완전히 새로운 평면과 새로운 정신 상태로부터 비롯된 미의식을 요구함으로써 건축의 문제를 새롭게 다시 제기한다. 집단적 열정이 한 시대(1900년부터 1920년까지의 범게르만주의 또는 초기 기독교인들의 [성서적인] 사랑 등)를 각성시키는 때가 왔다. 이 열정은 행동을 활발하게 하고, 행동에 강렬한 기운을 더하고, 방향을 제시한다.

오늘날 이 열정은 정확성에 대한 것이다. 정확성은 멀리까지 닿아 이상의 지위로 올라갔다. 다시 말해서, 완벽을 추구하는 것이다. 정확성을 실행하려면 패배주의자가 돼서는 아무 도움도 되지 않는다. 정확성의 실행은 굽히지 않는 용기와 강인한 기개를 필요로 한다. 우리 시대는 더 이상 느슨함과 게으름의 시대가 아니다. 이 시대는 행동으로 인해 잔뜩 긴장되어 있다. 무슨 일을 하든지 패배주의자가 돼서는(또는 어리석게 굴거나 환멸을 느껴서는) 아무 도움이 되지 않는다. 믿어야만 한다. 사람들 깊은 곳에 있는 미덕으로 손을 내밀어야 한다.

현대적인 도시 계획을 꿈꾸려면 패배주의자가 돼서는 아무 도움이 되지 않는다. 왜냐하면 이러한 도시 계획에는 다양한 통념들을 뒤집는 것이 수반되기 때문이다. 그러나 이제는 현대적인 도시 계획을 이행하는 꿈을 꿀지도 모른다. 왜냐하면 그 때가 지금 왔고, 집단적인 열정이 가장 원초적인 욕구와 진리에 대한 숭고한 감각으로 촉발되었기 때문이다. 벌써 각성된 정신은 사회적 체제를 재건하고 있다.

일련의 실험들은 해결책을 시사하고, 가설적인 개념들은 통계적인 진실에 확고하게 뿌리를 내린 것처럼 보인다. 집단적 열정이 한 시대를 여는 때가 왔다.

지난해 여름, 나는 텅 빈 파리에 남아 이 책을 썼다. 대도시의 삶을 일시적으로 누그러뜨린 이 고요로 인해 마침내 나 자신을 주제에 도취되도록 하고, 현실 너머에 이르도록 했다는 것을 느끼기 시작했다.

10월 1일이 왔다. 어둠이 깔리기 시작하는 저녁 6시쯤, 샹젤리제 거리가 갑자기 들뜨기 시작했다. 여름 휴가철의 공백이 끝난 뒤, 차량들의 횡포가 다시 시작되었다. 이 소란은 날이 갈수록 점점 더 심해진다. 집을 나서는 바로 그 순간, 어떠한 전조도 없이 당신은 죽음에 직면한다. 자동차가 스쳐 지나가기 때문이다. 20년 전 학창시절이 생각난다. 도로는 우리 것이었지. 도로 위에서 우리는 노래를 부르고, 말다툼을 하기도 했지. … 합승마차도 조용히 굴러갔지.

1924년 10월 1일, 샹젤리제 거리에서, 3개월간의 휴가철로 사그라들었던 차량들의 활기가 엄청나게 부활하는 사건을 목도했다. 차량들. 자동차, 자동차, 빠르게, 빠르게! 가슴이 벅차오르면서 열정과 기쁨이 우리를 사로잡을 것이다. 헤드라이트 불빛 아래 눈부시게 반짝이는 차체를 바라보는 열정이 아니라, 힘의 기쁨에 대한 열정이다. 힘과 에너지의 중심에 존재하는 솔직 담백한 즐거움이다. 우리는 그 힘에 동참한다. 동이 틀 무렵과 같은 이 사회의 구성원이 된다. 이 새로운 사회에 믿음을 갖는다. 이 사회가 그 에너지를 멋지게 구현할 것이라고 믿는다. 우리는 믿는다.

새로운 사회의 에너지는 세찬 비바람으로 불어난 격류와 같다. 파괴적일 정도로 격렬하다. 도시는 산산조각 나 더 이상 버틸 수가 없다. 도시는 더 이상 쓸모가 없다. 도시는 너무 낡았다. 격류는 강바닥이 따로 없다. 그래서 대홍수와 같다. 그것은 완전히 비정상적인 행위다. 불균형이 날로 늘어만 간다.

이제 모두가 위협을 느낀다. 말이 나온 김에 더 이야기하자면, 몇 년 전부터 이미 삶의 기쁨(자신의 다리로 조용히 걷는 정말 오래된 기쁨)을 잊었다. 우리는 쫓기는 짐승과 같은 태도, 즉 삶을 위한 일상의 투쟁에 휘말린다.• 부호는 바뀌었다. 존재의 정상 상태가 무너져서, 마이너스 부호가 되었다.

소극적인 치료법들이 제안된다…. 여러분은 태풍으로 강물이 불어나고 건물이 붕괴되어 이미 성난 소용돌이 속으로 빨려들어 가는 격류를 둑으로 쌓아 막으려고, 마을 주민들이 정신 없이 허둥거리며 임시 방어벽을 치는 어리석은 열의를 안다….

15년 전, 나는 긴 여정에서 건축의 전능한 힘을 깨달았지만, 필요한 환경을 찾으려고 힘든 단계들을 거쳐야만 했다. 뒤죽박죽 된 유산들의 홍수 속에 침수된 건축은 힘든 에움길을 경유해서만 정신을 매료시킬 수 있으나, 그 감정은 미약하기 그지없다. 그에 반해서, 환경에 확고하게 뿌리내린 건축은 매력적인 조화를 유발했고, 감정을 깊이 자극했다. 그러한 사실들에 맞

• 분명한 사실이다. 걸을 때마다 생명의 위협을 느낀다. 여러분의 발이 미끄러지는 것을 혹은 실신으로 인해 너는 발을 헛디딜 것을 상상해보시라….

닥뜨리면서 모든 교과서에서 멀어진 나는 본질적인 요소, 즉 당시 나에게 생소했던 표현인 도시 계획의 존재를 예감했다.

나에게는 예술이 전부였다.

어느 날, 빈 출신인 카밀로 지테의 책•을 읽고 나도 모르는 사이에 도시의 아름다움에 빠져들었다. 지테의 주장은 절묘했고, 그의 이론은 정확해 보였다. 그것들은 과거에 근거를 둔 것이었다. 솔직히 말하면, 그것들은 과거였다. 축소된 과거이고, 감상적인 과거이며, 길가에 핀 보잘것없는 작은 꽃에 지나지 않는 것이었다. 이는 절정에 도달한 과거가 아니라 타협의 과거였다. 지테의 달변은 오두막집에나 어울리는 모순 속에서 건축의 적절한 진로('지역주의')를 바꾸도록 기괴하게 운명 지어진 '가정'의 감동적인 부활과 잘 어울리는 것이었다.

1992년, 300만이 거주할 수 있는 도시에 대한 디오라마를 계획하는 살롱 도톤의 의뢰를 받았던 그해, 나는 이성이라는 확고한 길을 따랐다. 그리고 지난 시대의 서정성을 이해했을 때, 나는 내가 사랑하는 우리 시대의 서정성과 조화를 이루었다는 느낌을 받았다.

내 친한 친구들은 당장에라도 일어날 수 있는 가능성을 의도적으로 지나쳐 가는 나를 보고 놀라면서 "당신은 서기 2000년을 위한 설계를 하고 있습니까?"라고 물었다. 저널리스트들은 '미래 도시'라고 썼다. 그럼에도 불구하고 나는 이 작품을 '현대 도시', 즉 동시대라고 이름을 붙였다. 왜냐하면 내일은 누구의 것도 아니기 때문이다. 나는 사건이 임박했음을 분명히 느꼈다. 1922년부터 1925년까지, 모든 것이 얼마나 빠르게 움직이고 있었던가?

• *Der Städtebau nach seinen künstlerischen Grundsätzen*, 1889.

도시계획

  1925년에 파리에서 개최될 장식예술 국제전시회는 과거로 눈을 돌리는 일이 결국 쓸데없는 것임을 마지막으로 확실하게 보여주었다. 온통 구역질나는 것이었다. 그리고 새로운 페이지로 넘어갔다.

  일반적으로 사람들은 '숭고한' 헛수고 끝에는 진지한 작품이 뒤따르리라는 것에 동의한다. 장식 예술은 죽었다. 현대 도시 계획은 새로운 건축과 더불어 태어난다. 거대하고 격렬하고 원초적인 진화로 인해, 우리를 과거와 연결하는 다리는 불타버렸다.

  최근, 끔찍하게 환멸을 느낀 빈의 한 젊은 건축가는 노쇠한 유럽의 죽음이 임박했고, 젊은 미국만이 우리의 희망을 키워나갈 수 있다는 것을 인정했다.

  그가 말하길, "어떠한 건축적 문제도 더 이상 유럽에서는 제기되지 않는다. 우리는 전해 내려오는 문화라는 복잡하게 얽히고설킨 짐에 짓눌린 채, 부서진 무릎으로 오늘날까지 간신히 기어 왔다. 르네상스와 그 뒤를 이은 두 번의 루이(Louis) 시대로 인해, 우리는 완전히 녹초가 되었다. 지나치게 호화로워서 싫증이 난다. 그리고 우리는 더 이상 건축을 창조할 수 있는 순수성을 갖고 있지 않다."

  내가 그에게 다음과 같이 대답했다. "노쇠한 유럽의 건축 문제는 현대의 대도시이다. 그것은 예 아니면 아니오의 문제며, 삶 아니면 서서히 꺼져가는 소멸의 문제일 것이다. 어느 쪽이건 우리가 원한다면 전자일 것이다. 엄밀하게 말하면, 우리를 짓누르는 과거 문화는 이성의 거름망과 엘리트적인 감수성을 통해 걸러진 순수하고 정제된 해결책을 우리에게 가져다 줄 것이다."

1922년의 디오라마 앞에서 뉴욕 『브룸』의 편집장이 내게 말했다.

"200년 뒤, 미국인은 현대 프랑스의 합리적인 작품들을 찬양하러 올 것이며, 프랑스인은 뉴욕의 낭만적인 초고층 건물에 놀라게 될 것입니다."

요약하면,
믿는 것과 믿지 않는 것 중에서는 믿는 것이 더 낫다.
행동하는 것과 와해되는 것 중에서는 행동하는 것이 더 낫다.
젊고 건강이 넘치는 것은 많은 생산을 할 수 있지만, 잘 생산하기 위해서는 경험의 세월이 필요하다.
이전의 문명에서 길러진 것으로 인해, 우리는 모호함을 일소하고 사물에 대한 명료한 판단을 내릴 수 있다. 학창시절이 끝났다고 한물간 사람이라고 말하는 사람은 패배주의자다. 그들은 우리가 늙었다고 판단하는가? 늙었다? 유럽의 20세기는 문명의 아름다운 성숙일 수 있다. 역사가 긴 유럽은 전혀 노쇠한 것이 아니다. 그것들은 단지 말에 불과하다. 역사가 긴 유럽은 힘으로 충만하다. 수세기 동안 길러져 온 우리의 정신은 기민하고 창조적이다. 유럽의 장점이 머리인 반면에, 미국은 젊은이의 강인한 팔과 고귀한 감수성을 지니고 있다. 미국에서 그들이 생산하고 느낀다면, 유럽에서 우리는 생각한다.
역사가 긴 유럽을 매장할 이유는 없다.
인간은 목적을 가지고 있으므로 똑바로 나아간다. 인간은 자신이 어디로 가는지를 알고 있다. 특정한 방향을 택하여 가는 곳을 정하고 그 방향으로 똑바로 나아간다.

삼각자는 절대적인 명료함으로 공간을 결정하는 역할을 하므로 일하는 데 필요 충분 조건을 갖춘 도구다. 목적을 앞서는 이런저런 행위는 민족 특유의 수용력에 따라 구체화되고, 감정을 자극하며, 발전들을 지배하게 된다. 행위는 명령을 내린다. 행위는 물리적 행동을 확고히 하고 사건들에 더 깊은 의미를 부여한다.

우선 이러한 행위의 범람은 실망을 안겨주지만, 면밀히 생각해보면 확신을 갖게 한다. 산업의 위대한 작품들은 위대한 인간을 필요로 하지 않는다.

기쁨의 적인 절망이 살짝 몰래 스며들지 못하도록 조심하자. 도시에 대한 절망. 그리고 도시로 인한 절망을 조심하자.

터키에 '당신이 건축하는 곳에 나무를 심어라'는 속담이 있다.
우리는 나무를 베어버린다.
자동차에 대해서는 어떤가?
훌륭한 건설 공무원은 많을수록 더 좋다고 대답한다. 그러나
　자동차는 더 이상 달리지 못할 것이다.

통계는 과거를 나타내고 미래를 그린다. 그리고 숫자를 제공하고, 곡선의 의미를 알려준다.
　통계는 문제를 설정하는 데 쓸모 있다.

기계는 우리의 꿈에 대담성을 제공한다. 그 꿈들은 실현될 수 있다.

우리는 가이드라인이 필요하다. 현대 도시 계획을 위한 근본원리가 필요하다. 최대한 엄격한 이론 체계를 구축함으로써 현대 도시 계획을 위한 근본원리를 수립해 나아가야 한다.

도시의 성공은 속도에 달려 있다.

1925년 5월 9일, 샹젤리제 거리를 따라 늘어선 밤나무들의 절반쯤은 잎사귀가 거무스름하다. 꽃봉오리 상태의 잎은 꽃을 피울 수가 없었다. 조그맣고, 손상된 잎사귀는 구부러진 손가락처럼 말려 있다….

대도시에서 3대째 살면, 그 후부터는 불임일 것이라고 생각한다.

바로 지금, 파리의 전략적으로 중요한 지점들에서 막대한 양의 노후 주택들은 철거되고 있고, 고층 건물들이 그 자리를 대신한다.

이러한 일이 발생되도록 내버려두고 있다. 새로운 도시는 삶을 죽인 옛 도시 전역에 속속 들어서고 있다. 그리고 새로운 도시는 오히려 더 확실하게 삶을 죽일 것이다. 왜냐하면 새로운 도시는 어떻게라도 가로 계획을 수정하지 않고, 정체라는 분명한 매듭을 형성하기 때문이다.

파리 중심에 있는 땅 위에서 이러한 무익한 활동들은 도시의 심장부를 뒤덮도록 내버려둔 암과 같다. 이러한 암은 도시를 질식시킬 것이다. 요약하면, 여기 일들이 일어나도록 내버려두는 것은 위급한 순간에 이해할 수 없는 냉담함을 보이는 것과

163

같다. 대도시는 현재 그러한 냉담함을 겪고 있다.

　　"직선을 긋고, 구멍을 메우고, 표면을 평평하게 고르면서, 허무주의에 이른다…." (원문대로!) (도시확장계획위원회를 주재하는 위대한 도시 계획가의 격노)

나는 대답했다. "죄송합니다, 그러나 정확히 말하면 그것은 인간이 해놓은 일입니다." (실제로 있었던 사건.) 『불협화음』에서 발췌.

1926

발터 그로피우스:
[데사우] 바우하우스 생산 원리(발췌)

Walter Gropius:
Grundsätze der Bauhausproduktion

1922년 9월, 바이마르에서 파이닝거는 다음과 같이 질문했다. "왜 그리고 어떻게 판 두스뷔르흐의 독재와 바우하우스에서 비롯된 모든 조치에 대한 반발에 순순히 굴복합니까?" 판 두스뷔르흐가 바이마르에서 보여준 '경쟁 교육과정'의 영향에 대한 소리였다. "두스뷔르흐가 바우하우스의 교사였다면, 학교 전체를 위해 오히려 유용했을 텐데…." 데 스테일 이념이 지닌 매력은 학생들을 사로잡았을 뿐만 아니라 바우하우스의 교사들에게도 영향을 끼쳤다. 이미 1923년에 (10월 5일 편지에서) 파이닝거는 수공예품과 산업 생산품에 대한 그로피우스의 태도가 얼마나 바뀌었는지를 언급했다. 1925년, 데사우로 이전하면서 이러한 변화는 완성되었다.

|

바우하우스는 가정용 기기부터 완성된 주택까지 오늘날의 주거 발전에 기여하기를 바란다.

    가정용 기기와 가구는 서로 합리적으로 관련이 있어야 한다고 확신하여, 바우하우스는 형식적·기술적·경제적 영역에서 체계적인 실천적·이론적 연구로 자연적 기능과 관계로부터 대상의 형태를 얻어내려 시도하고 있다.

더 이상 전통적인 의상이 아닌 현대적인 옷을 입는 현대인은 또한 시대에 어울리고 일상생활에서 쓰이는 현대적 장치들을 갖춘 현대적 주거가 필요하다.

사물은 본질로 정의된다. 그렇다면 올바르게 기능하도록 사물, 예를 들어 수납 용기, 의자, 또는 집 등을 설계하기 위해서는 사물의 본질을 다른 무엇보다 먼저 연구해야 한다. 왜냐하면 사물은 목적에 완벽하게 맞아떨어져야 하기 때문이다. 다시 말해서, 기능을 유용하게 충족하고, 견고하고, 경제적이며, '아름다워야' 한다. 사물의 본질에 대한 연구는 다음과 같은 결론에 이르게 된다. 현대 생산 방식과 구조와 재료에 대한 확고한 생각으로 종종 평범하지 않고 놀라운 형태들이 서서히 나타날 것이다. 왜냐하면 형태들이 관습적인 것에서 벗어나기 때문이다(예컨대, 난방이나 조명 기구 디자인에서의 변화들을 생각해보라).

새로이 진화하는 기술과 새로운 재료의 발견 그리고 새로운 구축 방식과 꾸준하게 접촉함으로써만 혁신적 개인은 대상이 전통과 살아 있는 관계를 이루고, 여기서 새로운 작업 태도가 발전한다는 것을 깨달을 수 있다. 예를 들면,

기계와 자동차 생활환경에 대한 확고한 지지. 낭만적인 허식이나 소모적인 경박함 없이 현재 법칙들에 따라 사물을 유기적으로 디자인하기. 모든 사람이 쉽게 이해할 수 있는 기본적인 형태와 색깔이라는 특성에 국한하기. 다양성 가운데 소박함, 즉 공간과 재료와 시간과 돈을 경제적으로 활용하기.

일상의 생활용품을 위한 표준형을 만드는 것은 사회적으로 필수적이다.

대체로 생활필수품은 대부분의 사람들에게 동일하다. 집과 가구류는 대량 소비재 상품이며, 디자인은 정열의 문제라기보다는 이성의 문제다. 표준화된 상품을 생산할 수 있는 기계는 효과적인 장치다. 이러한 장치는 역학적인 보조물인 증기와 전기로 일상적 요구를 충족하기 위한 육체 노동에서 개인을 해방시킬 수 있었고, 개인에게 손으로 제작한 것보다 훨씬 더 싸고 더 나은 대량 생산품을 제공할 수 있다. 표준화가 개인에게 선택을 강요할 것이라는 위험은 없다. 자연 경쟁으로 인하여 개인은 개별 사물에 대한 수많은 유형 가운데에서 자신에게 가장 적합한 디자인을 선택할 수 있기 때문이다.

바우하우스의 공방은 본질적으로 대량 생산에 적합하고 우리 시대를 대표하는 제품의 원형들이 신중하게 개발되고 끊임없이 개선되는 실험실이다.

이러한 실험실에서, 바우하우스는 산업과 공예를 위한 새로운 유형으로서 기술과 형태 모두를 동등하게 다루는 협력자를 양성하고 싶어 한다.

경제적·기술적·형태적 요구를 모두 만족시키는 일련의 표준형을 만드는 목표를 달성하기 위해 아주 다재다능하고 충분히 교육받는 사람을 선택할 필요가 있다. 이러한 사람들은 공방 경험이 충분하고, 형태와 기계의 디자인 요소들과 기저를 이루는 법칙들에 대한 정확한 지식을 충분히 갖추고 있다.

바우하우스는 산업과 공예의 대조점은 사용하는 도구의 차이보다는, 산업은 노동 분업, 공예는 작업 통합이라는 점에서 뚜렷하게 나타난다는 의견을 표명한다. 그러나 둘은 항상 서로에게 더 가까이 다가가고 있다. 과거의 공예는 바뀌었고, 미래의 공예는 산업 생산을 위한 실험적인 작업을 수행하는 새로운 생산 단일체로 융합될 것이다. 실습 공방에서의 이론적 실험은 공장에서 생산적인 실행을 위한 모델과 원형을 생산할 것이다.

바우하우스 공방에서 완성된 원형들은 공방과 밀접한 관계에 있는 외부 기업에 의해 재생산되고 있다.

그래서 바우하우스의 생산은 산업 또는 공예를 위한 경쟁을 보여주는 것이 아니라, 오히려 발전을 위해 자극을 주는 것이다. 바우하우스는 산업과 공예로부터 생산을 위한 예비 작업을 넘겨받기 위해서 실무 경험이 풍부하고 창조적으로 재능 있는 사람들을 실제 생산 과정에 참여시킴으로써 이를 실행한다.

바우하우스에서 개발된 원형으로 재생산된 제품들은 오직 현대적·경제적 표준화 방식 활용(산업의 대량 생산)과 대량 판매에 의해서만 합리적 가격으로 제공될 수 있다. 기계적인 재생산의 결과로서, 재료와 솜씨에 관련하여 원형에 비하여 품질이 저하되는 위험을 가능한 한 모든 수단을 통해 대응할 것이다. 바우하우스는 질적인 작업에 대한 새로운 기준을 위해 싸구려 대용품과 열등한 솜씨와 수공예 예술 취미에 맞서 싸운다.

1926

프레데릭 키슬러:
공간 도시 건축

Frédérick Kiesler:
Raumstadtbau

데 스테일이 걸어온 길을 되돌아보면서 테오 판 두스뷔르흐는, 1923
년 말 파리에서 열린 데 스테일 그룹의 첫 전시회에서 젊은 건축가들
이 보인 열렬한 관심에 대해 이야기했다. "우리는 건축과 회화가 가능
한 한 가장 밀접한 창조적 관계가 되기를 바란다. 주택은 해체되어,
조형적 요소들로 분해되었다. 낡은 구성의 정적인 축은 소실되었다.
··· 주택은 대지에서 자유롭게 해방되었고, 옥상 테라스인 가장 높은
부분은, 말하자면 '아무것도 덮여 있지 않은' 층이 되었다." 젊은 건축
가들 가운데 한 명인 프레데릭 키슬러(1896년 빈 출생, 아돌프 로스
의 제자이자 친구, 1965년 뉴욕 사망)는 한 걸음 더 나아가 벽도 없
고, 기초도 없는 건물을 제안한다.

|

**나는 활기 있는 건물, 공간 도시, 기능적인 건축을 요구한다.
즉, 생명 기능의 탄력성에 적합한 건축물을 요구한다.**

공간 도시 건축

1 구형(球形) 공간을 도시로 전환.

2 대지, 즉 정적인 축이라는 과업으로부터 우리를 해방.

3 벽도, 기초도 없음.

4 자유로운 공간에서 긴장 상태의 건물 시스템.

5 삶의 새로운 가능성 창조와 이를 통한 필요에 따른 사회
   개혁.

르 코르뷔지에 / 피에르 잔느레: 현대 건축의 다섯 가지 사항

Le Corbusier/Pierre Jeanneret:
Cinq points de l'architecture moderne

「현대 건축의 다섯 가지 사항」은 1927년 슈투트가르트에서 열린 독일공작연맹의 두 번째 전시회에 소개된 바이센호프 주택 단지 디자이너들과 거의 같은 시기에 발표되었다. 베르너 그래프 등 『게』 그룹 동료들의 지지에 힘입어 참여 건축가들이 자신의 아이디어를 마음껏 발휘할 수 있도록 한 미스 반 데어 로에의 지휘 아래, 이 전시회는 양차 세계대전 사이의 주택 건축에서 가장 중요한 사건들 가운데 하나였고, 1920년대 말 마르틴 바그너 주도 아래 유명한 베를린 주택단지로 이어졌다.

|

아래 명시된 이론적인 고려 사항들은 건축 현장에서 얻은 다년간의 실제 경험에 근거한다.

이론에는 간결하고 명확한 표현이 필요하다.

다음의 요점들은 미적 환상이라든지 유행에 따른 효과를 노리는 시도와는 결코 관련이 없다. 그러나 그것들은 주택에서 웅장한 건축물까지 완전히 새로운 종류의 건물을 암시하는 건축적 사실들을 다루고 있다.

1   필로티

문제를 과학적으로 해결하는 것은 우선 문제를 이루는 요소를 구분하는 것이다. 그러므로 건축물에서는 지지하는 부재들과 지지하지 않는 부재들 간의 차이가 곧장 구분된다. 건물이 수학적인 검사 없이 얹혀 있던 이전의 기초들은 개별 기초로, 벽은 개별 필로티로 대체된다. 필로티와 기초는 작용하는 하중에 따라서 정밀하게 계산된다. 필로티는 건물 내부의 배열을 고려하지 않고, 특정한 동일 간격으로 배치된다. 필로티는 바닥에서 3미터, 4미터, 6미터 등의 높이까지 곧바로 올라와서 1층을 들어 올린다. 그로 인해, 방들은 대지의 축축함으로부터 벗어나고, 빛과 공기를 얻게 된다. 건축 부지는 결과적으로 주택 아래를 지나가는 정원으로 남겨진다. 동일한 면적을 평평한 지붕 위에서도 얻을 수 있다.

2   옥상 정원

평평한 지붕을 주거 용도를 위해 체계적으로 활용할 필요가 있다. 예를 들어, 옥상 테라스 또는 옥상 정원이 있다. 다른 한편으로 철근 콘크리트를 온도 변화로부터 보호해야 한다. 철근 콘크리트 일부에서 생기곤 하는 과도한 움직임은 지붕 콘크리트의 습도를 일정하게 유지함으로써 예방할 수 있다. 옥상 테라스는 두 가지 요구를 모두 충족시킨다(틈새를 잔디로 메운 콘크리트 슬래브에 뒤덮인 젖은 모래층과 그 모래층과 직접 접촉하는 화단 흙). 덕분에 빗물은 매우 천천히 흘러 나가게 된다. 배수관은 집의 내부에 설치된다. 그러므로 잠복해 있는 습기는 계속해서 옥상 표면에 남을 것이다. 옥상 정원은 매우 무성한 식물을 선보일 것이다. 관목 그리고 3~4미터 높이의 작은 나무도 심을 수 있다. 옥상 정원은 건물에서 가장 선호하는 장소가 될 것이다. 일반적으로 옥상 정원은 도시에서 기성 시가지의 회복을 의미한다.

3 자유로운 평면

기둥 체계는 중간층의 천장들을 지탱하고, 지붕에까지 이른다. 내부 벽들은 필요한 곳에 배치되고, 각 층은 나머지 다른 층과 완전하게 독립된다. 더 이상 어떠한 지지벽도 필요하지 않고, 단지 필요한 두께를 가진 피막만이 있다. 그 결과 절대적으로 자유롭게 평면을 계획할 수 있다. 이용할 수 있는 수단을 자유롭게 활용하는 것이다. 이로 인해 철근 콘크리트 구조의 다소 높은 비용은 쉽사리 상쇄된다.

4 수평창

중간층의 천장들과 함께 기둥들은 파사드에 빛과 공기가 넉넉하게 드나드는 사각형의 개구부를 형성한다. 창문은 기둥에서 기둥까지 확장되어서 가로로 긴 수평창이 된다. 결과적으로 기둥으로 높이 받쳐 올린 수직창, 불편한 중간 문설주도 사라진다. 이렇게 하여 방들은 벽에서 벽까지 일정하게 채광된다. 실험에 의하면 이렇게 채광되는 방은 동일한 창문 면적의 수직창보다 여덟 배 높은 조도를 얻는다.

　　건축 역사는 전적으로 벽에 뚫린 개구부를 중심으로 이야기되어왔다. 수평창을 사용함으로써 철근 콘크리트는 최대한 많은 빛을 끌어들일 가능성을 급작스레 제공한다.

5　자유로운 파사드

건축물을 둘러싼 발코니처럼 바닥을 지지하는 기둥을 넘어서 돌출시킴으로써, 전체 파사드는 지지하는 구조를 넘어서 확장된다. 그렇게 함으로써 파사드는 지지하는 성격을 잃고 창들은 내부의 구획과는 관계없이 자유자재로 확장될 수도 있다. 창문의 길이는, 웅장한 건축물에서는 200미터(우리가 설계한 제네바의 국제연맹 본부 건물), 주택에서도 10미터여도 좋을 것 같다. 그래서 파사드는 자유롭게 계획될 수도 있다.

위에서 기술한 다섯 가지의 기본 요점은 완전히 새로운 미학을 표현한다. 우리가 학교에서 배운 문학적이고 역사적인 가르침으로부터 더 이상 어떠한 혜택도 얻을 수 없는 것처럼, 과거 시대의 건축에서 아무것도 남겨지지 않는다.

구축적인 고려사항

건축물의 구축은 건물 요소들을 목적이 있고, 일관되게 조합하는 것이다.

　　산업과 기술적인 사업은 이러한 요소들을 생산하기 위해 수립되고 있다.

일련의 생산으로 이러한 요소들은 정교하고, 싸고, 훌륭하게 만들어진다. 그것들은 요구되는 수량에 맞추어 미리 생산될 수 있다.

산업은 요소들의 완성과 끊임없는 개선에 신경 쓸 것이다.

그러므로 건축가는 일련의 건물 구성단위들을 마음대로 사용한다. 건축가의 재능은 자유롭게 발휘될 수 있다. 건축 프로그램을 통해서, 건축적인 재능만이 건축을 결정한다.

건축가의 시대가 도래하고 있다.

르 코르뷔지에 / 피에르 잔느레, 1927

1927

루트비히 미스 반 데어 로에:
건축에서 형태에 관하여

Ludwig Mies van der Rohe:
Über die Form in der Architektur

독일공작연맹의 저널인 『형태』의 편집자인 리츨러 박사에게 보낸 이 유명한 편지는 저널 창간 이듬해에 발표되었다. 슈투트가르트의 바이센호프 주택단지가 새로운 양식의 구축된 표현이자 새로운 건축 의지에 대한 피할 수 없는 징후라고 한다면, 미스 반 데어 로에가 쓴 건축에서 형태에 관한 편지는 아직 대답을 찾지 못한 질문이라고 볼 수도 있다. 예를 들어, 삶이 새로운 주택들을 가득 채울 것인가? 새로운 건축은 삶에 의해 받아들여지고 유지될 것인가? 그래서 새로운 주택에서 일어나는 공동체 생활에서 삶에 대한 새로운 감정이 생겨나게 될 것인가? 이 편지는 헤르만 무테지우스와 앙리 반 데 벨데의 두 입장 사이에 다리를 놓고 있으며, 1914년에 대립했던 진영들을 화해시키는 것이라 말할 수 있을 것이다.

|

나는 형태에 반대하는 것이 아니라, 다만 목적으로서의 형태에
  반대합니다.
그리고 나는 수많은 경험과 그로부터 얻은 통찰의 결과로서 이

를 행합니다.

목적으로의 형태는 항상 형식주의로 귀결됩니다.
왜냐하면 이러한 노력은 내부를 향하지 않고, 외부로 향하기
　　때문입니다.
오로지 살아 있는 내부만이 살아 있는 외부를 가집니다.

삶의 치열함에만 형태의 치열함이 있습니다.
모든 '어떻게'에는 '무엇'이 수반됩니다.
형태가 없는 것이 형태가 과도한 것보다 더 나쁜 것은 아닙니다.
전자는 없음이고, 후자는 단지 겉모양일 뿐입니다.
진정한 형태는 진정한 삶을 전제로 합니다.
그러나 이미 존재하는 것도 아니고, 생각해낸 것도 아닙니다.

여기에 기준이 있습니다.

우리는 결과가 아닌, 형태를 만드는 과정의 출발점을 평가합니다.
분명히 말하는데, 이는 형태가 삶에서 도출되는지 아니면 그
자체를 위해서인지를 보여줍니다.

그래서 나는 형태를 만드는 과정을 정말로 중요하게 생각합니다.
삶은 우리에게 결정적인 요인입니다.
모든 삶의 충만함, 정신적이고 실제적으로 결합된.

독일공장연맹의 가장 중요한 과업들 가운데 하나는 우리가 처

한 정신적이고 실제적인 상황을 분명히 밝혀서 가시화하고, 그 흐름들을 정리해서, 길을 앞서서 안내하는 것이 아닙니까?
그밖에 다른 모든 것을 창조적인 힘에 맡겨야 하지 않을까요?

1927

후고 헤링:
응용 예술에서 새로운 방향 설정을 위한 논술(발췌)

Hugo Häring:
Formulierungen zur Neuorientierung im Kunstgewerbe

"길이 반드시 응용 예술에서 건축으로 통하지는 않는다." 20년 전
1906년에 한스 푈치히가 그랬듯이, 1927년 12월 초 후고 헤링은 베
를린의 독일공예협회에서 가진 강연에서 다음과 같이 말했다. "도시
계획이 사회 변화의 요청에 따라 급진적인 변화를 겪었고, 그 결과 초
래된 문제들이 최종 해결될 때까지 오늘날의 주택에 관한 작업은 단
지 예행연습으로 간주되었다." 당시 '데어 링'이라는 베를린 건축가
단체의 총무였으나 무명이었던 헤링은 도시 계획과 건축에 관한 모든
문제에 대한 새로운 차원의 생각을 공개했다.

|

한편으로는 예술 작품이고, 다른 한편으로는 사용을 목적으
로 한 대상이 있다. 그것들이 사용을 목적으로 한다는 사실을
평범한 사람이 늘 바로 알 수는 없다. 우리는 그런 대상을 응용
예술품이라고 한다.

수천 년 동안 상류 사회 고유의 특징이긴 한데, 예술이라
는 미명 아래 실용적인 사물들을 쓰기 불편하게 바꾸는 관습

은 더 이상 완전히 유행에 맞지 않다. 우리는 이제 그릇 밑바닥에 팔라스 아테나를 새기는 것을 교양 없다고 생각한다. 우리는 머리 또는 동물 모양으로 그릇을 빚어 사용하는 것을 품위 없다고 생각한다. 우리는 더 이상 탁자 다리를 사자 발처럼 만들지는 않는다.

오늘날 우리는 장식물이 없고 다른 것처럼 꾸며지지 않으며 차폐와 외피로부터 자유로운 실용적인 사물들을 요구한다. 그럼에도 불구하고 그것들은 고상하며 훌륭한 물건이며 매우 가치가 높은 제품일 수도 있다. 사물의 본질적인 권리를 침해하는 무의미한 뒤틀기나 구부리기, 새겨 넣은 문양 없이도 훌륭한 품질에 이를 수 있다.

사물의 형태는 자신의 표현적 가치를 지니고 사물의 목적으로 인하여 생긴 형태와 특정한 표현을 위해 만들어진 형태에 따라 결정된다. 목적에 맞는 형태는 이미 재료의 근본적인 법칙이 제시한다고 말할 수도 있다. 탁자, 그릇, 칼, 망치는 기본 형태에 있어서 요소적이다. 전 세계 어디에서나 어느 시대에서도 기본 형태는 동일하다.

목적에 맞는 형태는 사물에서 불변의 요소다. 표현의 문제가 끊임없이 변화하는 특성을 갖게 한다.

사실상 독립적인 외관 문제는 없다. 그러므로 목적에 적합한 형태에 반하는 것은 아무것도 없다. 이 문제는 인간들 사이에서만 발생한다. 응용 예술의 본질적인 문제는 분명히 외관의 문제다.

목적에 좌우되는 형태에 응용 예술보다 더 해로운 적은 없다. 원인은 다양할지 몰라도 결과는 항상 같다. 즉, 실용품에 대한 위배다. 오늘날 이 문제를 자각한다면, 커다란 변화가 우리에게 일어났음에 틀림없다. 왜냐하면, 수천 년에 걸친 실용품의 역사에서 이러한 관점이 실질적인 영향을 거의 미치지 못했기 때문이다. 나는 이 사실에서 윤리상의 진보를 깨닫는다. 나는 그것을 새롭게 발전하는 문화의 징후로 간주한다. 그것은 또한 다른 방식으로 고려될 수 있다. 우리는 합리주의자가 되었고, 찻주전자에 묘사된 수금(lyre)을 들고 그리스 거리를 활보하는 아폴로를 소유하는 것에 어떠한 가치도 부여하지 않는다고 말해도 무방할 것이다.

응용 예술 또는 산업 디자인은 예술가나 동업 조합원의 관점뿐만 아니라 사회의 관점에서도 검토되어야 한다. 응용 예술의 생산품은 사회의 대표적인 창작물이다. 말로 옮기지 않았지만, 30년 전에 시작했던 미술공예운동은 자본주의적 독일 중산층을 위한 사고방식이자 작업 방식이었다. 그리고 매우 구체적인 사회 계층에서 일어났던 문화에 대한 본질적으로 독일식의 개념들을 위한 사고방식이자 작업 방식이었다. 응용 예술의 새로운 형태로 세계를 정복하리라는 희망은 틀림없이 꺾이고 말 것이다. 왜냐하면 응용 예술은 이러한 국제 사회의 요구들과 전혀 관계가 없기 때문이다. 세계 시장은 여전히 프랑스식 취향이 지배하고 있다.

특히 세계대전 후, 미술공예(Kunstgewerbe)라는 표현에는 경멸적인 기운이 담기게 되었다. 어떤 것이 '예술적이나 실용성이 부족하다'고 말하는 것은 그것이 진화의 초기 단계에 갇혀 버렸고, 편협한 문화 그룹의 취향으로부터 나온 것이며 국제적인 관점과 조화를 이루지 못했음을 의미했다.

30년 전, 우리는 1927년에 주택의 가구가 어떤 모양일지를 상상할 수 없었다. 마찬가지로 우리는 오늘날에 이르러서도 1950년에 주택이 어떤 모습일지 상상할 수 없다. 도시 계획이 사회 변화의 요청에 따라 급진적인 변화를 겪었고, 그 결과 초래된 문제들이 최종 해결될 때까지는 오늘날의 주택에 대한 작업은 단지 예행연습으로 간주되었다. 오늘날의 주택 단지 건축물은 결코 해결책이 아니라 매우 부적절한 방편이다. 가능한 해결책은 도시 계획의 변화 다음에 와야 하고, 결국 이에 앞서 토지 문제의 변화가 선행되어야 한다.

우리의 거실은 텅 비었다. 이제 거실에는 꼭 필요한 것만 들어 있다. 찬장은 벽 속으로 감춰졌고, 침대는 적어도 낮 동안에 사라지기 시작한다. 슈투트가르트 공작연맹 주택 사업의 건축가들은 찬장은 물론이고 그 방에 어울리는 탁자와 의자를 찾는 데도 상당한 어려움을 겪었다. 슈투트가르트와 다른 곳 가구점에 산재해 있는 수백만의 탁자와 의자는 객관적인 요구들을 의심할 여지없이 만족시켰지만 그 유일한 결점은 외관이었다.

국제 사회는 확고하게 오래된 가구에 애착을 갖고 방들을 계속해서 고풍으로 가구를 비치한다. 골동품 가게는 나날이 늘어가고 있다. 다시 말해서 현대 산업 디자인 생산품이 어느 때보다도 구매력 있는 고객의 요구를 만족시킬 수 없다는 증거다. 우리는 오늘날의 은행 지점장이 마이바흐를 타고 집으로 돌아와서 루이 16세 시대풍의 응접실에 앉는다고 말한다. 마이바흐에 상응하는 것이 제공되지 않는 한, 그는 어디에 앉을 수 있을까? 마이바흐 식의 가구를 살 수 있는 상점은 어디에 있는가?

다양한 현대 공방들의 생산품은 여전히 그러한 요구들을 결코 만족시킬 수 없다. 그리고 은행 임원이 마이바흐 식 주택을 지으려고 한다면, 그런 주택을 지을 수 있는 건축가는 어디에 있는가? 그러나 이는 전적으로 건축가의 책임만은 아니다. 은행 임원들이 업무 이외에는 위험을 감수하고 싶어 하지 않고, 새로운 주택 디자인에 신경 쓰고 싶어 하지 않으며, 일과 후에는 그저 쉬고 싶어 한다는 사실에 기인하기도 한다. 그들은 마이바흐 주택이 제시될 수 있다면 구입할 것이다.

오늘날의 과제는 현대인이 필요한 유용한 물건들을 만드는 것이다. 우리에게는 작업복과 운동복, 쓸모 있는 스포츠용품, 편리한 도구, 무기, 기구, 선박, 자동차가 있다. 그러나 여기에 어울리는 탁자, 의자, 가구용 직물 등은 없다. 어떤 대상을 파괴하지 않고 벗어날 수 있는 것이 아무것도 없을 때에 우리는 목표에 상당히 가까이 다가간 것이다. 의자는 사자 발이나 뱀 모양 팔걸이를 가지고 태어나지 않았고 니켈 도금한 강관을 가지고 태어날 것도 아니다.

오늘날 사회는 더 이상 사회적 지위를 보여주는 가구가 아니라 실용품을 필요로 한다. 또 후자는 전자의 어떠한 흔적도 지녀서는 안 된다.

우리들은 양식적인 규칙과 어떠한 종류의 강요 없이 실용적이라고 생각하는 대로 방에 가구를 비치하고 싶어 한다. 실용품은 가구를 설치하는 데 본질적인 요소가 된다. 방들은 더 이상 고딕 양식과 앙피르 양식 가운데 차이가 아니라 사용자들의 문화에 따른 차이일 것이다.

1928

에리히 멘델존 / 베른하르트 회트거: 종합-세계 건축

Erich Mendelsohn/Bernhard Hoetger:
Synthese–Weltbauen

어느 누구도 의도하지 않았던 공동 간행물에서, 건축적 볼륨의 대가와 건축물을 설계한 조각가가 만났다. 그들은 서로 다른 세계에서 왔다. 한 사람은 대도시에 충성을 맹세했고 전 세계를 여행하며 동서양 민족을 두루 접했다. 다른 한 사람은 보르프스베데 근교의 황무지에 지은 동굴과 같은 집에서 거의 은둔 생활을 했다. 전자에게 세계의 건축은 20세기 양극단의 지혜를 하나로 결속하는 것이다. 후자는 스스로를 기계가 야기한 긴장이라는 냉혹한 바람에 노출된 예술가로 여겼다. 이 본질적으로 다른 두 기질 사이의 가상 대화는 계속된다. 그것은 원형들(Archetypen) 간의 대화다.

|

에리히 멘델존: 종합(베를린 1928)

새로운 세계 건축의 문제는,
기계적인 것의 유한함
그리고 삶의 무한함이다.

미국 역사는 대단한 경제 발전의 역사로서 기술과 현실적인 지성을 기반으로 한 신세계 발전사다. 러시아 역사는 절대주의와 최대의 농업권력에서 국가 사회주의로의 유례없는 도약의 역사다. 신세계 역사의 시작은 기술과 지적인 사고를 기반으로 한 발전이다. 그러므로 러시아와 미국 둘 다 기술이 공통된 토양이다. 나는 세계이며 나 자신이 삶이라고 미국이 말하는 것은 사실이다. 그에 반해서, 나는 여전히 세상을 만들어야 하고 내 삶은 만인의 것이라고 러시아는 말한다. 그러나 양쪽 모두는 그 시대를 충동적으로, 그리고 마치 그 시대가 운명이었던 것처럼 이해했다. 양쪽은 지금까지 존재해왔던 표현의 공유 형식이 근본적인 변화를 겪었다는 것에 동의한다.

행동하는 손, 즉 행동하는 정신만이 삶을 요구할 권리가 있다.
기계, 항공기, 원자 분열의 상징.
신은 행위에만 남아 있지,
신앙에도,
성찰에도 남아 있지 않다.
예술은 현실만을 창조한다.
예술은 인생 최고의 표현이고,
인생 그 자체다.

그러나 과도기 특유의 열성적이고 지나치게 집요한 태도는 필시 낭만주의의 위험으로 이어진다. 그래서 기술상으로는 아직 미숙하게 말하는 러시아인은 자신과는 이질적인 지성의 한 형식을 과장하는 가운데 구원을 바란다. 그에 반하여, 기술상으로 고도로 발전된 미국인은 자신에게 이질적인 정신성을 강화하는 가운데 자신의 구원을 바란다. 만약 유럽이 자성하여 자신의 결속을 유지한다면, 그리고 유럽이 적절한 타협을 찾고, 사상과 지능, 즉 정신과 지성 양쪽 모두를 표현한다면, 유럽은 창조 의지의 양극인 미국과 러시아 사이를 중재할 것이다. 지성은 열정을 통제하고 인간의 정신은 원칙을 만든다. 그러므로 기술은 인간 그 자체로 끝난다. 기술이 목적 자체가 된다면, 기계 이론은 기술적인 발명품의 과대평가로 이어지고 기술을 우상으로 여기기 때문이다. 그러므로 기계화를 통한 인간 정신의 왜곡은 안 된다. 반대로 자연의 힘을 계획적으로 인간을 위해 봉사하게 만드는 것이야말로 정치와 경제를 위한 토대를 구축하는 것이다. 사회와 문화는 경제의 토대 위에서 성장한다. 그러므로 인간은 기계의 자동화된 부속품이 아니라 기계의 발명가이자 주인이다. 인간의 비전 역시 완전히 바뀐 요구를 제어할 때에만, 자신의 본성에서 신비로 향하는 신비주의적 요소들의 요구에 귀 기울일 수 있다. 위대한 결합은 새로운 세계의 희망을 알리는 신호탄이다. 희생이라는 러시아의 힘이다.

감정의 격렬함은-
직관적인 것,
본질적으로 충동적으로 종교적인 요소-

미국의 확실한 실행력과 에너지와 결합되고, 미국의 첨단 기술 수준에 적용된다!

러시아와 미국,

집단적인 것과 개인적인 것,

미국과 러시아,

세속적인 것과 성스러운 것.

이것은 새로운 세계 건축의 문제다.

기계적인 것의 유한함

그리고 삶의 무한함이다.

베른하르트 회트거: 세계 건축(보르프스베데 1928)

건축은 의심할 바 없이 오늘날의 예술 가운데 가장 인기 있다. 기계의 시대, 즉물성의 시대, 구조를 가시적으로 만드는 실천은 비전문가가 전문가를 능가할 수 있는 매력적인 방법이자 원칙이다. 몇몇에 의해서 널리 알려진 예술적 창조 방법은 헛된 것에 관한 지식의 보고가 된다. 그러나 우리는 살아 있는 정신에 죄를 저질러서는 안 된다. 시대의 정신은 끊임없는 반복 속에서 자신을 물질로 바꾸려고 하기 때문이다. 즉물성과 아름다운 표면과 강조된 구조를 만들려는 헛된 노력이 지적 능력을 배양하지만 창조적인 정신을 부정한다. 여러 방법 가운데 건축적 방법은 약자에게 도움이 된다. 그들에게 T자와 삼각자와 지성으로 무장한 창조적인 건축가 집단에 뛰어올라 탈 유쾌한 가능성을 제공한다. 슬기로운 통찰과 예술적 창조에 대한 필요는 여러 방법과 원칙이 정한 모든 난관을 극복할 것이다. 즉물적으로 보이는 것이 항상 즉물적인 것을 의미하는 것은 아니다. 즉물적인 것이 필연적으로 예술적인 것을 의미하지 않는다. 왜냐하면 예술가적 기교는 항상 자신의 즉물성을 당연한 것으로 전제하기 때문이다. 우리는 방법이 제시하는 어떠한 제약도 바라지 않는다. 우리는 자유로운 정신이 자신의 법칙을 발견하기를 바란다. 창조적인 순간은 투명한 벽이나 아름다운 표면이나 구성이 아닌 종합을 요구한다. 그리고 이러한 종합은 사소하고 미심쩍은 세부 사항들의 합계가 아니라 직관적인 열광의 결과다. 창조는 종종 전제조건으로서 묵상에서 정신 집중으로의 조용한 변화를 요구하는 것처럼, 표현이 풍부하고 최종적인 형태의 달성에는 종종 과잉을 경유하는 우회로가 필요하다. '즉물적인' 건축에서 아무것도 없는 표면은 넓게 퍼져나가고, 조각도 회화도 허용하지 않으며, 아늑함을 포기한 채 자족한다. 우리는 삶과 세상에 대한 우리의 감성을 두드러지게 하는 요인들을 포기하기를 바라지 않는다. 우리는 모든 것에서 피가 끓어오르는 경험을 하고 싶다. 우리는 그림이 '비즉물적'이라고 해서 버리고 싶지 않다. 오히려 그림들을 우리 집의 아주 큰 기쁨을 주는 규칙적인 변화 속에 몰아넣고 싶다. 마치 책을 읽고 싶은 것처럼 조각을 보고 싶다. 카펫이 '먼지 구덩이'라서 사용을 금지하고 싶지는 않다. 우리는 가능성과 정당성의 풍부함 모두를 원한다. 그 풍부함이 우리의 인격에 필수적이기 때문이다. 조각과 회화는 억제하려는 헛된 수고에도 불구하고 계속될 것이다. 왜냐하면 조각과 회화는 시대와 조화를 이루어 고유의 강력한 삶과 내용을 획득하기 위해 건축으로부터 벗어났기 때문이다. 도시는 거주자들에게 태양과 움직임을 되찾아주는 형태로 바뀔 것이다. 신세계 건축의 시작이 될 것이다. 여기서 결정적인 것은 가로의 폭도, 건물의 높이도, 건물의 정면이나 윤곽도, 발코니도, 지붕의 형상도 아닌, 오직 시민의 창조적인 열망일 것이다. 옛 의미에서건 새로운 의미에서건, 더 이상 복도와 주택의 표면은 없을 것이다. 다시 말해서, 거주자들이 다시 태양을 보고 느낄 수 있도록, 그들의 습관에 맞추어 앞으로 밀거나 뒤로 밀어 넣는 구조물일 것이다. 지붕들을 정렬하지 않고, 옥상 정원에 대한 요구로 필요한 만큼 낮추거나 높일 것이다. 결정 요인은 인간의 열망이지, 이윤이 아닐 것이다. 우리는 개성적인 방을 원하지 공장 생산품을 원하지는 않는다. 우리는 개성을 원하지 표준이나 도식이나 대량생산이나 유형을 원하지는 않는다. 우리는 창조적인 정서를 침해하고 싶지 않다. 심지어 건축에 의해서라도 침해받고 싶지 않다. 우리의 삶을 살고 싶다. '즉물성'에 대해 개의치 않고, 정신의 풍부함은 빛날 것이고, 모든 생산적인 가능성은 번영할 것이다. 내적인 힘에 형태를 부여하라, 그러면 차가운 영혼이 따뜻해질 것이다.

1928

근대건축국제회의:
라사라 선언

CIAM:
Déclaration de La Sarraz

슈투트가르트에서 바이센호프 전시가 개최되고 1년 후, 여러 국가 단체들의 대표자인 건축가 그룹이 1928년 6월 26일부터 28일까지 스위스의 라사라 성에서 모였다. 회의 주제는 새로운 건축이 직면한 문제에 대해 파리에서 작성한 프로그램이었다. 르 코르뷔지에와 기디온이 제안한 입장과 활동 방식에 대해 논쟁이 없지는 않았지만 참여한 건축가들은 합의에 이르렀다. 최종적인 공식 선언과 더불어, 근대건축국제회의(Congrès Internationaux d'Architecture Moderne: CIAM)가 창설되었고, 이후 30년 넘게 세계적인 사상 교류의 장이 되었다. CIAM 회의는 '도시 계획'의 목표를 총체적 관점에서 보도록 했다.

아래 서명한 건축가들은 현대 건축가들의 국가 단체들을 대표하며, 건축의 기본적인 구상과 사회를 향한 자신의 직업적 의무에 대하여 관점이 일치한다.

그들은 '건축물'이 진화와 인간 생활의 발전과 밀접하게 연관된 인간의 근본적인 활동이라고 특히 주장한다. 건축의 운명은 시대가 지향하는 바를 표현하는 것이다. 건축 작품들은 오직 현재로부터 나올 수 있다.

그러므로 그들은 과거의 사회를 설명해온 수단을 자신의 작업 방법에 적용시키는 것을 전적으로 거부한다. 그들은 오늘날의 삶에서 정신적이고 지성적이며 물질적인 요구를 만족시키는 새로운 건축 개념의 필요성을 단언한다. 기계로 인해 야기된 사회 구조의 뿌리 깊은 폐해를 자각하고 있는 그들은 경제 질서와 사회생활의 변화에 상응하는 건축적 현상의 변화를 필연적으로 수반한다는 것을 인식한다.

그들을 여기에 한데 모은 목적은 건축을 본질적인 차원, 즉 경제적이고 사회학적 차원으로 되돌림으로써 수반되는 요소들의 필수적이고 긴급한 조화를 이루는 것이다. 그래서 건축은 과거의 전통적 방식을 보존하려는 아카데미의 무익한 통제로부터 해방되어야 한다.

이러한 신념에 힘입어 그들은 자신들을 협회의 회원이라고 선언하고, 물심양면으로 자신들의 열망을 실현하기 위해 국제적인 차원에서 상호 지지할 것이다.

I. 일반 경제 시스템

1   현대 건축이란 건축의 현상과 일반 경제 시스템의 현상 사이의 연결고리를 포함하는 개념이다.

2   '경제적 효율성'이란 최대의 상업 이윤을 가져다주는 생산
     이 아니라 최소한의 노동력을 요구하는 생산을 시사하는
     개념이다.

3   최상의 경제적 효율성에 대한 요구는 일반 경제의 빈곤 상
     태의 불가피한 소산이다.

4   생산의 가장 효율적인 방법은 합리화와 표준화에서 도출
     된다. 합리화와 표준화는 현대 건축(개념)과 건설 산업(실
     현)의 작업 방식에 직접 작용한다.

5   합리화와 표준화는 다음의 세 가지 방식으로 반응한다.
     (a) 현장에서든 공장에서든 작업 방법의 단순화를 이끄는
         건축을 요구한다.
     (b) 건설 공장에서 숙련 노동자의 감축을 의미한다. 고도
         로 숙련된 기술자의 지휘 아래 비전문적 노동력이 고
         용된다는 뜻이다.
     (c) 소비자들(말하자면 앞으로 살 집을 주문한 사람들)이
         사회적 삶의 새로운 조건에 재적응하는 방향으로 자신
         들의 욕구를 수정하기를 희망한다. 이러한 수정은 무엇
         보다 어떤 정당성도 없는 개인적 욕구를 줄여나가는 것
         이다. 이를 줄임으로써 지금 억압되어 있는 훨씬 더 많
         은 이의 요구를 최대한 충족시켜줄 수 있을 것이다.

6   길드의 해체에 뒤따른 숙련된 장인 계층의 붕괴는 기정사

실이다. 기계의 발전에 뒤따른 필연적인 결과는 장인들의
방식과는 다르고 때로는 상반되는 산업 생산 방식으로 이
어졌다. 최근까지 아카데미의 교육 덕분에, 건축적 개념은
주로 새로운 산업 방식이 아닌 장인의 방식에서 영감을 얻
었다. 이러한 모순은 건축 기술의 심각한 혼란의 원인이
된다.

7 장인 계층과 연관된 낡은 개념들을 폐기한 건축이 이후로
  는 산업 기술의 실제 현실에 의존하는 것은, 비록 이런 태
  도로 인해 과거 시대의 생산물과는 근본적으로 다른 상
  품이 필연적으로 생산되는 것은 피할 수 없음에도 불구하
  고, 시급하게 필요하다.

II. 도시 계획

1 도시 계획이란 집단생활의 기능들을 조직화하는 것이다.
  그리고 그것은 도시 집적과 시골 양쪽 모두에 영향을 미친
  다. 도시 계획은 모든 지역에서 생활을 조직화하는 것이다.
      도시화는 이전부터 존재하는 탐미주의의 주장에 좌
  우될 수 없다. 도시화의 본질은 기능적 질서다.

2 이러한 질서에 세 가지 기능이 포함된다. (a) 주거, (b) 제조,
  (c) 휴식(종의 유지).
      이것의 본질적인 대상들에는 (a) 토지 분할, (b) 교통

체계, (c) 법률 제정이 있다.

3   거주 지역과 (스포츠도 고려한) 개간 지역과 교통 구역 사
     이의 관계는 경제적·사회적 환경에 의해 좌우된다. 인구
     밀도의 고정으로 필수적인 분류는 확립된다.

         매매, 투기, 상속으로 인해 발생한 토지의 무질서한
     분할은 총체적이고 체계적인 토지 정책으로 무효화되어
     야 한다.

         이러한 토지의 재분배는 도시 계획을 위해 꼭 필요한
     예비 근거이고, 공동 이익 행위에서 비롯된 (토지 가격의)
     자연 증가를 소유자와 지역 사회에 공정하게 분배하는 것
     까지 포함해야 한다.

4   교통 통제는 집단생활의 기능 모두를 고려해야 한다. 주요
     기능에 더해지는 강도는 통계 자료의 해석에서 항상 확인
     되며, 교통 현상의 지대한 중요성을 나타낸다.

5   끊임없이 성장하는 오늘날의 기술 설비는 도시 계획의 중
     요한 열쇠다. 그것들은 기존 법률의 전면적인 변화를 암시
     하고 제안한다. 이러한 변화는 과학적 진보와 병행해나가
     야 한다.

III. 건축과 여론

1   오늘날의 건축가들이 새로운 건축의 원리를 대중에게 알
     림으로써 여론에 영향력을 행사하는 것은 매우 중요하다.
     학문적 가르침의 유해한 영향으로 인해, 여론은 주거에 대
     한 잘못된 개념으로 빠져들었다. 주거의 진정한 문제는 전
     적으로 인위적이고 감상적인 개념들 뒤로 밀려났다. 주택
     문제는 제기되지도 않는다.

         주택의 진정한 문제와는 아무 관련 없는 다수의 요인
     들에 영향을 받은 의뢰인들은 일반적으로 자신들의 희망
     을 전달하는 데에 매우 서투르다. 여론은 잘못된 방향으
     로 흘렀다. 그래서 건축가는 주택의 통상적인 필요 조건들
     을 완전하게 충족시키지 못한다. 이러한 비효율성으로 인
     해 국가는 총손실로 막대한 비용을 치르게 된다. 전통은
     고가의 주택으로 만들어지고, 이러한 주택 건설은 대다수
     의 주민들에게서 건강한 거주 구역을 빼앗는다.

2   학교에서 실시되는 교육 활동으로, 주거학의 기초가 되는
     일련의 근본적인 진리는 규명될 수 있다. (예를 들면, 주거
     의 전반적 경제, 부동산의 원리와 도덕적 중요성, 햇빛의
     효과, 어둠의 부작용, 필수적인 위생, 가계 경제의 합리화,
     가정생활에서 기계 장치의 사용 등.)

3   교육의 효과는 주택에 대한 건전하고 합리적인 개념을 지
     닌 세대를 기르는 것이다. 이 세대들(건축가에 의뢰할 미

래의 고객들)은 주택의 문제를 올바르게 밝힐 수 있을 것
이다.

IV. 건축과 정부의 관계

1   새로운 원리에 맞춰 작업하려는 확고한 의도를 가진 현대
    건축가들은 유미주의와 형식주의의 경향이 있는 공인된
    아카데미와 그곳의 방식이 진보를 가로막는 제도일 뿐이
    라고 생각한다.

2   정의상 그리고 기능상 이러한 아카데미는 과거의 수호자
    다. 그것들은 역사적 시기의 실용적이고 미학적인 방법에
    근거한 건축의 도그마를 확립했다. 아카데미는 그 시초부
    터 건축가의 천직 의식을 손상시킨다. 아카데미의 관점은
    잘못되었으며, 그 결과도 잘못되었다.

3   그러므로 국가의 번영을 보장하기 위해서, 정부는 아카데
    미의 통제로부터 건축 교육을 떼어놓아야 한다. 과거는 우
    리에게 아무것도 남지 않았고, 모든 것이 점진적으로 변화
    하며 진보는 언제나 진행된다는 것을 정확하게 가르친다.

4   정부는 앞으로 아카데미에 대한 신뢰를 철회하고, 건축 교
    육 방법을 수정해야 한다. 가장 생산적이고 가장 진보적인
    조직 체계를 만드는 것이 목적인 양 이 문제에 신경 써야

한다.

5   아카데미즘으로 인해 정부는 자원의 효율적 사용과는 배
    치되는 기념비적 건물에 막대한 비용을 지출하고, 도시 계
    획과 주택의 가장 시급한 과제들을 희생해서라도 유행에
    뒤떨어진 사치품을 전시한다.

6   이런 일련의 생각으로, 어떤 형태로든 순전히 미학적 방향
    으로 건축에 영향을 미치려는 정부의 모든 처방들은 발전
    에 장애물이며 매섭게 공격받아야만 한다.

7   스스로의 의지로 경제적 현실 속에서 다시 자리 잡으려는
    건축의 새로운 태도는 공식적인 후원에 대한 모든 권리를
    불필요하게 만든다.

8   만일 정부가 현재와 반대되는 태도를 취한다면, 국가의 경
    제·사회적 발전의 전반적인 방향 속에서 꽤 자연스럽게 일
    어나게 될 진정한 건축적 부흥을 가져올지도 모른다.

1928년 6월 28일
이 선언에 대해 아래 건축가들이 서명했다.

베를라헤, 헨드리크 페트뤼스, 헤이그
메이, 에른스트, 프랑크푸르트 암 마인

부르주아, 빅토르, 브뤼셀

메르카달, A. 가르시아, 마드리드

샤로, 피에르, 파리

마이어, 하네스, 바우하우스 데사우

프랑크, 요제프, 빈

모제르, 베르너 M., 취리히

게브레키앙, 가브리엘, 파리

라바, 엔리코 C., 밀라노

해펠리, 막스 E., 취리히

리트펠트, 게리트, 위트레흐트

헤링, 후고, 베를린

사르토리스, 알베르토, 토리노

회헬, 아르놀트, 제네바

슈미트, 한스, 바젤

오스트, 위브, 싱 미힐

슈탐, 마르트, 로테르담

잔느레, 피에르, 파리

슈타이거, 루돌프, 취리히

르 코르뷔지에, 파리

폰 데어 뮐, 앙리 로베르, 로잔

뤼르사, 앙드레, 파리

데 사발라, 후안, 마드리드

1928

『ABC』는 기계의 독재를 요구한다

A
B
C fordert die Diktatur der Maschine

바젤의 한스 슈미트와 로테르담의 마르트 슈탐은 바젤에서 발간된 잡지 『ABC: 건축 기고』를 공동으로 편집했다. 제2권 4호에서 발췌한 「기계의 독재」 요구는 하네스 마이어의 생각과 밀접하게 연관된다. 그는 1928년에 발터 그로피우스에게서 데사우 바우하우스의 교장직을 넘겨받았다.

|

기계는 기술이 모든 우리의 소망을 충족시켜줄 다가오는 지상 낙원도 아니고, 모든 인간 발달이 파괴될 임박한 지옥도 아니다.

기계는 우리 모두의 삶에 공통된 가능성과 과제에 대한 냉혹한 독재자일 뿐이다.

그러나 우리는 여전히 발달 과정, 즉 과도기 상태에 있다. 기계는 르네상스에서 유래한 부르주아적 개인주의 문화의 하인이

ABONNEMENT (SCHWEIZ) 4 NUMMERN FR. 6.
ABONNEMENT (AUSLAND) 4 NUMMERN FR. 8.

A B C

ADMINISTRATION
REDAKTION

GRENZACHERSTR. 32. BASEL · SCHWEIZ

1927/28
NUMMER

4

ZWEITE SERIE
BEITRÄGE ZUM BAUEN

REDAKTION: HANS SCHMIDT (BASEL)
MART STAM (ROTTERDAM)

Mit dieser Nummer schliesst die **zweite Serie** dieser Zeitschrift. Ueber die Ausgabe der folgenden Serie können wir noch nichts mitteilen — aber wir werden unsere begonnene Arbeit **nicht** einstellen, wir werden die Klarstellung unserer Prinzipien **nicht** aufgeben —

denn wir haben erfahren müssen,

dass **unsere Architekten** ein besseres Geschäft darin sehen, ihre Ware mit „modernem Gestaltungswillen" aufzufrischen, statt die Mühe konsequenter technischer, wirtschaftlicher und organisatorischer Arbeit auf sich zu nehmen —

dass **unsere Kritiker** ein schärferes Auge für unsere gegen die Tradition verstossenden „Fehler" als für die eigenen überlieferten Gedankenlosigkeiten besitzen —

dass **unsere Freunde** sich mit Siegesfeiern begnügen, die im heutigen Augenblick, der ein methodisches Eindringen auf allen Gebieten fordert, höchstens den Wert von Schlafmitteln haben —

dass **unsere Profitmacher** es so weit zu bringen wussten, dass es heute mehr gefährlich wie nützlich ist, von modernen Ideen zu sprechen —

dass **unsere Philosophen** es vorziehen, die Phrasen von der Mechanisierung und Materialisierung des Geistes ins Endlose zu wiederholen, statt die wesentlichen Dinge einer wesentlichen Kultur zu erkennen.

Druckleitung Kraftwerk Brusio (A.-G. Dillinger Hüttenwerke, Dillingen)

ARCHITETTURA RAZIONALE

Unter dieser Flagge veranstalten **43 junge italienische Architekten** zurzeit in Rom eine Ausstellung ihrer Arbeiten.

RATIONELLE ARCHITEKTUR

Erneuerung der Baukunst —
Vereinfachung der Formen —
Klare, zweckmässige Bauwerke — werden heute auch von den **denkenden Architekten Italiens** zur Forderung erhoben!

A B C FORDERT
DIE DIKTATUR DER MASCHINE

Die Maschine ist weder das kommende Paradies der technischen Erfüllung aller unserer bürgerlichen Wünsche — noch die nahende Hölle der Vernichtung aller menschlichen Entwicklung —

Die Maschine ist nichts weiter als der unerbittliche Diktator unserer gemeinsamen Lebensmöglichkeiten und Lebensaufgaben.

Aber wir stehen noch im Werden, im Uebergang. Die Maschine ist der Diener einer aus der Renaissance geborenen bürgerlich-individualistischen Kultur geworden. Wie der Diener vom selben Herren bezahlt und verachtet wird, so wird die Maschine vom Bürger zur selben Zeit gebraucht und von seinem geistigen Hofstaat, seinen Künstlern, Gelehrten und Philosophen verdammt. Aber die Maschine ist nicht Diener, sondern Diktator — sie diktiert, wie wir zu denken und was wir zu begreifen haben. Sie fordert als Führer der mit ihr

☞ WIR WARNEN vor

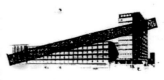

dem **Konjunkturkitsch** unserer unermüdlichen Innen- und Aussendekorateure, die ihre Boudoirkunst heute auf „Industriebaukunst" umstellen. (Siehe Abbildung: Tablettenfabrik Leverkusen von E. Fahrenkamp - Düsseldorf).

1

『ABC』 1927/28

었다. 하인은 같은 주인에게서 보답을 받으면서도 멸시당하는 것처럼, 기계도 시민들에 의해서 사용되면서도 이지적인 왕실과 예술가와 학자와 철학자에 의해서 비난을 받는다. 그러나 기계는 하인이 아니라 독재자다. 기계는 우리가 어떻게 생각할 것인지, 그리고 우리가 무엇을 이해해야 하는지를 지시한다. 기계와 필연적으로 밀접한 관계가 있는 대중의 지도자로서, 기계는 해마다 경제와 문화의 변화를 더욱 끈질기게 요구한다. 기계는 철학의 안락의자에서 취하는 휴식도, 평화주의적인 문구와 타협도 허용하지 않는다. 기계는 협정한 평화가 찾아올 가능성과 삶의 요구로부터 미학적 거리를 전혀 허용하지 않는다. 현실은 오늘날 우리가 얼마나 우리가 기계의 명령에 복종해왔는지를 보여준다. 다시 말해, 우리는 기계를 위해 수공예를 희생시켰고 기계에 소작농들을 바치고 있다. 우리는 기계가 가장 중요한 교통수단과 주요한 산업을 위한 근거를 제공하도록 허용해야 한다. 기계의 중압감 아래에서 우리는 새로운 대량 생산 방식을 발전시켰다. 기계로 인해 우리는 갈수록 커져가는 조직력을 국가의 지배하에 두어야 하고, 신성시되는 국가 재산까지도 국제화해야 한다.

우리는 첫 걸음을 내디뎠다.

민족 국가의 개념과 철저하게 제한된 종교관에 의해 관념적으로 결합된 개인주의적 생산 사회에서 산업화의 필요와 상품 국제 교역에 대한 응답으로 물질적으로 조직된 자본주의적 생산 사회로의 이행. 그러나 우리의 생각, 즉 우리의 전문가적인 낭만주의자나 삶을 치장하는 사람의 생각은 이 단계를 이해하지도 못했다. 그들은 도덕적이고 미학적인 면에서만 생각하기 때문에 근본적이고 필수적인 사실들을 이해하지 못한다. 그리고 그들은 우리의 이상적인 물건들이 제공할 미래를 두려워해, 즉 실직할 것을 걱정하기 때문에, 순수한 관념론은 그들을 반동의 호위병이 되거나 파벌주의로 도피하게 만든다.

우리는 두 번째 걸음을 내디뎌야 한다.
공동으로 생산하도록 강요받지만 여전히 개인주의적인 사회에서 의식적으로 공동으로 생각하고 일하는 사회로의 이행. 무의미한 문구? 부르주아의 탁상공론식 회의주의자의 귀에는 무의미한 문구이지만, 오늘날 생존의 위기까지 내밀린 대중들에게는 바꿀 수 없는 숙명이다. 우리가 부르주아의 이상주의적 생각을 명백하고 합리적인 생산 체계를 구축하는 근거로 삼을 수 있다고 믿는다면, 일요일 오후 산책 문화의 가치가 조금 줄어들기만 하면 된다고 믿는다면, 또 값싼 평화를 이룩함으로써 가까운 장래의 가장 중요하고 결정적인 투쟁을 피할 수 있다고 믿는다면, 그것들은 무의미한 문구다. 우리에게 요구되는 것은 우선 생각의 해방과 변화다. 어디에서나 긴급한 요구들은 행동을 강요한다. 그러나 누락된 것은 행동하고 인도하도록 운명 지워진 사람들이 하는 올바른 생각이다. 근본적인 생각이 무의미한 문구와 반동의 환상으로 억압되었기 때문이다.

1928

하네스 마이어:
짓기

Hannes Meyer:
Bauen

1928년, 하네스 마이어(1889년 바젤 출생, 1954년 스위스 크로치피소 디 사보사 사망)는 데사우 바우하우스의 교장으로 임명되었다. 발터 그로피우스는 1928년 2월 초에 퇴임했고 마이어를 자신의 후임으로 추천했다. 같은 달, 마이어는 학생 대표들 앞에서 바우하우스에서 교육과 작업을 삶과 더 밀접하게 결합하는 것을 목표로 삼는 프로그램의 개요를 설명했다. "외부 세계의 요구로부터 우리의 방향을 택하기를 바라는 것일까? … 아니면 틀림없이 개성의 확대로 이어지지만, 실용적인 생산성이 의문시되는 하나의 섬이 되기를 원하는 것일까?"' 마이어의 「짓기」는 『바우하우스』 제2권 4호에 실렸다.

|

짓기
세상의 모든 것은 '기능 곱하기 경제'라는 공식의 산물이다.
그러므로 이 모든 것이 예술 작품은 아니다.

모든 예술은 구성(Komposition)이며, 따라서 목적을 달성하는 데에는 적합하지 않다.

모든 삶은 기능이며, 따라서 예술적이지 않다.

'항구의 구성'에 관한 개념은 얼마나 재밌는가!

그러나 도시 계획은 어떻게 세워지는가? 주택 평면은 어떻게 계획되는 것일까? 구성인가 아니면 기능인가? 예술인가 아니면 삶인가?????

짓기는 생물학적 과정이지, 미학적 과정은 아니다.

요소적(elementar)으로 디자인된 새로운 주거는 '살기 위한 기계'일 뿐만 아니라, 육체와 정신의 필요에 부응하는 생물학적 장치다.

　새로운 시대는 주택을 건설하는 새로운 방식을 위한 새로운 재료를 준비한다. 예를 들어,

철근 콘크리트	알루미늄	리폴린
합성 고무	오이베오리스	비스코스
합성 피혁	합판석면	콘크리트
다공질 콘크리트	경질 고무	역청
우드메탈	토르포레움	캔버스 천
철망유리	규소강	석면
압축 코르크	저온 접착제	아세톤
합성수지	기공 콘크리트	카세인 아교
합성 각질	롤법 판유리	단유철광
합성 목재	지로텍트	톰백

우리는 이러한 건축 재료를 경제적 원리를 바탕으로 한 구조적 통합체로 조직한다. 따라서 개별 형상과 구조체와 재료의 색깔 그리고 표면 질감은 홀로 점진적으로 변화하고 삶에 의해 결정된다. (아늑함과 품격은 주택 건설을 위한 주요 동기는 아니다.) (아늑함은 인간의 마음에 달려 있지, 방의 벽으로 결정되지 않는다….) (품격은 주인의 태도에 의해서 나타나는 것이지, 페르시안 카펫에 의한 것은 아니다!)
'예술가의 감정적인 행위'로서의 건축에는 타당한 이유가 없다. '건축 전통의 연속'으로서의 건축은 건축 역사에 휩쓸리는 것을 의미한다.

삶의 기능을 구체화하는 것으로서 건축에 대한 이러한 기능적이고 생물학적 해석은 필연적으로 순수한 구조물을 낳는다. 구조적 형태의 세계는 종주국을 알지 못한다. 그것은 건축에서 국제적인 태도의 표현이다. 국제성은 그 시대의 특권이다. 순수한 구조물은 새로운 형태 세계의 기반이자 특징이다.

1. 성생활   5. 개인 위생   9. 요리
2. 잠버릇   6. 기후로부터 보호   10. 난방
3. 애완동물   7. 주택 내의 위생   11. 일광욕
4. 정원 가꾸기   8. 차량 유지관리   12. 서비스

이것들은 주택을 지을 때 적합한 고려사항이다. 우리는 주택에 사는 모든 사람의 평범한 일상을 조사한다. 그리고 이것으로 아버지와 어머니와 아동과 유아 및 기타 거주자들에 대한 기능 다이어그램을 만든다. 우리는 주택과 거주자들이 외부 세

계, 즉 우편배달부, 행인, 방문자, 이웃, 강도, 굴뚝 청소부, 세탁부, 경찰, 의사, 파출부, 놀이 친구, 가스 검침원, 방문 판매원, 간호사, 심부름꾼과 가지는 관계를 탐구한다. 사람과 동물이 정원과 가지는 관계, 그리고 사람과 애완동물과 집 안 벌레들의 상호 관계를 탐구하다. 연간 지면 온도 변화를 측정하고, 바닥의 열 손실과 기초에 요구되는 깊이를 계산한다. 토양의 지질학적 특성을 통해 배관 용량을 알고, 자연적으로 배수되는지 아니면 배수관이 필요한지를 결정한다. 대지의 위도에 따른 연중 태양의 입사각을 산출한다. 이 정보를 통해, 우리는 정원에 드리우는 집 그림자의 크기와 창을 통해 침실로 들어오는 햇빛의 양을 결정한다. 우리는 실내의 활동 영역에 제공되는 일조량을 추정한다. 외벽의 열전도율과 옥외의 대기 중 습도를 비교한다. 난방 공간에서 공기 순환에 대해 이미 알고 있다. 이웃 주택들과의 시청각적 관계들은 세심하게 고려된다. 목재 마감 등에 관해 미래 거주자들의 성향을 조상으로부터 유추해 아는 우리는 표준화된 조립식 주택을 위한 내부 마감재를 적절하게 선택한다. 예를 들어, 대리석 무늬가 보이는 소나무나 소박한 포플러 나무나 이국적인 아프리카산 감람과의 나무 또는 매끄러운 단풍나무가 있다. 우리에게 색깔은 그저 의도적으로 심리적인 영향을 끼치는 수단 또는 순응을 위한 수단일 뿐이다. 색깔은 결코 다양한 재료에 대한 거짓된 모방이 아니다. 우리는 얼룩덜룩한 색깔을 혐오하고 페인트를 보호 도장으로 간주한다. 색깔을 심리적으로 필수적인 것이라고 생각하는 경우에, 우리는 색깔에 의한 빛 반사량을 계산에 포함한다. 우리는 주택을 순백색으로 마감하는 것을 피한다. 우리는 주택의 본체를 태양의 온기를 축적하는 장치로 본다.

새로운 주택은 현장 조립을 위해 부분별로 미리 만들어진 건축물이다. 이로써 그 주택은 산업 생산품이자 다양한 전문가들의 작품이다. 예컨대 경제학자, 통계학자, 위생학자, 기후학자, 산업 엔지니어, 표준화 전문가, 난방 전문가… 그리고 건축가? …그는 예술가였으나 이제는 조직에서 전문가가 된다!

새로운 주택은 사회적 사업이다. 주택으로 인해 건축 산업은 부분적 계절 실업과 실업 구제사업이라는 비난에서 벗어난다. 합리적인 가정 관리 방식에 의한 주택 덕택에 주부는 가정의 노예 신세를 면하게 되고, 합리적인 정원 가꾸기 방식에 의한 주택 덕택에 집주인은 영세 정원사의 어설픈 지식에서 보호받는다. 주택은 본질적으로 사회적 사업이다. 왜냐하면 그것은 모든 국가 표준처럼 발명가들의 무명 공동체의 표준화되고 산업화된 생산품이다.

새로운 주택 사업은 전체적으로 공공복지의 궁극적인 목적일 수 있고, 그것 자체가 의도적으로 계획된 공공성이 있는 사업이다. 그 사업에서 집단과 개인의 에너지들이 일체화되고 협력적인 토대를 기반으로 한 공공 정신으로 융합된다. 그러한 주택 단지가 현대적인 것은 평지붕과 파사드의 수평·수직 배열 때문이 아니라, 오히려 인간 존재와의 직접적인 관계 때문이다. 그곳에서 우리는 지구물리학적 관계뿐만 아니라 개인과 남녀와 이웃사람들과 공동체의 긴장 상태를 신중하게 검토했다.

짓기는 삶의 과정들에 대한 신중한 조직화이다.

짓기는 기술적 과정으로서 따라서 전체 과정 가운데 한 부분일
뿐이다. 기능적 다이어그램과 경제적 프로그램은 건축
프로젝트의 결정적 원리다.

짓기는 더 이상 건축적 야망을 실현하기 위한 개인적 과제가 아
니다.

짓기는 수공예가와 발명가의 공동의 노력이다. 다른 사람들의
작업 공동체에서 마이스터인 사람만이 생활 그 자체를
지배한다…. 건물의 마이스터가 된다.

짓기는 그러면 (실업과 주택난으로 촉진된) 개인들의 사적인 문
제에서 국가 전체의 공동의 문제로 확대된다.

짓기는 조직화에 지나지 않는다.

　　즉, 사회적·기술적·경제적·심리적인 조직화이다.

1929

엘 리시츠키:
이데올로기적 상부구조

El Lissitzky:
Ideological superstructure

독일과 스위스에서 장기간 거주한 후, 엘(라자르 마르코비치) 리시츠키(1890년 스모렌스크 지방 출생, 1941년 모스크바 사망)는 러시아로 돌아갔다. 그는 1920년 구축주의 사상을 독일에 알린 거의 확실하게 첫 번째 사람이었다. 1922년에 개최된 뒤셀도르프 진보 예술가 회의에서 그는 유럽의 전역에서 온 예술적 혁명가들과 만났다. 그는 베를린에서는 미스 반 데어 로에와 함께 그리고 파리에서는 판 두스뷔르흐와 함께 일했고, 많은 곳에서 '프라운'(Proun) 전시회를 열었다. 이러한 만남으로 충만해진 엘 리시츠키는 이미 활발했던 반대에 대해서 자신의 의미에서의 '재구축'(Rekonstruktion)을 관철하기 위해서 1928년에 모스크바로 돌아갔다.

|

우리는 혁명으로 인해 생겨났고, 겨우 5년이라는 삶의 과정에 대한 몇 단락을 여기에서 제시할 것이다. 이 기간에 문화 혁명의 고귀한 요구가 새로운 세대의 건축가들의 감정과 의식에 뿌리내렸다. 작품을 통해서 건축가가 새로운 세계를 건설하는 데

이데올로기적 상부구조

적극적인 역할을 한다는 것은 우리 건축가에게 분명해졌다. 예술가의 작품을 사용하는 것은 그 자체로는 가치가 없고, 그 자체의 목적도 아름다움도 없다. 그것은 공동체와의 관계에서만 의미가 있다. 모든 훌륭한 작품의 창작에서 건축가의 역할은 가시적이지만 공동체의 역할은 잠재적이다. 창조자로서의 예술가는 하늘에서 뚝 떨어진 것을 만들지는 않는다. 그러므로 우리는 '재건'을 불분명하고 '불가사의하며' 무질서한 것의 극복이라고 해석한다.

삶의 전반에서처럼 건축에서 우리는 사회 질서를 창조하려고 노력한다. 말하자면 본능적인 것을 의식적인 것으로 고양시키려 한다.

이데올로기적 상부구조는 작품을 보호하고 보증한다. 우리는 처음부터 건축에서 수행해야 하는 재생을 위한 하부구조로 사회·경제적 재건을 언급했다. 그것이 출발점임은 명백하지만, 상호 연결을 너무도 단순하게 설명하는 것은 실수일 것이다. 유기적 성장으로서의 생명은 긍정(더하기)과 부정(빼기)을 동시에 주장하는 변증법적 과정이다. 생성되는 모든 것은 사회적 삶의 과정의 일부이고 특정한 사실들의 결과이며, 그 자체는 차례가 되어 생성되는 목적들에 영향력을 행사한다. 거기에 생성되었던 것에 근거하여, 하나의 이데올로기, 즉 사물을 바라보는 방법이 형성되고, 생성되는 것에 한층 더 영향을 미치는 해석과 상호 관계들이 형성된다. 우리는 건축가들의 발전에서 변증법적인 과정을 추적할 수 있을 것이다.

1   전통의 해체. 물질적 생산은 전국적으로 마비된다. 초대작
     (Superproduktion)에 대한 갈망. 최초의 스튜디오에서의
     꿈들. 그 이상의 발전에 필수적인 두 가지 요구, 즉 요소와
     발명을 포함한 이데올로기가 형성된다. 우리의 시대와 조
     화를 이루는 작품에는 그 속에 발명이 내포되어야 한다.
     우리 시대는 기본적인 형태들(기하학)로부터 생겨나는 창
     작품을 요구한다. 혼돈의 미학에 대한 전쟁은 선포되었다.
     의식 속에 충분히 자리 잡은 질서가 필요하다.

2   건설(Aufbau)의 시작. 우선 산업과 생산에서. 구체적인 문
     제들은 해결책을 필요로 한다. 그러나 새로운 세대는 건
     축이 없는 시대에서 성장했고, 실천적 경험이 불충분하고,
     권위가 거의 없으며, 아직 아카데미가 되지도 못했다. 건
     축 계약을 위한 투쟁 속에서, 새로운 세대의 이데올로기
     는 근본적으로 실용적인 것과 노골적으로 기능적인 것에
     의지했다. 그 구호는 '구축주의'이자 '기능주의'다. 등호는
     엔지니어와 건축가 사이에 놓여 있다….

3   최초의 재구축 시대에는 문화적 혁명을 심화하는 사회·경
     제적 혁명의 힘들이 집중되어야 한다. 문화 복합체 전체에
     서 물리적·심리적·감정적 요소는 서로 갈라놓을 수 없다.
         예술은 자신을 감정적인 에너지로 가득 채워 의식을
     규제하고 정리하여 활성화하는 능력으로 인정받는다. 건
     축은 주요한 예술로 간주되고, 대중의 관심은 건축으로 향
     한다. 건축적 질문은 대중의 질문이 된다. 최초의 스튜디

오에서의 꿈은 자신의 개성을 잃고, 확고한 사회적인 토대를 받아들인다. 다시 한 번 '실용주의자'는 '형식주의자'를 반대한다. 형식주의자가 주장하길, 건축은 '공학 기술'의 개념들에 적용되지 않는다. 실용적인 과제를 해결하는 것, 즉 목적에 대해서 올바르게 역할을 하는 볼륨을 구축하는 것은 문제의 일부분에 불과하다. 두 번째 부분은 재료를 올바르게 조직하는 것, 즉 구축적 문제를 해결하는 것이다. 전체가 공간적 개념으로서, 즉 우리의 영혼에 분명한 영향을 미치는 형태로서 작용하기 시작할 때만, 건축 작품은 출현한다. 이렇게 하기 위해서 현대인이 되는 것만으로는 충분하지 않다. 건축가는 건축의 표현 수단에 완벽하게 정통해야 한다.

그러므로 위에서 언급한 세 시기를 다음과 같이 더욱 간단하게 요약할 수 있다.
(a) 낭만인인 고립 속에서 이루어진 그저 감정적이고 개인적인 일로서의 예술을 부정.
(b) 결과물이 결국에는 예술 작품으로 여겨질 것이라는 조용한 희망에서의 '즉물적' 창작.
(c) 사전에 계획되었던 객관적이고 과학적 기준에 폐쇄적인 예술적 효과를 끼칠 건축의 의식적이고 목적적인 창작.
이러한 건축은 적극적으로 삶의 전반적인 수준을 높일 것이다. 이것은 부정을 통해서 긍정에 이르는 우리의 변증법적 발전방식이다. 그것은 낡은 철을 녹여서 새로운 강철을 담금질했다.

1930

루트비히 미스 반 데어 로에:
새로운 시대

Ludwig Mies van der Rohe:
Die Neue Zeit

1930년 빈에서 개최된 독일공작연맹 회의에서 한 연설의 말미에서, 미스 반 데어 로에는 "건축에서 정신적인 것"(Geistigen in der Architektur)의 확고한 대변자가 되었다. 그는 1924년에 산업화된 건축물의 길을 호소했지만, 오해로 가로막혀 있다는 것을 깨달았다. 호소하는 자가 경고하는 자가 되었다. 그는 기술 발전으로 건축의 의미가 상실될 것이라고 예언자와 같이 사태를 예견한다. 미스 반 데어 로에는 의미의 배제로, 따라서 규범의 부족과 가치 확립의 혼돈으로 이어질 사건의 '가치 맹목적인' 과정에 대해 이야기한다.

|

새로운 시대는 하나의 사실이다. 새로운 시대는 우리가 '예'라고 하든 '아니오'라고 하든 상관없이 존재한다. 그러나 새로운 시대는 다른 시대보다 좋지도 않고 나쁘지도 않다. 새로운 시대는 순수한 데이터이고 그 자체로는 가치를 품지 않는다. 그러므로 나는 새로운 시대를 설명하거나 그 연관성을 보여주면서 그것을 지탱하는 구조를 밝히려고 하지 않을 것이다.

기계화와 표준화와 규범화의 문제 또한 과대평가하지 말자.

그리고 바뀐 경제적이고 사회적인 조건을 사실로 받아들이자.

이 모든 것은 가치에 맹목적으로 숙명적인 길을 간다.

결정적인 한 가지는 주어진 사실들 가운데 어떤 것을 골라서 강조할 것인가이다. 여기에 정신적인 문제가 시작된다.

'무엇'이 아니라 '어떻게'를 묻는 것이 중요하다.

우리가 상품을 생산하고, 무슨 수단으로 상품을 제조하느냐는 정신적으로 아무런 의미도 없다.

우리가 철과 유리로 건물을 높게 지을 것인지 또는 낮게 지을 것인지는 건축물의 가치에 대해 아무것도 말해주지 못한다.

우리가 도시 계획을 중앙 집중적으로 할지 또는 탈집중화할지는 실제적인 질문이지 가치에 관한 문제가 아니다.

그러나 분명히 말해서 가치의 문제가 결정적이다.

우리는 기준을 정립하기 위해서 새로운 가치를 확립하고 궁극적인 목표를 설명해야 한다.

왜냐하면, 우리의 시대도 포함하여, 각 시대의 의미와 권리는 정신이 존재할 수 있는 가능성을 제시할 수 있는지에 달려 있기 때문이다.

1931

프랭크 로이드 라이트:
젊은 건축(발췌)

Frank Lloyd Wright:
Young Architecture

'젊은 건축'이라는 제목으로 여기에 수록된 발췌문은 1931년에 시카고 미술관에서 강연한 강의들 가운데 일부다. 건축을 하는 청년들을 대상으로 한 이 강의는 미래의 건축가들에게 하는 열네 개의 조언으로 끝난다. 세계의 건축들을 잊어라, 건축 학파들에 주의하라, 건축 현장으로 가라, 질문하는 것과 분석하는 것에 익숙해져라, 상황을 단순화하여 생각하라, '빠른 수익'이라는 미국적 사고를 독이라고 생각하고 피하라, 여유를 가지고 가급적 집에서 멀리 떨어져라, 무슨 일이 있어도 건축설계경기에는 절대로 참가하지 마라 등의 내용을 담고 있다. 다음은 젊은 건축가들을 위한 지침 가운데 일부다.

|

그렇습니다. 현대 건축은 젊은 건축입니다. 젊음에 대한 기쁨이 젊은 건축을 동반해야 합니다. 젊음에 대한 사랑, 즉 영원한 젊음이 젊은 건축을 발전시키고 유지해야 합니다. 여러분은 이러한 건축을 현명하다고 보아야 합니다. 그러나 현명하다라기보다는 분별이 있고 깊이 생각한다고 보아야 합니다. 또한 지각이

있는 만큼이나 과학적이고, 비행기를 닮은 것이라기보다는 상상력의 위대한 업적이라고 보아야 합니다.

오 그렇습니다, 젊은이여. 집은 살기 위한 기계이지만, 마찬가지로 심장은 흡입 펌프라는 것을 잘 생각해보십시오. 지각이 있는 인간은 심장이라는 개념이 끝나는 곳에서 시작합니다.

집이 살기 위한 기계이지만, 건축은 집의 개념이 끝나는 곳에서 시작한다는 것을 잘 생각해보십시오. 모든 생명은 기본적인 의미에서 기계입니다. 그렇다 하더라도, 기계는 생명이 아닙니다. 여러분이 일반적인 것에서 특수한 것으로 나아가는 것이 더 나을 것입니다. 그래서 기계로부터 생명으로 합리화하지 마십시오. 생명에서 기계로 생각해보는 것은 어떻습니까? 가정용품과 무기와 자동 제어 장치, 즉 모든 것은 기기(appliance)입니다. 노래와 위대한 업적과 대건축물은 인간 마음(heart)의 열렬한 분출, 즉 생의 승리에서 느끼는 인간의 기쁨입니다. 우리는 무한한 것을 언뜻 봅니다.

이 언뜻 봄(glimpse) 또는 비전은 예술을 내적 경험의 문제로 만드는 것입니다. 그러므로 신성시되고, 이전보다 이 시대에는 더욱 개인적이라고 저는 확신합니다. …

기기와 생명의 차이에 대한 올바른 이해의 부족은 미국에 있는 최고의 가짜 고전주의의 참상 때문입니다. 이런데도 우리의 성공한 '현대' 건축가는 미국 대도시의 철골 프레임에 벽돌 또는 석조 외피를 사용하느라 여전히 바쁩니다. 이러한 잘못을 근본적으로 고치지 못하면서, 새로움으로 가장한 피상적인 미학은 건축의 원리에 대한 올바른 이해를 결여한 우리를 재차 벌주려고 하는 것일까요? 더구나 이번에는 다음 30년 동안 기기 중의 기기가 될 기계 추상으로 우리를 처벌하는 것일까요? 만일 정서적인 기기로서의 건축과 기계적 기기로서의 건축 또는 심지어 건축적 기기로서의 미학 추상 자체 가운데서 선택해야 한다면, 기계적 기기로서의 건축을 선택하는 것이 미국에 더 나을 것입니다. 그러나 한편으로는 유기적인 건축이 자신의 작은 세계에서 존속되어야 할 것입니다. 이 독자적인 세계에서, 딱딱한 선과 상상력이라고는 없는 상자의 장식 없는 수직면 모두, 마치 카펫이 바닥을 차지하듯이 위치를 점하고 있습니다. 그러나 장식 없는 지주(stilt)라고 하는 강령의 자리는 없습니다. 대지에 완전히 밀착된 수평면은 '상자에 넣은' 내용물이 아닌 공간을 풍부한 상상력으로 표현한 형태감을 성취하는 유기적인 건축이 됩니다. 이것이 현대입니다.

유기적인 건축에서, 확고한 필요성이 없어진 딱딱한 직선은 건축의 진정한 가치를 암시하기 위해 적절한 리듬이 떠오르도록 허용하는 점선으로 부서집니다. 이것이 현대입니다.

유기적인 건축에서, 건물로서의 어떤 건물에 대한 개념은 처음부터 시작되고, 그림으로서의 부수적인 표현으로 앞으로 나아가며, 그림으로서의 어떤 부수적인 표현으로 시작하여 뒤로 더 들어 가지는 않습니다. 이것이 현대입니다.

빛이 백지 상태의 표면에서 거부당하고 표면에 뚫린 구멍 속으로 음울하게 빠져버리는, 반복되는 단조롭고 평범한 것들에 눈이 피로하기에, 유기적인 건축은 인간이 다시 한 번 그늘과 그림자의 깊이를 담고 있는 자연의 작용과 대면하도록 만듭니다. 그리하여 상상 속에서 나타나는 타고난 창조적인 인간의 사고와 타고난 감정을 새롭게 조망합니다. 이것이 현대입니다.

유기적 건축에서 현실로서의 내부 공간에 대한 감각은 현대적 재료의 확장된 방식과 조화됩니다. 건축물은 이제 내부 공간에 대한 이러한 감각에서 존재합니다. 둘러싼다는 것은 단지 지붕이나 벽의 관점에서가 아닌 '가려진' 공간으로서 존재합니다. 이러한 현실이 현대입니다.

그러므로 진정한 현대 건축에서 표면과 덩어리에 대한 감각은 빛 속에서, 또는 그것을 힘과 결합시키는 구성들 가운데서 사라집니다. 그리고 이러한 구성은 현대적 기기 또는 가정용품 기계에서 볼 수 있을 만큼이나 목적 지향적인 힘으로서 원리를 표현합니다. 그러나 현대 건축은 햇빛이 드는 공간에 대한 보다 높은 인간의 감수성을 인정합니다. 유기적인 건축물에는 거미의 실잣기와 같은 강함과 가벼움이 있습니다. 유기적 건축물은 빛으로 규정되고, 환경의 타고난 특성에 의해 조성되어, 대지와 결합한 건축물입니다. 그것이 현대입니다!

1932

후고 헤링:
유기적인 구조로서의 주택

Hugo Häring:
Das Haus als organhaftes Gebilde

독일 건축가 단체인 '데어 링'의 총무였다가 1928년 대표가 된 후고 헤링은 라사라 성에서 개최된 근대건축국제회의의 창립에 참가했다. 거기에서 근대건축국제회의의 주창자인 르 코르뷔지에와 지그프리드 기디온은 헤링이 제안한 '새로운 짓기'(neues bauen)의 개념을 받아들일 수 없었다는 것을 증명했다. '짓기'에 정확히 상응하는 프랑스어는 없다. 그러나 헤링에게 건축과 짓기는 근본적으로 다르다. 그에게 짓기는 과업의 실체에 물리적 형상을 부여하는 것을 의미했다. 이런 의미에서 형태는 출발점이 아니라 결과다. 중요한 것은 창작 과정에서 본질을 획득하는 기관(Organ)으로서 주택을 보는 것이다.

|

주택은 역시 완전히 하나의 '유기적인 구조'로서 발전될 수 있고, '작업 수행에서 발생한 형태'로부터 '생겨날' 수도 있다는 것, 다시 말해서 주택이 '인간의 제2의 피부'로 간주되어서 신체상의 기관으로 여겨질 수 있다는 것은 여전히 많은 사람들에게 상상도 할 수 없는 문제인 것 같다. 그럼에도 불구하고 이러

한 발전은 피할 수 없는 듯하다. 경량 구조나 탄력 있고 유연한 건축 재료로 작업하는 새로운 기술에는 더 이상 장방형 주택이 요구되지 않고, 주택을 '거주하는 기관'으로 만드는 모든 형태가 허용되고 실행될 것이다. 기하학적인 것에서 유기적인 것으로의 점진적인 구조 변화는 정신적인 삶의 전반에 걸쳐서 일어나고 있으며 어느 정도까지는 이미 일어났다. 그 변화는 작업 수행의 형태를 기하학적인 것과는 대조적으로 유동성이 있게 만든다. 형태를 만들어야 하기에 예술가는 언제나 양식으로 실험하게 되고, 반복적으로 예술가는 표현을 위해서 목표보다 형태를 우선한다. 반면, 작업 수행에서 발생한 형태는 자신의 본질적인 형태를 유지한 사물이 된다. 예술가는 자신의 개성을 포기하지 않는 한 작업 수행의 형태와는 가장 근본적으로 반대되는 입장에 서게 된다. 왜냐하면 작업 수행으로부터 발생한 형태를 가지고 작업을 할 때에 예술가는 더 이상 자기 자신의 개성 표현에 신경 쓰지 않고, 가능한 한 완벽하게 실용적인 대상의 본질을 표현하는 것에 관심을 갖기 때문이다. 모든 '개인'은—그들의 개성이 강할수록, 때로는 그들이 시끄러울수록, 이런 점이 적용될수록—발전의 길에 장애가 된다. 그럼에도 불구하고 진보는 일어난다. 그러나 개인과 예술가 그리고 강한 개성 없이 진보는 일어나지 않는다. 건축가와 엔지니어 사이에는 근본적인 차이가 남아 있다. 엔지니어의 작업은 경제적 효과의 한계 또는 영역 내에서 물질적 작업의 성과만을 목표로 삼는다. 그 결과에는 종종 다른 표현의 가치들이 있다는 것 또한 부작용, 즉 작업의 부수적인 현상이다. 반면, 건축가는 하나의 완전한 형태인 게슈탈트(Gestalt), 정신적인 활력과 실천

의 작품이며, 사상과 보다 높은 문화에 속하고 기여하는 대상
을 창조한다.

이 작업은 엔지니어와 기술 전문가가 중단한 곳에서 시작한다.
그것은 작업에 생명이 부여될 때에 시작한다. 생명은 그것에 이
질적인 관점에 따라 대상인 건축물을 만듦으로써가 아니라 그
것 내에서 봉입된 본질적인 형태를 깨우고, 발전시키고, 촉진함
으로써 작업에 부여되는 것이다.

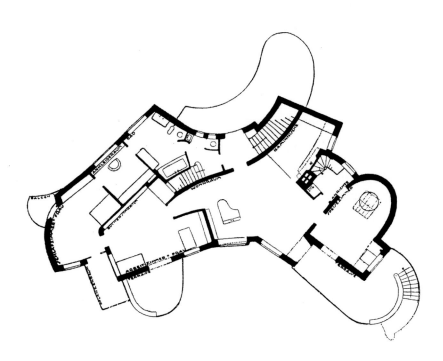

후고 헤링, 1923

1932

리처드 버크민스터 풀러:
보편적 건축

R. Buckminster Fuller:
Universal architecture

리처드 버크민스터 풀러(1895년 밀턴, 매사추세츠 주 출생, 1983년 로스앤젤레스 사망)는, 그 이름이 암시하는 것처럼, 역동성이 최대의 효율성과 결합되는 주택 기계인 '다이맥시온 주택'(Dymaxion House)을 1927년에 선보였다. 이러한 기술적이고 문명화하는 경향들의 결합물—1932년과 1933년에 걸쳐서, '다이맥시온 자동차'로 발전된다—로 인해 풀러는 유럽에서도 잘 알려지게 되었다. 이 시기에 집필한 그의 이론적 저작물들은 상당히 난해하다. 회원들이 익명으로 남았던 구조연구협회(Structural Study Associates: SSA)와 함께, 풀러는 보편적 건축의 생각을 발전시켰다. 그것은 삶에 대한 매우 개인적인 해석에 기반을 두고 있다. 그의 해석에 따르면, 이상은 생생하게 재현될 수 있다는 것이다.

|

구조연구협회의 '보편적 조건들'에서 발췌
플러스마이너스 단체, 구조연구협회, 플러스동맹

공식적인, 또는 비공식적인, 건축, 부동산 분야의 착취하고 보호하는 협회의 전문적인 기회주의 경영자, 무기력한 노동자, 사장, 악랄한 협잡꾼, 대표들은 특권과 직업을 유지하고 있다. 지배적 이념이나 해당 그룹의 진보적 기준이 아니라 공포, 불온한 믿음, 시기, 탐욕, 소심과 게으름으로 말이다. 변치 않는 착취를 위협하는 산업의 진보가 야기한 회원들의 불안을 더 부추기고 선구적인 생산성에 찰거머리처럼 붙어 있는 미학과 윤리를 움켜쥐고 자리를 보전하고 있는 것이다. 이런 협회는 보편적 건축에 엄청난 장애물이다. 바꾸어 말하면 현재의 경제적 압박에 상당한 잠재 원인이다.

회원들의 과거 업적들을 보란 듯이 이용하는 디자이너협회와는 달리, 구조연구협회는 긍정적이고 창조적이며 진보적인 욕구를 통해서 기계적으로 결합하는 그룹이라는 점은 주목할 만하다. 연구에 관련하여 이름이 아닌 단지 회원 번호만을 드러낸다. 자기를 내세우지 않고 서비스 정신에 입각한 포드 자동차 기획부의 방식을 다소 모방했다. 그들은 대량으로 재생산되는 최종 구조뿐만 아니라 최초 단계부터 현장에 이르는 산업의 전 분야에 관여한다. 그 후에는 서비스와 교체 주기 내내, 디자인을 통해서 인접한 사회학적 발전과 성장 가능성에 대해 면밀히 고려한다.

추상적인 협회를 형성한 이 그룹은, '선의'와 목적의 단일성을 통해서 결속되고 오직 아이디어의 교환만을 추진한다. 그렇지만 사거나 팔 수는 없다. (필자는 예순두 개의 특허 아이디어를 구조연구협회에 신탁했다.) 이 그룹에서 개발된 모든 아이디어는 산업 디자인에서의 독점을 방지하기 위해 보호될 것이다. 그러나 결코 이기적인 발전을 제어하거나 발전을 금지하기 위한 것은 아니다.

구조연구협회의 정의 — 조건과 통합

I. 과학

에딩턴이 정의하고 파사데나 그룹 과학자들이 대체로 동의한 '과학'이라는 말은 이례적으로 간결하다. 정확히 말하면, "과학은 경험적 사실에 질서를 부여하려는 시도(연속성 또는 시간을 나타내는 말)이다." 덧붙이자면 과학은 본질적으로 지적인 활동의 결과다.

개별 현상인 '선택'과 시간 통제와 인간만이 갖는 독특한 생존 도구인 지성이 있다. 지성은 '보편적 건축'에 유일한 길잡이다. 보편적 건축은 인류 최고의 생존 몸짓이자, 전쟁에 대한 과학적 해결책이다.

구조 = 과학적 표현

구조의 보편적인 필요조건은 인간적인 현상의 과학적 존속과 발전을 다음 순서에 따라 대비한다.

1   다음에 대한 공간적 제어를 통하여,

외부의 파괴적인 힘에 저항
    지진
    홍수
    돌풍
    회오리바람(토네이도)
    악성 전염병
    약탈자
    화재
    가스
    이기주의(정치, 상업, 물질주의)

2   다음을 위한 공간적 제어를 통하여,
    내부의 파괴적인 힘에 저항
    a. 신경 쇼크 방지
      1. 시각적인
      2. 구강적인
      3. 촉각적인
      4. 후각적인
    b. 피로 방지(인간의 기계화, 즉 힘들고 단조로운 일)
    c. 억압 방지(무방지, 사고로 드러난 기계적 불완전함에 대한 공포, 활동에 대한 임의적인 세포의 한계), (부정적인 분할).

3   피할 수 없는 기계적인 일상에서 무의식적으로 일어나는 행위를 위한 대비

a. 연료 공급(식사), (신진대사)

b. 수면(근육, 신경, 세포의 재조정)

c. 거부(내부, 즉 창자 등, 외부, 즉 목욕 또는 모공 세척, 정
신, 즉 경험적 힘에 의한 제거, 순환, 즉 공기 조절).

4 성장 현상을 위한 발전 요건에는 다음과 같은 기계적 대비
가 필요하다.

    a. 보편적 진보에 대한 선택적 인식

      1. 역사-뉴스-예측(도서관-라디오-텔레비전 등)

      2. 수요와 공급

      3. 역학

    b. (단조로운 혹은 조화로운) 대화인 표현에 대한 적당한
기법, 즉 직접적인 혹은 간접적인, 구술적인, 시각적인,
촉각적인 의사소통, (이것에는 운송이 필요하고) 이것은
보편적 진보의 구체화하는 일부 또는 모든 수단을 예시
한다.

II. 예술

<u>예술</u>=자아의 우주적 감각을 순간적(시간 고정)으로 두드러지
게 표현한 것의 최종 결과.

1. 시간

과학적 개념은 하나의 차원, 즉 중심에서 '얼마나 멀리' 떨어져
있는지를 보여주는 시간 차원만을 나타낸다. 이 차원은 구의

무한히 많은 반경들 가운데 어느 하나에 의해서 기하학적으로 표현될 수 있다. (이는 '단일성의 무한'과 '다양성의 무한'의 일치를 설명한다.)

추상적인 지표나 숫자를 몇 번 '거듭제곱'해서 '올리거나' 그 '근'을 구하는 것은 회전 타원체 볼륨의 증가나 감소로, 그리고 비례하는 반경의 증가나 감소를 통해서 이제 도식화될 수 있다. 반경과 일치하는 구의 표면에 잠재적인 무수한 수직선들이 있다. 그것은 추가적인 차원의 특징들의 필요 조건을 만족시킨다. 이러한 특징들은 유클리드의 가정에 의한 입방체 세계에서는 삼차원 이상의 도식화가 불가능하지만, 간단한 수학에 의하여 표시되듯이 타원체로 도식화될 수 있다. 그러므로,

디자인의 본질 = 시간 제어

보편적 담론의 본질은('근본적' 또는 기본적이고 같은 말을 버리고) 시간 언어나 연속성의 언어가 되어야 한다.

2. 공간

건축의 보편적 문제는 공간(모남[angularity]을 추상화하여 수학적으로 전환할 수 있는 공간)을 둘러싸는 것이다.

따라서 문제는 둘러싸인 공간을 제어하는 것이다. 이어서 둘러싸인 공간의 선택적인 제어를 발전시키는 것이다. 이 제어를 통해 둘러싸인 공간에서 보호되는 일부 혹은 모든 감각 기관에 대한 항상 가변적이고 상호 보완적인 조화를 인식할 수 있게 된다.

3. 조화

우리는 시각, 미각, 촉각, 후각이라는 네 가지 감각 가운데 하나 또는 그 이상에 대한 조화로운 연속 반응(장조 혹은 단조와 같은 기분, 분노 혹은 기쁨)을 통해서만 구조를 알 수 있다. 그래서 각 구조의 단위는 네 가지 감각에 대해서 중립적인 측면에서 검토되어야 하고, 그 능력은 기계적으로 제공되어야 한다. 가변적이고 선택적으로 감각-제한적인 조화로운 진보의 무한성을 부여하기 위해서다. 이는 직접적인 개성의 한계에서 추상적 무한으로 나아가는 조화의 탈자기증식적인 경향과 일치한다.

III. 산업

'이상'이라는 것은 어떤 하나의 시간 선을 따라 완벽함을 지향하는 최후 정제된 감각을 의미하고, '표준'이라는 것은 집단의 이상이다. '표준'은 사방으로 뻗어나가는 우리 경험의 시간선을 의식적으로 외부에서 한정하려는 우리의 포괄적인 인식에 의해서 도식화된다.

'산업'이라는 것은 셋 또는 그 이상의 존재들이 과학적으로 인간 활동을 조화시키는 현상을 의미한다. 그것은 둘 이상의 사람들이 하는 선택적 활동을 통해, 둘 이상으로 나뉜 활동의 행위자들이 다음과 같이 확신할 수 있는 제3의 존재에 의해 가능하다. 즉, 그가 목적을 달성하기 위한 노력을 정당하게 분배했다. 그리고 그는 합리적인 시간 한계 내에서 공통으로 이득이 되는 결과를 얻을 수 있는 구성을 획득하도록 그 노력을 조정할 것이다. 비정신적으로 조직된 어떤 존재나 존재의 그룹이 지닌 지금껏 획득한 것을 뛰어넘는다. 산업은 '표준'에 적합하고, 시기적절함과 적절함에 직접적으로 비례하여 수량을 재생산할 수 있는 디자인의 재생산에 관여할 수 있을 뿐이다. 이와 관련하여 산업의 요구에 맞는 '표준'은 개선된다(포함되고 정제된다). 이것 없이 표준은 개선될 수 없다. 이는 재현적인 디자인에 대한 인류 발전 책무이고, 인생에 대한 우리의 철학적 해석에 기반을 둔다. 더 정확히 말하면, 참으로 이상적인 것은 아이이건, 장미이건, 혹은 자전거이건 간에 그 자체의 이미지에서 재현할 수 있게 된다.

과학 + 예술 + 산업 = 보편적 건축

보편적 건축의 기본 철학

현대 철학의 이상은 분명하게 표현된 기계적인 적절함이다. 그 적절함은 불가피한 생존 기능의 자동 기계화로부터 인간을 해방시킬 뿐만 아니라, 진보적이고 물질적인 제어를 의식하지 않는 단계, 보편적 생명 과정의 적합한 역학을 의식하지 않는 단계로 나아간다. 잉여의 '정신적'이거나 '시간적'인 것을 도드라지게 해 영원히 탈-정적인 것의 자각에 이르게 한다. 조화이자 경이인, 동시대적이고 맹아적인 구상 중인 보편적 건축(이를테면, 방사적-시간-성장[radionic-time-growth] 구성, 진보적으로 상호보완적인, 동기화 가능하고, 포괄적인 생명 개념, 과학적으로 도출되었으며 조화롭게 유지되는)을 통해, 시간 현상(자기암시적이고 지체하는 거짓 개념에 근거한 '과거'와 '미래', 이기적인 자아가 정적으로 머물러 있는 것)의 궁극적 소멸에 이른다. 그러한 '시간' 현상 때문에 자아는 '지금'의 무한한 기쁨을 맛볼 수 없다. 완전함에 대해 보편적으로 관련된 지적인 광학을 통해서만 '지금'을 볼 수 있다.

안정성에 대한 우주적 삼위일체 철학의 언어 도식 (순수한 조건 없음)(정적인 것이 아닌 방향의 측면에서 언급)

1   산업 = 영원한 생명력 — 동역학 — 상대적으로 극소와 극대의 정신적 방사상의 활동 사이의 우주적 영역의 의식적인 한계 안에서 시간 상관적 움직임

2   과학 = 생명 내의 방사상 방향 — 철학
        = 기능주의라는 본질적인 추출은 무한한 단일성의 선택적 단순성 쪽으로 정제.
    해부
    단일 — 남성 — 압축 —
    압박 — 내면 — 지성 —
    추상 — 영원 — 잠재의식

3   예술 = 생명 외의 방사상 방향 — 지식
        = 조화 — 시간 동기화 — 무한한 완전성의 선택적 다양성 쪽으로 정제.
    구성
    복수 — 여성 — 인장 —
    진공 — 외면 — 감각 —
    명확한 표현 — 시간 — 의식

'성장'의 철학(디자인과 상대적이고 전파적인 확장 영역의 과학적 우주론과 동기화하기 — 엔트로피 — 우주방사선 증가 — 생명 세포의 지속성)

전체 구성은 하나의 구성단위(unit)의 상대적 성과에 결코 의존해서는 안 된다. 단언컨대 모든 구성 단위는 구조의 전체 구성에 맞춰 독립적으로 (융통성 있고 각지게) 조절되어야 한다. 그러므로 보다 적절한 구성단위 해결책에 의해 점진적으로 대체되어, 그 결과, 파괴적인 정적 속성을 '자연적으로' 제거하는 엄청난 지체에 비하여, 상대적으로 정교한 기간 내에서 지적으로 (선택적으로) 정제한 전체로의 점진적인 성장으로 향한다. 이와 같은 지체는, 정적인 이데올로기가 수많은 타협이 마비된 세포를 통해서 현저하게 무능해질 때, '모든 낡은 구성'에 대한 혁명적이고 우상파괴적 교체를 불러일으킨다.

우리는 방향을 설정할 수 있을 것이다. 즉 우리 존재가 비교적 방사상으로 조절될 때에, 시간 특정적이지는 않지만 방사상으로. 고로, 우리는 '이상'을 설정하고 그것을 위해 '노력'해야 한다. 물질적인 '목표'에서 경험적으로 도출한 개념이라 하더라도, (엔트로피, 즉 임의적 요소의 증대, 우주적 방사력 증가 법칙) 원 '목표'는 — 본 적 없고 예상하지 못하며 무의식적인 성과, 신기루 같고, 일관성 있게 추구된, 역사적으로 도출된 이념에 비하면 — 상대적으로 보잘것없다. 완수되는 시간까지, 상대적으로 너무 '작아서' 이타적인 야망이라는 최고의 충동으로 이어진다.

보편적 건축의 기본 철학에 대한 대표적인 디자인 언어

통합 각도 변조.

방사상 혹은 시간 거리의 미터법 측정.

힘의 교류를 위한 유연한 접합부.

사회적 접촉의 통일 = '연결'.

역학상의 특정한 해결과 특정한 경제 조건, 즉 평균수명, 수송
능력, 이용 가능성, 작업성을 기반으로 한 최종적인 물질
적 선택으로 기능의 분리.

정신적 활동의 집중—육체적 활동의 분산(개인적으로나 공동
적으로나 산업적으로).

최대한 가벼움—일관된 경제.

위로 밖으로(분수와 같이 = 용해)

모든 힘을 사용—힘에 맞서 싸우지 말 것.

본질적으로 기능적인 물질적 구조—제로에서 선택적 감각의
한계에 이르는 움직임이 자유롭고 추상적인 조화.

창조에 의한—볼륨의 증가에 의한 진보.

강요에 의하지 않고 선택의 사회를 보여주는 생존과 생계의 완
전한 독립.

비밀은 없음.

인장에서 변형과 하중의 흐름을 통한 높은 수명.

모두가 하나가 되어.

경제적 적합성과 산업적 연속성과 일치하고 구성의 각 단위를
환기할 수 있는 특정한 수명.

시간 혹은 공간에서 상대적으로 즉각적인 이용 가능성—상호

호환성과 가동성.

앞에서 언급한 전체 구성 또는 단위 구성.

모든 요소들은 자동적인, 타원체의, 볼륨의 증대와 충격 하중 이동 분포 가능성으로

고체, 액체, 기체 상태를 거친다는 일반적인 역학 인식.

그리고 우리는 다음과 같이 해결해야 한다.

1   고체상의 섬유 압축 상태의 요소들에 의한 구조적으로 균형 잡힌 인장 작용.

2   회전 타원체의 액상 요소들에 의한 구조적으로 균형이 잡힌 압축 작용.

3   고체상의 하중을 받는 인장재의 초기 노출에 의한 구조체에 가해지는 편심 하중.

그리고 액체상의 하중을 받는 압축재를 둘러싸고, 그 다음 차례로 90퍼센트의 물과 10퍼센트의 공기를 포함하는 생명 세포나 럭비공처럼 탄성적인 기체 상태의 요소인 최종의 완충재를 둘러싼다.

보편적 건축의 도시 계획 — 우주 = 세계, 특히 국적에 관계없이 세계의 지표면상의 마른 대지 부분 = 서기 2000년에는 1인당 54에이커. (영국과 로드아일랜드는 현재 평균 1에이커당 네 명.) 26퍼센트의 지표면은 마른 대지이고, 그중 50퍼센트에서 '거주 가능하다.' 2000년에 20억의 가구 전체가 버뮤다 섬에 살 수 있다. 거대한 공간. 탁월풍과 대권 항로를 활용하는 주요한 세계 항공로에 근거한 도시 계획.

보편적 건축을 통한 생명의 연속성

보편적 건축에 대한 앞서 언급한 개념들과 일치하고, 전통의 독단적인 질서인 석기 시대에서 국제주의까지를 (포함하는) 건축 (archi-tecture)과는 상당히 모순되는, 『시카고 선데이 트리뷴』의 1면과 『뉴욕타임즈』의 후면(산업 지리 현상)에서 오려낸 기사들은 이 논설에서 지극히 중요하며 적절하다.

　　생물학이 보여주는 바에 의하면, 내부와 외부의 기계적 도움으로 인해, 체적이 증대되는 기하학적 발전과 이어지는 각진 세포군의 결과물에서 수목 구조의 생명 세포군이 무한에 도달할지도 모른다는 사실을 검토. 최근 학술적으로 인정받는 선상(腺狀) 현상을 검토하기. 이 현상은 생명 세포 결합이 무한한 인간 구조와 기계구조를 보충할 수도 있음을 암시한다. 콜로이드 화학 성질을 통해, 그러니까 선상 세포 마비를 촉매적으로 방지한다는 것이다. 다음과 같은 사실들을 검토한다면, 결론 단락이 허울만 그럴듯하지 않을 것이다.

"로버트 앤드류 밀리칸 박사는 지난밤 우주 방사선은 물질적 우주의 파괴 대신에 끊임없는 재탄생을 암시한다는 그의 이론에 대한 결정적인 증거를 밝혔다. 알베르트 아인슈타인 박사를 포함한 과학자 100명은 그 강연을 캘리포니아 공과대학에서 들었고, 그들의 일치한 의견은 밀리칸 박사가 결국 신비스러운 방사선은 원자 '탄생의 울음'이 아니라 '죽음의 신음'이라는 제임스 진스 경의 이론을 반박했다는 것이었다."
　― 일요일판 『뉴욕타임즈』 후면, 1932년 1월 24일. (발췌)

"콤프턴 박사가 설명하길, 과학은 인간 운명에 이르는 천체의
    실마리를 찾는다."
"원인과 결과 사이의 정확한 관계를 유지하기를 바란다면, 우
    리는 물리적 세계와 연관되지만, 경험으로는 우리가 어떤
    정보도 얻을 수 없고, 사건들이 결정될지도 모르는 하나
    의 세계를 상정해야 한다."
"그러한 비물리적 세계에서, 동인과 사고가 결정적인 역할을
    할 가능성이 있는 반면에, 그러한 것들이 알려지지 않은
    채 남겨진 물리적 세계에서, 사건들은 우연의 법칙을 따르
    는 것처럼 보인다."
"새로운 물리학은 도대체 어떻게 정신이 물질에 작용하는지에
    대한 질문에 답을 주지 않는다. 그러나 새로운 물리학은
    작용의 가능성을 확실하게 인정하고, 그 작용이 어디서
    효력을 발휘하는 지을 암시한다."
── 『시카고 선데이 트리뷴』 전면, 1932년 1월 3일. (발췌)

"마이클 퓨핀 박사는 며칠 전 미국의 공학 기술계에서 수여하
는 최고의 명예인 존 프리츠 골드 메달을 받았고, 어제 문명의
완전한 변화는 나날이 증대하는 전기(electricity)의 힘 때문이
라고 전망했다." 퓨핀 박사가 말하길, "전기는 하늘이 인간에게
준 선물입니다. 그것에는 우리가 지금까지 감히 꿈꿔왔던 것보
다 더 높이 인간의 생활을 끌어올려 줄 힘이 있습니다. 인간이
그 힘을 통제하게 될 때에는, 현대의 기적들은 비교해보면 대
수롭지 않아 보일 것이고, 인간은 마침내 올림푸스 신들과 필적
할 만한 생활양식을 이룩하게 될 것입니다." 퓨핀 박사가 주장

한 바에 따르면, 과학은 물질적 우주를 급속도로 정복할 만큼 발전하고 있는 반면에, 인간의 정신적 진보는 뒤처져 있다. 그는 슬픔에 잠겨 "인간적인 사랑의 발전이 비극적으로 결여되는 것"에 대해 말했다. "증오, 무지, 사소한 질투심, 편견은 전쟁, 불경기, 이 세계의 다른 고통들에 대해 책임이 있습니다." 그리고 "인간의 정신적 존재의 성장이 지체되는 한, 우리는 물질적 진보의 성과를 충분하게 즐길 수 없을 것입니다."

— 『뉴욕타임즈』 후면, 1932년 2월 2일.

과거의 건축은 이와 같은 '뉴스'가 직접적으로 관계있다고 생각하지 않았다.

보편적 건축은 이러한 뉴스가 직접적으로 관계있다고 생각한다.

꿈의 성

골즈워디는 1922년 『예일 리뷰』에 게재한 「스페인의 성」이라는 제목의 에세이에서 다음과 같이 썼다. "1401년 7월 8일, 세비야의 교구장과 사제단이 엘름 코트에 모여서 엄숙하게 결의했다. '위대한 성당을 건설합시다. 그래서 후세 사람들이 우리가 이러한 성당을 건설하는 것이 미친 짓이라고 생각할 만큼 위대하게 하옵소서.' 그리고 성당을 건설하는 데 다섯 세대에 걸친 150년이 걸렸다." 그리고 나서, 골즈워디는 계속해서 울워스 빌딩과 파나마 운하와 같은 20세기 건축들을 인용하면서,

세비야 사람들은 전적으로 정신적 요구를 위해 건축했고 건축하는 사람들의 실제적 요구를 무가치한 것으로 생각했다는 사실을 계속해서 비교했다. 반면에 20세기 사람은 정신적인 고려 없이 당면한 요구를 위해서 건설했다고, 그렇지만 인생의 균형을 유지하는 중도를 발전시킬 수도 있다고 계속해서 암시했다. 대단히 아름답게 쓰인 이 글은 필자에게 엄청난 영감을 주는 촉매였다. 필자는 아무리 미친 듯 보이더라도 보편적 건축 위에 자신의 이상을 세우는 것은 대단히 훌륭해서 이러한 결과를 야기할 뿐만 아니라, 인생의 연속성은 현재 구조에서 완전한 죽음이나 대체 같은 현상 없이 이론적으로 식별 가능하다고 소극적으로 표현한 과학자의 비평의 주요 원인이자 실현 수단이 될 것이라고 말했다.

효과적인 결과는 두뇌로 상상할 수 있는 문제를 외부적으로 표현함으로써만 획득될 수 있다고 필자는 항상 확신하고 있었다. (희망은 이성적이다. 왜냐하면 우리는 생각의 한계 내에서 오로지 바라기만 할 수 있고, 모든 생각은 경험 구성 측면에서 존재하기 때문이다. 거기에는 역동적인 원리들이 자주 모호하게 내재되지만, 탈-자기생식적 생각을 통해서 추론될 수 있다.) 그러나 인간이 처음으로 비행을 상상했을 때, 자기 자신에게 날개를 다는 것을 마음속에 그렸다. 그는 외부의 지적인 표현, 즉 기계를 통해 (중력을 극복하여) 비행을 완수했다. 기계는 날지 않을 때 날개처럼 인간에게 물리적으로 방해될 필요가 없다. 그래서 개인적인 순응을 요하는 발전처럼 영원한 생명과 '젊음의 분수'는 체념되었던 반면, 물리적·지적인·과학적 외부 기계를 사용하는 새로운 보편적 건축에는 삶의 균형을 달성할 가능성이 있다.

　이러한 황홀한 삶에 대한 꿈에 다수가 도달하기까지는 150광년 또는 150세계년이 걸릴 것이다. 우리는 시간 특정적일 수는 없지만, 그러나 물리적인 표현의 성취, 즉 (천문학적 상관관계의 자연 주기의 리듬에 근거한 듯, 세계 시간 주기에 비례하고 과거의 성취율과 비교하여 기하학적 진보의 바탕 위에서) 인간적인 현상에 대한 상대적 속도 증가를 자각하는 (예를 들면, 그의 현재 기고문에서 웰즈 씨와 같이) 이것들에는 동기화의 여명이 상당히 다가왔다는 고귀한 신념이 있다. 과학적인 성향을 가진 사람들은 알다시피, 수학적 방정식의 본질은 올바르게 규정된 문제가 해결된 문제라는 그런 것이다. 필자는 더 이상 개인적인 상황에서 '험프티-덤프티'(Humpty-Dumpty)라는 표현을 쓸 수 없으며, 과학과 산업과 예술과 인생의 콜로이드 같은 흐름에 대한 강력한 지지를 촉구할 뿐이다. 즉, 진리의 통일, 통일의 진리, 영원한 지금의 진리와 통일에 대한 진보적이고 지적인 발견들에 신념을 가져라!

1933

근대건축국제회의:
아테네 헌장: 신조

CIAM:
Charter of Athens: tenets

1929년, 프랑크푸르트에서 열린 두 번째 근대건축국제회의(CIAM II)는 '최저 생활을 위한 주거'와 관련이 있었고, 1930년, 브뤼셀에서 열린 세 번째 근대건축국제회의(CIAM III, '건축 부지의 합리적 활용')는 대표자들을 더욱 절박하게 도시 계획 문제에 직면하게 만들었다. 논의를 더 진행시키기 위해 발표 방식이 통일되어야 했다. 준비위원회(CIRPAC: 현대 건축 문제 결의를 위한 구제 위원회)가 네 번째 근대건축국제회의(CIAM IV)가 1933년 7월과 8월 마르세유와 아테네 사이의 파트리스(Patris) 선상에서 개최되기에 앞서 세 차례 (1931년 베를린, 1932년 바르셀로나, 1933년 파리에서) 열렸다. '기능적 도시'에 관련된 토의 결과는 후에 르 코르뷔지에의 『아테네 헌장』(1941)에 수록되었다. 이 헌장의 71~95항은 기본적인 신조들을 나타낸다.

|

71 연구 검토한 대다수의 도시는 오늘날 혼돈된 모습을 보여 주고 있다. 도시들은 주민의 기본적인 생물학적·심리학적

욕구를 충족시켜야 하는 사명에 전혀 부응하지 못하고
있다.

아테네 회의에서 근대건축국제회의에 참여한 각국 그룹의 신
중한 작업을 통해 분석된 도시들은 암스테르담, 아테네, 브뤼
셀, 볼티모어, 반둥, 부다페스트, 베를린, 바르셀로나, 샤를루아,
쾰른, 코모, 달라트(베트남), 디트로이트, 데사우, 프랑크푸르
트, 제네바, 제노바, 헤이그, 로스앤젤레스, 리토리아, 런던, 마
드리드, 오슬로, 파리, 프라하, 로마, 로테르담, 스톡홀름, 위트
레흐트, 베로나, 바르샤바, 자그레브, 취리히 등 서른세 개에 달
한다. 이 도시들은 아주 다양한 위도와 기후 아래서 백인종의
역사를 보여준다. 그 모두가 동일한 현상을 증언한다. 다시 말
해서, 이제까지 비교적 조화를 이루고 있었던 상태에 기계주의
가 초래한 무질서, 또 적응하기 위한 모든 진지한 노력의 결여
가 그것이다. 이 모든 도시에서 인간은 박해를 당하고 있다. 인
간을 둘러싼 모든 것이 사람들을 짓누르고 숨 막히게 하고 있
다. 육체적이거나 정신적인 건강을 위해 필요한 어떤 것도 보호
되지 않았거나 갖추어지지 않았다. 인류의 위기는 대도시에서
맹위를 떨치고 전역으로 퍼져나간다. 도시는 인간을 보호하고,
그리고 잘 보호한다는 기능에 더 이상 부응하지 못하고 있다.

72 이러한 상황은 기계 시대가 시작된 이래로 사익이 끊임없
이 증대되어왔기 때문이다.

사익과 물욕에서 생겨난 개인적 주도권의 절대적 우세가 유감
스러운 사태의 근저에 있다. 지금까지, 기계화 운동의 성격과
중요성을 알고 있는 어떤 당국도 사실상 아무에게도 책임을 지
울 수 없는 피해를 방지하기 위한 조치를 취하지 않았다. 기업
은 100년 동안 그저 되는 대로 맡겨졌다. 주택이나 공장 건축,
그리고 도로나 하수도, 또는 철도 공사, 이 모든 것이 사전 계획
이나 심사숙고 없이 개별적으로 맹렬하고 성급하게 폭증했다.
그 해를 오늘날 입고 있다. 도시는 비인간적이며, 몇몇 사익을
추구하는 자들의 극렬함으로 수많은 사람이 고통을 받는다.

73 사익의 난폭함은 한편의 경제력 공세와 다른 한편의 취약
    한 행정 통제력과 무력한 사회연대 사이에서 비극적으로
    균형을 파괴한다.

행정상의 책임감과 사회적 연대감은 끊임없이 새로워지고 강
력한 힘을 갖고 있는 사익의 공격을 맹렬히 받아 날마다 산산
이 부서진다. 이 다양한 에너지원은 서로 영원히 대립 관계에
있어, 하나가 공격하면 다른 하나는 방어를 한다. 불행하게도
이런 불평등한 싸움에서, 사익이 대개 승리하는데, 약자의 희
생으로 강자의 성공이 보장된다. 그러나 악의 과잉 그 자체에
서 때때로 선이 생겨나고, 현대 도시의 물질적이고 도덕적인 엄
청난 무질서로 인해 아마도 도시에 관한 법이 나타나게 것이다.
그 법은 강력한 행정적 책임감으로 뒷받침되며, 인간의 존엄성
과 건강에 필수 불가결한 규정들을 도입하게 될 것이다.

74 도시는 끊임없이 변화함에도 불구하고, 도시의 발전은 정확성이나 통제 없이 그리고 자격 있는 전문가 단체에서 계획한 현대 도시 계획의 원칙들이 고려되지도 않은 채 일어난다.

현대 도시 계획의 원칙은 건축과 공중위생과 사회 조직에서 일하는 수많은 전문가들의 수고로 발전되었다. 이 원칙은 논문과 책자와 회의와 공적이거나 사적인 토론의 주제였다. 그러나 이 원칙은 도시의 운명을 주시해야 할 책임이 있는 행정 당국의 인정을 받아야 한다. 이 행정 당국은 흔히 새로운 통찰력으로 요구되는 대변혁에 강한 거부감을 보인다. 행정 당국자가 먼저 계몽되어야 하고, 그러고 나서 행동해야 한다. 명민함과 에너지로 위태로운 상황을 제어할 것이다.

75 정신적이고 물질적인 면에서, 도시는 개인의 자유와 집단 행동의 이익을 보장해야만 한다.

개인의 자유와 집단행동은 양극인데, 그 사이에서 삶이 펼쳐진다. 인간 운명의 개선을 목적으로 하는 모든 사업은 이 두 요인을 고려해야만 한다. 종종 대립되는 요구들을 충족하지 못한다면, 이 사업은 실패하게 되어 있다. 신중하게 연구되고, 어떤 것도 되는 대로 내맡기지 않는 프로그램을 미리 공들여 구상하지 않는다면, 그 두 요인을 조화롭게 조정하는 것은 어떤 경우에도 불가능하다.

76 도시 계획에서 모든 규모의 결정은 인체 비례에만 근거해
   야 한다.

자연스러운 인체 치수는 생활과 관계있는 크기와 인간 존재의
다양한 기능들을 위한 기초로 사용되어만 한다. 예를 들면,
평면이나 거리에 적용되는 치수의 크기, 인간의 자연스러운 걸
음걸이 속도와 관련하여 고려되는 거리의 크기, 매일의 태양 진
로를 참조하여 결정되어야 하는 시간표의 크기가 있다.

77 도시 계획의 열쇠는 주거, 노동, (여가 시간의) 휴식, 교통
   이라는 네 가지 기능 이다.

도시 계획은 한 시대의 생활양식을 표현한다. 지금까지 그것은
교통이라는 하나의 문제만을 공략했다. 그것은 대로를 만들거
나 가로를 규정하는 것 자체에 한정되어, 무계획적인 민간 기업
이 용도를 좌지우지하는 건물들로 이루어진 섬을 만들었다. 이
는 도시 계획에 주어진 과제에 대한 불충하고도 편협한 견해
다. 도시 계획은 네 가지 주요 기능을 갖고 있다. 첫째, 주민에
게 건전한 주택을 제공하는 것. 다시 말해서, 공간과 신선한 공
기와 태양이 충분하게 보장되는 장소를 제공하는 것. 둘째, 고
통스러운 노예 생활 대신에 노동이 자연스러운 인간 활동의 특
성을 회복하도록 직장을 체계화하는 것. 셋째, 여가가 유익하고
풍요로운 것이 되기 위해 그 활용에 필요한 시설을 마련하는
것. 넷째, 각 조직체의 권리를 존중하면서 이곳에서 저곳으로

의 이동을 용이하게 만드는 교통망을 사용하여 다양한 조직체들 사이의 관계를 형성하는 것. 도시 계획의 네 가지 열쇠인 이 네 가지 기능은 광범위한 영역을 다룬다. 왜냐하면 도시 계획은 행동의 기술에 의하여 공공 생활에 적용되는 사고방식의 결과이기 때문이다.

78 그 계획은 네 가지 주요 기능에 할당된 구역들 각각의 구조를 결정할 것이고, 전체 속에서 각기 그것들의 위치를 정할 것이다.

근대건축국제회의 아테네 회의 이래로, 도시 계획의 네 가지 주요 기능이 충분히 표명되었다. 그로 인해 생활과 일 그리고 문화의 일상 환경이 질서 있고 정돈되기 위해서, 그 기능에는 각자의 활동이 발달하기 위한 가장 유리한 환경을 각각에 제공하는 특별한 처리 방식이 필요하다. 도시 계획은 이 필요를 고려하여, 도시의 모습을 변경시킬 것이고, 존재 이유를 잃어버린 관습의 과도한 구속을 깨뜨릴 것이며, 창조적 인간에게 무궁한 활동 영역을 개방할 것이다. 그 주요한 기능은 기후와 지형과 관습 제공하는 여건에 입각하여 각기 자신의 자율성을 가질 것이다. 그것들은 지역과 장소에 배정된 하나의 실체로 간주될 것이고, 그 장치와 시설을 위해 근대 기술의 풍부한 자원이 동원될 것이다. 이러한 분배에서는 어떤 특정 그룹의 이익이나 이해가 아닌 개인의 근본적인 요구가 고려될 것이다. 도시 계획은 개인의 자유를 보장하는 동시에 집단행동의 이득을 충분히 살

려야 한다.

79 주거, 노동, 휴식(회복)과 같은 일상생활의 순환은 도시 계
    획에 의해 최대한으로 시간이 절약되도록 조절될 것이다.
    주거는 도시 계획이 전념하는 핵심으로, 그리고 모든 대책
    의 중심으로 간주될 것이다.

일상생활에 '자연 환경'을 재도입하고 싶은 바람은 얼핏 보아도
도시를 상당히 수평적으로 확장해야 할 것처럼 보인다. 그러나
여러 가지 활동을 태양의 하루 운행에 따라 조절해야 할 필요
성은 그런 발상에 상반된다. 사용할 수 있는 시간에 비하여 엄
청난 거리를 부과한다는 것이 이 발상의 결점이다. 주거지가 도
시 계획가의 주요한 관심사이며, 상대적 거리는 인간 활동에 리
듬을 주고 인간의 모든 사업에 올바른 척도를 제공하는 태양의
24시간의 운행에 맞춘 도시 계획에서 주거의 위치에 의해 좌우
될 것이다.

80 새로운 기계 속도는 끊임없는 위험을 수반하고, 교통의 혼
    잡을 유발하고, 통신을 마비시키며, 위생을 위태롭게 하면
    서, 도시의 환경을 엉망으로 만들었다.

기계 차량은 해방의 동인이 되어야 하고, 또 그 속도로 인해 귀
중한 시간이 절약되어야 할 것이다. 그러나 기계 차량이 특정

한 장소에 밀집하여 집중하자 교통 장애가 되었을 뿐 아니라 끊임없는 위험의 원인이 되었다. 게다가 그것은 건강에 해로운 수많은 요소를 도시 생활에 가져다주었다. 공중에 퍼진 배기가스는 폐에 유해하며, 그 소음은 사람들을 영구적인 신경과민 상태로 만든다. 지금 이용할 수 있는 속도는 매일 멀리 자연 속으로 도피하고 싶은 충동을 불러일으키고, 통제할 수도 대책을 세울 수도 없는 이동성에 대한 취향을 퍼뜨리고, 가정을 붕괴시켜 사회의 기반을 혼란시키는 생활 방식을 조장한다. 그것은 사람들이 모든 종류의 차량 속에서 고된 시간을 보내도록 만들고 있고, 모든 기능 가운데 건강하고 자연적인 기능인 보행 활동을 조금씩 천천히 하지 못하도록 만든다.

81 도시와 교외의 교통 원칙은 수정되어야 한다. 이용 가능한 속도의 분류법이 마련되어야 한다. 도시의 주요 기능들을 조화롭게 만드는 지구제의 개혁은 그 기능 사이에서 자연적인 유대를 만들 것이다. 그리고 그 유대는 결국 합리적인 주요 간선도로망의 설립으로 강화될 것이다.

주거와 노동과 휴식이라는 도시의 주요 기능을 고려한 지구제(zoning)로 인해 도시 전역은 질서를 갖출 것이다. 네 번째의 기능인 교통은 단 하나의 목적, 즉 다른 세 가지 기능을 유효하게 연결시키는 목적만을 가져야 한다. 대변혁은 피할 수 없다. 도시와 주변 지역은 목적과 사용에 꼭 알맞고 근대적인 교통 기술에 맞춘 도로망을 갖추어야만 한다. 교통수단을 분류하고 구분하여야 하며, 각각에 이용되는 차량 성격에 적합한 차도를 세워야만 한다. 그러므로 조절된 교통은 주택이나 직장의 구조에 결코 지장을 주지 않는 고정된 기능이 된다.

82 도시 계획은 삼차원의 과학이지 이차원의 과학은 아니다. 높이의 요소를 도입하여, 도시 계획이 이와 같이 창조된 자유 공간을 활용함으로써 근대 교통과 여가의 문제를 해결하는 것이 가능해질 것이다.

주거와 노동과 휴식이라는 주요 기능은 충분한 공간과 태양 그리고 환기라는 세 가지 절대적인 요구에 맞추어 건축된 볼륨의 내부에서 전개된다. 이러한 볼륨은 지면과 이차원에 의존할 뿐만 아니라, 무엇보다도 높이라는 삼차원에 의존한다. 높이를 활용함으로써 도시 계획은 통신 수단들에 필요한 무상의 토지 면적과 여가에 유용할 공간을 되찾을 것이다. 삼차원이 가장 중요한 역할을 하고 있는 볼륨의 내부에서 전개되는 정주의 기능과 이차원만을 사용하는 교통의 기능은 구별되어야 한다. 교통의 기능은 지면에 연결되어 있고, 높이는 예외적으로만 그리고 미소하게 관계되고 있는데, 예를 들어 과도하게 밀려드는 차량을 조절하기 위해 차도에 고저 차를 두는 경우가 그러하다.

83 도시를 영향이 미치는 지역 전체의 테두리 안에서 연구해야 한다. 지역 계획은 단순한 시 계획을 대체할 것이다. 인

구 밀집지대의 범위는 경제 활동의 반경과 일치할 것이다.

도시 계획 문제에 대한 자료는 도시뿐만 아니라 도시를 중심으로 하는 전 지역에서 전개되는 활동 전체로부터 얻어진다. 도시의 존재 이유는 미래의 있음 직한 발전 단계를 예견할 수 있는 숫자에서 구하여 표현되어야 한다. 부차적인 인구 밀집지역에 적용되는 동일한 작업으로 전체 상황을 파악할 수 있을 것이다. 그런 지역으로 둘러싸인 각각의 도시에 독자적인 성격과 운명을 부여하게 될 배분, 제한, 보상이 결정될 것이다. 이렇게 해서 각 도시는 그 나라의 전체 경제 속에서 자신의 위치와 지위를 갖게 될 것이다. 지역의 범위를 명확히 결정하는 문제도 그 결과로 생겨날 것이다. 이것이 지방과 국가 모두에 균형을 가져올 수 있는 전체적인 도시 계획이다.

84 앞으로 도시는 기능적인 단위로서 규정될 것이고, 각 부분에서 조화롭게 성장해야 할 것이다. 왜냐하면 도시는 균형 속에서 발전의 단계들이 새겨질 공간과 연결을 자유롭게 처리할 수 있기 때문이다.

도시는 전체 계획의 엄격한 규칙을 따르며, 미리 연구된 사업과 같은 성격을 띠게 될 것이다. 현명한 예견은 미래의 밑그림을 그리고, 특성을 묘사하며, 발전의 범위를 예측하여, 과잉 상태를 미리 제한할 것이다. 지역의 필요를 따르며, 네 가지의 주요 기능을 통합하게 되어 있는 도시는 더 이상 임의적인 계획으로 빚어진 무질서한 결과가 초래되는 일은 없을 것이다. 도시의 발전은 재앙을 낳기는커녕 최고의 업적이 될 것이다. 그리고 인구 수의 증가가 대도시의 악폐 가운데 하나인 비인간적인 진압으로 이어지지 않을 것이다.

85 각 도시가 계획을 수립하고, 이를 실현할 수 있는 법령을 공표하는 것이 시급하게 필요하다.

우연은 선견지명으로 대체될 것이고, 계획은 즉흥을 계승할 것이다. 각각의 경우는 지역계획으로 통합될 것이다. 토지는 측량되어 여러 가지 활동에 할당될 것이다. 곧 착수되어 서서히 단계를 따라 추진되는 사업을 통제하는 명확한 규정이 마련될 것이다. 법률은 도시의 주요 기능에 가장 유리한 위치와 가장 유용한 거리에 자리 잡음으로써 최선의 표현을 달성하는 수단을 제공하는 영구적인 건축법을 정할 것이다. 법률은 또한 언젠가 점유하게 될 지역에 대한 보호와 관심 갖기를 허용해야 한다. 그것에는 허락을 하거나 금지시키는 권한이 있을 것이다. 그것은 정당하게 조절된 모든 계획을 장려할 것이다. 그러나 그것은 전체 계획에 잘 들어맞고, 공공의 복지를 형성하는 집단적인 이익에 항상 종속되도록 주의할 것이다.

86 프로그램은 전문가의 면밀한 분석에 근거해야 한다. 그것은 시간적이고 공간적인 진전 단계들을 미리 예측해야 한

다. 그리고 그것은 대지의 자연 자원, 전체 지역의 지형, 경제적 사실, 사회적 요구, 정신적 가치를 아주 조화롭게 결합시켜야 한다.

계획사업은 더 이상 교외 지역에 위치를 우연히 잡고, 단단한 덩어리 같은 공동 주택과 산재한 먼지 같은 건축 개발을 계획하는 측량 기사의 불안정한 계획에 한정되지 않을 것이다. 그것은 기본적인 기능을 충분히 완수할 수 있는 명확히 규정된 유기체로 구성된 진정한 생물학적 창조가 될 것이다. 토지의 자원이 분석될 것이고, 그것이 부과하는 제한 조건들이 인식될 것이다. 일반적인 환경이 연구될 것이고, 자연적 가치에 대한 위계가 확립될 것이다. 주요 간선도로가 결정되어 올바른 위치에 놓이게 되며, 도로 설비의 성격은 사용 목적에 따라 정해질 것이다. 성장 곡선은 도시에 대해 예상되는 경제적 미래를 나타낼 것이다. 위반해서는 안 되는 법률로 주민은 주거의 쾌적함, 노동의 용이함, 여가 시간의 선용을 보장받을 것이다. 도시의 혼은 계획의 명확성에 의해 생기를 띠게 될 것이다.

87 도시 계획 임무에 종사하고 있는 건축가에게 모든 치수는 인간 척도에 기초해야 한다.

지난 100년간의 엄청난 왜곡을 끝내고 건축은 다시 인간에게 봉사해야 한다. 건축은 무익한 허식을 버리고 개인에게 관심을 기울여야 한다. 그리고 개인의 행복을 위해 건축은 모든 활동을 촉진하도록 환경을 조성하는 시설을 만들어야 한다. 인간에 대한 완전한 지식을 갖고 있고, 공허한 미적 고려를 기반으로 한 디자인을 포기했으며, 계획된 목적에 수단을 정확히 적응시켜 본래 자신의 고유한 시를 내포하는 질서를 창조하게 될 건축가가 아니라면 그 누가 이 과업을 성공적으로 완수하는 데 필요한 대책을 이해할 수 있겠는가?

88 도시 계획에서 초기 핵심은 주거 세포(주택)이며 그것을 유효한 규모의 주거 단위를 형성하는 그룹에 삽입하는 일이다.

세포가 원초적인 생물학적 요소라면, 가족의 안식처인 집은 사회적 세포를 이룬다. 이런 집의 건축이 100년 이상 투기라는 야만적인 놀음에 맡겨져 왔다. 이제는 인간적인 사업이 되어야 한다. 집은 도시 계획 초기의 핵심이다. 그것은 인간의 성장을 보호하고, 일상생활의 기쁨과 슬픔을 위한 피난처가 된다. 내부로 태양과 신선한 공기를 유입시켜야 하고, 또한 다양한 공동 시설에 의해 외부로도 연장되어야 한다. 주거에 식량과 교육과 의료 지원 및 여가 선용의 공급을 용이하게 할 공공 서비스 제공을 좀 더 쉽게 하려면, 유효한 규모의 '주거 단위'에 주택들을 묶을 필요가 있을 것이다.

89 이와 같은 출발점으로서의 주거 단위로, 도시 공간에서

주택과 직장, 그리고 여가 시간을 위한 시설 간의 상호 관계는 확립될 것이다.

도시 계획가가 주의를 기울여야 할 기능들 가운데 첫 번째는 주거, 그것도 쾌적한 주거다. 인간은 또한 일해야 되며, 그것도 현재 적용 중인 관례에 심각한 수정을 요구하는 환경 아래에서 일해야 된다. 사무실과 공방과 공장은 두 번째 기능을 완수하는 데 필요한 복지를 보장할 수 있는 방식으로 갖추어져야 한다. 마지막으로, 휴식과 육체와 정신을 수양하는 세 번째 기능을 경시해서는 안 된다. 도시 계획가는 필요한 장소와 부지를 제공해야 할 것이다.

90 이 중대한 과업을 완수하기 위해서 현대 기술의 자원을 활용하는 것은 극히 중요하다. 현대 기술은 전문가들과 협력하여 건축의 기술을 과학적 확실성으로 뒷받침할 것이며, 오늘날의 발명품과 자원으로 풍요롭게 할 것이다.

기계 시대에 도입한 새로운 기술은 도시의 무질서와 혼돈의 원인 가운데 하나가 되었다. 그럼에도 불구하고 우리는 문제 해결을 위해 새로운 기술에 요구해야 한다. 현대 건축 기술은 새로운 방법을 확립하고 새로운 편의를 가져다주었으며, 새로운 차원을 가능하게 만들었다. 현대 기술은 건축의 역사에 완전히 새로운 시대를 열었다. 새로운 건축물은 규모에 관계될 뿐만 아니라 지금까지 알려지지 않았던 복잡한 것이 될 것이다. 그것에 부과된 복합적인 과제를 완수하기 위해, 건축가는 계획의 모든 단계에서 수많은 전문가에게 도움을 요청해야 한다.

91 모든 사건의 전개는 근본적으로 정치적·사회적·경제적 요인들에 영향을 받을 것이다.

'토지에 관한 법'과 몇몇 구축 원리에 대한 필요성을 인식하는 것만으로는 충분하지 않다. 이론에서 실천으로 옮겨가기 위해서는 다음과 같은 요인들의 결합이 필요하다. 치밀하게 구상되어 문서화된 최상의 생활환경을 실현시키기 위해 판단력 있고 확고한 신념을 가지며 단단히 결심한 우리가 원하는 유형의 정치력, 전문가가 주민을 위해 구상한 것을 이해하고 희망하며 요구할 계몽된 주민들, 때로는 상당한 규모가 될 건설 프로젝트를 시작하고 추진할 수 있게 하는 경제적 여건이 바로 그 요인들이다. 그러나 모든 것이 저조한 시기, 즉 정치적·도덕적·경제적 상황이 가장 좋지 않은 시기에서조차, 좋은 주택을 지어야 할 필요성이 강제적인 의무로 나타나고, 이러한 의무는 정치와 사회생활 그리고 경제에 부족했던 일관성 있는 목적과 프로그램을 제공할 것이다.

92 그리고 여기에서 건축이 작동하는 힘들 가운데 최소한은 아닐 것이다.

건축은 도시의 운명을 쥐고 있다. 그것은 도시 조직의 기본적인 세포인 주거의 구조를 지시한다. 도시 조직의 건강과 쾌적함과 조화는 건축의 결정에 따르는 것이다. 건축은 집을 주거 단위로 모으는 것이며 그 성패는 계산의 정확성에 달려 있다. 건축이 미리 자유로운 공간을 확보하고, 공간 가운데에 균형 잡힌 비례로 세워진 볼륨을 올릴 것이다. 그것은 주택과 직장과 휴식을 위한 영역의 확장을 체계화한다. 그것은 다양한 지역을 서로 연결시키는 교통망을 수립한다. 건축은 도시의 복지와 아름다움에 대한 책임을 지고 있다. 도시의 창조와 개선을 책임지고 있는 것이 건축이며, 다양한 요소를 선택하고 배분하는 것이 건축의 과제이다. 그 다양한 요소의 절묘한 비례는 조화롭고 영속적인 작품을 구성할 것이다. 건축은 이 모든 것에 대한 열쇠를 쥐고 있다.

93 한편에서 도시의 개편을 위해 긴급하게 착수해야 하는 일의 규모와 다른 한편에서 무한하게 세분화된 토지 소유의 상태는 서로 대립되는 현실이다.

가장 중요한 일은 지체 없이 착수되어야 한다. 왜냐하면 세계의 모든 도시가, 고대 도시이건 현대 도시이건 간에, 동일한 원인에서 생겨난 동일한 결함을 보이고 있기 때문이다. 그러나 어떤 단편적인 해결책도, 다방면에 걸친 연구와 폭넓은 전체 계획에 의해 만들어진 도시와 지역의 틀 속에 맞아들어 가지 않는다면 착수되어서는 안 된다. 이러한 계획은 실행이 즉시 이루어질 수 있는 부분과 무기한으로 연기되어야 할 부분을 당연히 포함할 것이다. 무수히 구획된 토지는 수용되어 협상의 대상이 될 것이다. 이때 투기라는 추악한 놀음이 벌어질 것을 염려해야 할 것이다. 투기는 종종 공공복지를 배려해 만들어진 중대한 사업들을 싹트기도 전에 짓밟아버린다. 토지 소유의 문제와 야기될 수 있는 토지 징발의 문제가 도시와 그 주변 지역에 발생하고, 또 크거나 작거나 간에 그 지역을 구성하고 있는 용도지구 전체로 확산된다.

94 여기서 언급한 위험한 모순은 시대의 가장 위험한 문제 중의 하나를 제기한다. 극히 중대한 개인의 요구가 집단의 요구와 완전히 조화를 이루도록 하기 위해서, 합법적인 수단으로 이용할 수 있는 모든 토지의 분배를 규제하는 것이 시급히 필요하다.

수년간 세계 곳곳에서 진행된 주요한 건설 프로젝트는 사적 재산권을 좌우하는 경직된 법에 부딪쳐 실패해왔다. 한 나라의 영토인 토지는 언제든지, 그리고 계획이 세워지기 이전에 사정된 적정한 가격으로 자유롭게 처분되어야 한다. 공공 이익이 문제될 때, 토지는 동원될 수 있는 여지가 있어야 한다. 기술적 변혁의 정도와 그것이 공적이고 사적인 생활에 미치는 엄청난 영향을 정확히 알 수 없었던 사람들은 불쾌한 일을 수없이 겪었다. 도시 계획의 부재가 도시의 조직과 산업의 설비를 지배하고 있는 무질서의 원인인 것이다. 사람들이 규칙들을 이해하지 못했기 때문에, 시골은 텅 비었고 도시는 터무니없이 꽉 채워졌다. 그리고 산업 집중이 되는 대로 이루어졌으며, 노동자의 집은 빈민굴이 되었다. 인간을 보호하기 위해서 아무 조치도 취해지지 않았다. 그 결과는 파국이며, 모든 나라에서 사정은 거의 같다. 그것은 감독받지 못한 지난 100년간의 기계주의의 쓰디쓴 열매다.

95   사익은 공익에 종속될 것이다.

인간이 자신에게 마음대로 내맡겨지면, 극복해야 할 모든 종류의 난관에 부닥쳐 급속히 부서진다. 반대로, 인간이 너무나 많은 집단적인 구속에 종속된다면 개성은 질식하게 된다. 개인의 권리는 저속한 사익과는 아무런 관련도 없다. 소수에게 부를 집중시키면서, 나머지 사회 대중을 형편없는 생활로 떨어뜨리는 사익은 엄격하게 제한받는 것이 당연하다. 그것은 어디서든지 공익에 종속되어야 한다. 모든 개인은 주거의 복지와 도시의 아름다움과 같은 근본적인 기쁨을 접할 수 있어야 한다.

1943

발터 그로피우스/마르틴 바그너: 도시 재건을 위한 프로그램

Walter Gropius/Martin Wagner:
Ein Programm für Stadterneuerung

1937년, 다섯 번째 근대건축국제회의('주거와 여가')는 파리에서, 1947년, 여섯 번째 근대건축국제회의('근대건축국제회의의 목표의 확인')가 브리지워터에서 열렸다. 이 국제회의에 참석했던 독일인들은 망명자들이었다. 1933년의 독일의 정치 상황에 따라 새로운 건축의 발전이 갑작스럽게 끝났기 때문이다. 베를린 바우하우스는 영구히 폐쇄되었다. 새로운 건축의 유명 인사들은 행정직 혹은 교직에서 쫓겨나거나 활동이 금지되었다. 브로이어, 그로피우스, 힐버자이머, 메이, 멘델존, 마이어, 미스, 바그너는 즉시 또는 나중에 독일을 떠났다. 그들이 등장하면서 미국은 새로운 건축의 세계에서 선도적 역할을 하게 되었다.

|

1   획지와 구역의 재건은 성공적이지 못했다. 도시와 주변 지역과의 상호연관성을 인식한 이래로, 전면적인 '제곱킬로미터' 재건은 필수 요소가 되었다.

2 '전원도시 운동'(Die Gartenstadt)과 같은 이전의 제안들과 다른 그림 같은 계획은 미완성으로 판명되었다. 우선, 행동은 계획가들이 확실한 마스터플랜을 착상해서 계획해 낼 수 있도록 법률, 경제, 행정 기구를 준비함으로써 시작되어야 한다.

3 직장과 주거와 관계가 모든 재건 사업의 주축이어야 한다.

4 우선 기존의 모든 도시는 정규직이 될 수 없는 사람들을 내보냄으로써 혼잡과 고혈압에서 해방되어야 한다. 새로운 '거주구'에 위치한 소규모 산업체 주변으로 이주하게 된 이들은 생산력과 구매력을 회복하게 될 것이다.

5 새로운 거주구는 고속도로를 따라 자리 잡아야 하고, 구도심과 빠른 지선 도로를 통해 연결되어야 한다.

6 거주구의 규모를 인간 척도 내에서 유지하도록 보행자의 보행 범위로 한정해야 한다.

7 거주구는 농업지대에 둘러싸여 있어야 한다.

8 투기는 종종 도시 환경의 악화 및 쇠퇴를 촉진한다. 그러므로 지역 공동체는 토지를 소유해야 한다. 주택은 소유될지라도, 주택 부지는 임대되어야 한다.

9   한 거주구의 행정 조직은 독립적인 지방 정부 체제를 가진 자립적인 단일체 형식을 취해야 한다. 이것이 지역 공동체 정신을 강화할 것이다.

10 다섯 개 내지 열 개, 또는 그 이상의 인접한 지구들이 단일체 범주를 범어서는 활동들을 관리하는 행정 기관을 가진 '군'으로 병합될 수 있다. 그 규모와 행정 조직은 또한 재건될 구도시에서 기본 인접 단일체들의 본보기로서 역할을 해야 한다.

11 한 거주구의 규모가 안정 상태를 유지한다는 점을 제안한다. 그러므로 거주구의 경계 내에서의 유연성은 주거 시설을 탄력적으로 만듦으로써 성취되어야 한다.

12 새로운 거주구에서 유휴 노동자의 재정착과 병행하여, 구도시의 지역 공동체가 토지를 취득하는 또 하나의 과정이 이루어져야 한다. 토지를 공유하는 과정이 완료되어야 비로소 도시의 최종적인 재건을 위한 다음 조치, 즉 토지의 재분배를 진행할 수 있다.

1947

전후의 호소문:
본질적인 요구 사항

Ein Nachkriegsaufruf:
Grundsätzliche Forderungen

1945년의 독일, 시골과 도시는 황폐해 있었다. 한때 새로운 건축이 세계로 퍼져나갔던 중심지는 폐허가 되었다. 유례없는 물질적·정신적 붕괴였다. 흩어졌던 사람들이 천천히 모이기 시작했지만, 빈곤의 시기는 최초의 용기 있는 시도들을 억압했다. 독재의 암흑기에도 유지되었던 힘은 삶의 파괴와 함께 소실되었다. 체념이 퍼지기 전에, 알폰스 라이틀이 간신히 건축적 논의를 소생시켰다. 그가 발행한 『건축과 기능형태』라는 잡지의 첫 호는 현상 파악인 동시에 생각을 나누는 장이었다. 1947년, 그 잡지는 오랫동안 잊힌 호소문을 게재했다.

|

우리의 삶과 직장이 되는 현실 세계는 파괴되었다. 해방감과 함께 전쟁이 끝났을 때 우리는 이제 직장으로 돌아갈 수 있을 것이라고 믿었다. 2년이 지난 오늘, 우리는 가시적인 몰락은 정신적 황폐의 표현임을 자각하고, 절망에 빠져드는 유혹을 받게 된다. 우리는 기본적인 조건으로 환원되었고, 이 지점에서부터 과업을 새롭게 시작해야 한다.

지구상의 모든 민족이 이 과업에 직면해 있다. 우리 민족에게 그것은 사느냐 죽느냐의 문제다. 우리의 삶과 직장을 구성하는 현실 세계를 구축할 의무는 우리 창조적인 사람들의 양심에 달려 있다. 이러한 책임을 의식하고 있는 우리는 다음과 같이 요구한다.

1   재건되는 대도시는 성장할 수 있는 국지적인 부분들의 새로운 연합으로 나뉘어야 하고, 부분들 각각은 자립할 수 있는 단일체다. 구도심은 문화와 정치의 중심지로서 새로운 생명을 얻어야 한다.

2   파괴된 유산은 역사적으로 재건되어서는 안 된다. 새로운 과업을 완수하기 위해서, 그 유산은 새로운 형태로 재건되어야 한다.

3   독일 역사의 눈에 보이는 마지막 상징인 시골 마을에서, 옛 건축물 및 가로와 현대의 주거와 산업 건축물 간의 활기찬 통합이 이루어져야 한다.

4   완벽한 재편에는 독일 마을의 계획적인 재건이 필요하다.

5   주택과 공공건물을 위한 가구 및 설비에 대해서, 우리는 간결하고 타당한 디자인으로 과도하게 전문화되거나 형편없이 실용적인 형태의 교체를 요구한다.

왜냐하면 적절하고 간결한 것만이 다양한 규모에서 사용될 수 있기 때문이다. 건축은 디자인 사무실과 공방에서 공동의 노력을 기반으로 집중할 때만 계속될 수 있다.

자기희생의 자세로, 우리는 선한 의지를 지닌 모든 사람들에게 요청합니다.

이 호소문에 서명한 사람은 아래와 같다.
오토 바르트닝/빌리 바우마이스터/오이겐 블랑크/발터 디에크스/리하르트 되커/에곤 아이어만/카를 푀르스터/리하르트 하만/구스타프 하센플루그/오토 하우프트/베르너 헤베브란트/카를 게오르크 하이제/카를 오스카 야토/한스 라이스티코브/알폰스 라이틀/게오르크 레오발트/루돌프 로더스/알프레트 말라우/게르하르트 마르크스/에발트 마타레/루트비히 노인되르퍼/발터 파사르게/막스 페히슈타인/릴리 라이히/파울 레너/빌헬름 리프한/한스 슈미트/람베르트 슈나이더/프리츠 슈마허/루돌프 슈바르츠/오토 에른스트 슈바이처/한스 슈바이페르트/막스 타우트/하인리히 테세노/오토 푈커스/로베르트 포르헬처/빌헬름 바겐펠트/한스 바르네케

1947

프레데릭 키슬러: 마술적 건축

Frederick Kiesler:
Magical architecture

세계대전 중, 프랑스의 초현실주의 집단은 정신을 말살하는 독재 세력에 맞서는 저항의 중심이었다. 동료들이 은신처에서 나오거나 이민에서 돌아왔을 때에도 그들의 태도는 조금도 변하지 않았다. 1947년 그들은 전후의 국제 초현실주의 전시회를 계획했다. 프레데릭 키슬러는 1926년에 '생동적 건축'(Vital Architecture)과 '공간 도시'(Space City)를 주장했다. 그는 '미신의 방'에서 건축과 조각과 회화가 예술의 연속체로서 동등하게 공유하는 방을 만들기 위해서 막스 에른스트, 미로, 마타, 뒤샹 등과 함께 공동 작업했다. 데 스테일 그룹이 지지하는 공동 작품에 대한 생각은 비록 완전히 다른 형태이지만 다시 활기를 띠기 시작했다.

|

19세기는 황혼 속으로 저물어갔고, 20세기의 첫 25년에는 건축과 회화와 조각의 통합이 해체되었다. 르네상스는 이러한 통합 위에 번영했다. 저편의 행복에 대한 사람들의 믿음은 그 날개로 행복을 운반했다.

우리의 새로운 시대(1947년)는 사회적 양심을 재발견했다. 새로운 통합에 대한 본능적인 욕구는 다시 활발해졌다. 이러한 통합에 대한 희망은 더 이상 저편에 있는 것이 아니라, 지금 여기에 있다.

조형 예술의 새로운 현실은 오감에 지각되는 것뿐만 아니라 정신적 요구에도 부응하는 사실들의 상관관계로 드러난다.

건축에서 '현대 기능주의'는 죽었다. 기능의 바탕이 되는 신체의 영역에 대한 검증조차 하지 않은 채, '기능'이 잔존물로 인식되는 한에 있어서는, 그것은 완전한 실패로 끝났고 위생＋심미주의라는 신비에서 고갈되어버렸다. (바우하우스, 르 코르뷔지에 시스템 등.)

'미신의 방'은 우리 시대의 표현 수단을 사용하여 건축-회화-조각이라는 연속체를 향한 최초의 시도를 보여준다. 문제는 이중적이다. 하나는 통합을 이루는 것이고 다른 하나는 회화-조각-건축이라는 구성 요소가 하나를 다른 하나로 변화시킬 것이다.

나는 공간 구성을 계획했다. 내 계획을 실행하기 위해서, 뒤샹, 막스 에른스트, 마타, 미로, 탕기와 같은 화가와 헤어와 마리아와 같은 조각가를 초대했다. 그들은 열정적으로 도와주었다. 나는 특별히 각각의 예술가를 위해 전체의 각 부분인 형식과 내용을 착상했다. 오해는 전혀 없었다.
　　전체가 작동하지 않는다면, 그것은 전적으로 내 잘못일 것

프레데릭 키슬러, 1947

이다. 왜냐하면 그들은 엄격하게 나의 계획에 따랐기 때문이다.

　한 분야의 예술가가 아닌, 건축가-화가-조각가를 한데 묶은 집단과 테마의 저자인 시인에 의해서 창작된 공동 작품은 심지어 실패할 경우라도 조형 예술 발전에 가장 고무적인 가능성을 나타낸다.

나는 인간 존재의 총체성에 뿌리박고 있고, 그 존재의 축복받는 부분이나 저주받는 부분 어느 한쪽에 근거하지 않는 마술적 건축의 현실을 '기능적 건축'을 신봉하는 미신과도 같은 위생의 신비주의에 대비시킨다.

앙리 반 데 벨데:
형태(발췌)

Henry van de Velde:
Forms

앙리 반 데 벨데는 제1차 세계대전 후 바이마르에서 그로피우스를 후임으로 추천했고, 1925년에 벨기에로 돌아가서 1947년에 추크 호수를 따라 자리 잡은 오베르에게리에 정착했다. 그곳에서 그는 관망대에서 바라보는 것처럼 친구들과 옛 동지들의 작품을 지켜보았다. 그는 칭찬과 비난을 나누며, 전전의 강령적인 글에서 자신이 규정한 노선을 과감하게 추진하는 사람들이 의지할 수 있는 권위자가 되었다. 드물게 반 데 벨데는 자신의 회고록 이외에도 순수하게 기능적인 형태들의 아름다움을 예찬하는 글을 잡지에 기고했다.

|

순수하게 기능적인 형태들. 그것들은 자신의 특정한 기능과 목적이 무엇이든 간에 모두 한 구성원이다. 그것들은 수 세기를 거슬러 원시인이 가장 기본적인 욕구들(의식주)과 그것들을 만족시킬 수 있는 수단들에 눈을 뜨게 되었던 그 시점으로 되돌아가는 동일한 기원으로 모두 거슬러 올라갈 수 있다.

　형태들. 이러한 형태들은 마술처럼 태어났다! 어둠이지만 놀랍도록 끊임없이 지속되는 동굴 거주자의 자각으로부터 비롯되는 생각의 자발적인 객관화.

원시인들의 불굴의 노력으로 무기와 도구와 생활 기구와 농기구가 발달하기 시작했다. 자연의 은신처에 뒤이어 구축되는 주택이 뒤따른다.

그래서 기능에 의해 결정되는 형태들이 풍요롭게 펼쳐진다. 그것들은 모두 똑같이 순수하고 완벽한 이성의 생성 작용으로 뚜렷하게 나타나며, 모두 비슷한 범주에 속한다.

석기 시대의 시초부터 형태 언어는 수 세기를 지나는 동안에 인간 정신의 모든 영역을 점령했다. 그 뒤에는 늘어나는 요구와 문명의 진보가 뒤따랐다. 이성의 결정권과 이성적인 통찰력에 의한 엄격한 규율은 형태 언어의 본유적인 순수성과 그 본질적 특성의 보존을 보장해주는 것으로 남는다. 그러나 형태는 환상의 무서운 진전인 그 유혹과 중상으로 위협받는다. 형태에 대한 병적인 성장과 범죄적인 공격으로 노정된 퇴폐기인 바로크 초기부터 19세기에 이르는 이 시기에도 그 근원이 완전하게 말라버리지는 않았다. 그래서 새롭고 긴급한 필요 때문에 독창적인 사람이 새로운 형태 창조를 요구받자 곧 건축가와 장식가는 자신들이 쫓겨났음을 깨달았다. 엔지니어와 기계 제조자는 인간의 지적 통찰력으로 창조된 근원적 전통으로 되돌아갔고, 그들의 순수한 형태는 '새로운 형태'에 대한 전위적인 개척자들이 이성의 영원하고 근본적인 법칙을 반영한 결과로 만들려 했던 형태들(가구, 주택, 공공건축)과 일치했다.

형태의 순수성을 보여주는 새로운 증거들이 그 모습을 드러낸 때는 20세기 초였다. 이성에서 시작해서 그 기능에 의해 전적으로 결정되는 모든 형태는 순수해서 한 가지 조건, 즉 미의 필수 조건을 충족한다고 분명히 말했을 때, 용의주도하지 못했던 상대들은 만약 형태가 기능, 즉 하나의 사물이 적합한 용도와 일치한다면 그것을 필연적으로 아름답다라는 의미로 이러한 주장을 왜곡했다.

실제로는 생성적인 지성의 확실한 산물은 오로지 초기 데이터일 뿐이다. 이 순간부터 순수성이 세계로 흘러 들어갈 가능성은 존재했다. 아마도 우리 시대는 한 번 더 동시대 사람들의 도덕성을 함양하고 그들에게 선의 참된 개념을 회복시킬 문명을 기다리고 있다. 새로운 양식은 관점의 장중함, 세련됨, 고결함으로 특징지어지고, 그 양식에 대한 지배로 인해 우리는 훌륭한 취향을 자각하고 최초의 십자군 용사들이 헌신했던 그 아름다움으로 복귀할 것이다. 예를 들어, 그 용사들로는 매력적이고 유창하게 신앙 고백하는 러스킨과 훌륭한 토론기술과 공예가로서의 비범한 재능을 지닌 윌리엄 모리스가 있다….

이전에 있었던 모든 것을 능가하고, 견줄 데 없는 대담함에 대해 새로운 균형을 이룬 고딕 건축의 작품들에 자극받아 인간의 감성은 그 이전에 있은 적이 없던 기쁨, 즉 창조적인 힘의 작용에 관여할 능력의 증진을 경험했다. 그 기분은 그리스 건축의 미묘하지만 바르게 균형 잡힌 정역학에 의해서 전해지는 것도 아니고, 비잔틴과 로마네스크 교회의 통제에 의해서 전해지는 것도 아니다.

하나의 최초의 조상인 한 명의 위대한 사람. 자신의 손에 율법이 적힌 석판을 품고 시나이 산에서 내려온 모세처럼. 이제까지도 이성과 합리적인 아름다움에 관한 법칙들은 이 석판에 새겨진다.

하나의 유일한 원천인 창조적 이성. 그것은 황금, 즉 순수한 형태들을 만든다. 완전함(실행과 재질의 완전함)과 결합하여, 고귀하게 된 순수한 형태는 가장 숭고한 현현을 이룩하면서 아름다움과 결합되는 그 제단의 계단을 올라간다.

그러나 꽃이라고 해서 모든 꽃의 암술이 우리가 발을 들여놓은 이상의 정원에 있는 나무들이 흩뿌린 꽃가루와 접촉하지는 않는다. 순수한 형태 역시도 출발점을 넘어서 나아가야 한다. 형태의 순수성으로 인한 고결한 특성은 그 과정에서 사라지지 않을 것이다. 다른 것들보다 이러한 '순수 형태들'의 일부를 더 선호하는 마술사의 개입은 그들의 잠을 깨워서, 자신이 그 형태의 창조에서 했던 역할을 의미하는 열정을 순응성 있는 형태가 단지 기계적으로만 충족시키는 목적과 한데 섞는다.

1950

루트비히 미스 반 데어 로에:
기술과 건축

Ludwig Mies van der Rohe:
Technology and architecture

1932년 미스는 바우하우스의 교사들과 학생들과 함께 베를린으로 이사했고 그곳에서 사설 교육기관으로 바우하우스를 재개했다. 1933년 7월 바우하우스는 게슈타포에 의해서 폐쇄되었다. 1937년 여름에 미스는 미국으로 건너갔다. 이듬해 시카고에 있는 일리노이 공과대학은 그를 초청했고, 얼마 있다가 학교 캠퍼스를 다시 계획하는 일에 위촉했다. 최초의 건축물들은 1942년부터 1943년 사이에 들어섰다. 캠퍼스 건축물들과 함께 미스 건축의 중요한 두 번째 시기가 시작되었다. 1950년 미스가 일리노이 공과대학에서 한 연설을 여기에 수록한다.

|

기술은 과거에 뿌리를 두고 있습니다. 그것은 현재를 지배하고, 미래로 나아갑니다. 그것은 진정한 역사적 흐름이며, 시대를 형성하고 대표하는 주요한 흐름들 가운데 하나입니다. 그것을 오로지 고대 그리스에서 인격체로서 인간의 발견과 로마인의 권력에 대한 의지와 중세의 종교 운동에만 견줄 수 있다. 기술은

방법 그 이상입니다. 다시 말해서, 그것은 세계 그 자체입니다. 하나의 방법으로서 기술은 거의 모든 면에서 우수합니다. 그러나 공학의 거대 구조물들처럼 홀로 남겨질 경우에만, 공학기술은 자신의 본질을 드러냅니다. 그 점에서 기술은 유용한 수단일 뿐만 아니라 그 자체로 중요한 것이고, 의미와 유력한 형태를 지닌 어떤 것이며, 사실상 매우 강력해서 그것을 쉽게 명명할 수 없다는 점은 분명합니다. 그것은 아직도 기술입니까 아니면 건축입니까? 그리고 그것은 일부 사람들이 건축은 더 이상 쓸모없는 것이며 기술로 대체될 것이라고 확신하는 이유일 것입니다. 이러한 확신은 명확한 사고에 근거를 두고 있지 않습니다. 그 반대의 현상이 일어납니다. 기술이 진정으로 실현되는 경우에는 언제나, 그것은 건축으로 초월합니다. 건축이 사실에 의존한다는 점은 확실하지만, 그것의 활동 범위는 의미의 영역 내에서입니다. 건축은 형태의 창작과 아무런 관련이 없다는 점을 이해해주시시라 생각합니다. 건축은 아이들이나 젊은이나 노인을 위한 놀이터가 아닙니다. 건축은 정신의 실제 전쟁터입니다. 건축은 시대의 역사를 기록했고, 각 시대에 이름을 부여했습니다. 건축은 시대에 의존합니다. 건축은 내부 구조의 구체화이며, 형태의 느린 전개입니다. 그것이 기술과 건축이 아주 밀접하게 관련되어 있는 이유입니다. 우리의 진정한 바람은 그것들이 함께 성장할 것이고, 언젠가 하나가 다른 하나의 표현이 될 것이라는 것입니다. 그때서야 우리는 그 이름에 걸맞은 건축, 즉 우리 시대의 진정한 상징으로서의 건축을 갖게 될 것입니다.

1954

자크 피용:
새로운 놀이!

Jacques Fillon:
New games!

세계대전 후, 「아테네 헌장」은 전 세계의 도시 계획을 위한 필수적인 기반이 되었다. 그것은 교과서인 동시에 도그마였다. 그러나 이미 1950년대 초반에 '기능적 도시'에 반대하는 최초의 항의들이 터져 나왔다. 의미심장하게도 항의들은 예술가와 학자들에게서 비롯된 것이며, 그들은 삶과 일과 휴양과 교통을 구분한 결과로서 '도시' 생활의 막대한 손실을 예견했다.

|

대도시들은 표류(dérive)라고 부르는 놀이에 호의적이다. 표류란 목표 없이 이동하는 수법이다. 그것은 외부 환경의 영향에 의존한다.

모든 주택은 아름답다.

건축은 열정을 자극하는 지점에 도달해야 한다. 우리는 더 이상 제한적인 건설 사업을 고려할 수 없다.

새로운 도시 계획은 운 좋게도 피할 수 없는 경제적이고 사회적인 격변과 불가분의 관계에 있다. 우리는 한 시대의 혁명적 요구가 이 시대에 존재하는 행복과 복지의 개념과 함수 관계에 있다는 점을 추측해볼 수 있다. 여가에 대한 평가는 정말 중요하다.

우리는 임무가 새로운 놀이를 고안하는 것이라고 상기시키는 조언을 할 것이다.

아스게르 요른, 1954

1957

콘라트 바흐스만:
일곱 개의 명제

Konrad Wachsmann:
Seven theses

1933년 미국으로 이주한 콘라트 바흐스만(1901년 프랑크푸르트 안 데어 오데르 출생, 1980년 로스앤젤레스 사망)은 1954년에 처음 독일로 돌아왔을 때, 크게 놀랐을 뿐 아니라 다른 이들을 놀라게 한 개인주의자이도 했다. 그는 공과대학에서 산업적으로 건물 부재를 대량 생산하는 데 필요한 표준에 사실상 어떠한 관심도 기울여지지 않는다는 것을 알고 크게 놀랐다. 바흐스만은 단기간에 자신만의 방법과 건축술로 기술적인 관습에 집착하는 학생들을 불안하게 할 만큼 놀라운 인물이었다. '기계 제조자'가 건축가를 대신할 것인가? 바흐스만의 명제는 산업화 건축을 위한 출발점에 해당한다.

|

과학과 기술은 과제 설정을 가능하게 한다. 과제를 해결하기 위해서는 최종 결과를 내기 전에 세심한 연구가 필요하다.

기계는 우리 시대의 도구다. 그것은 사회적 질서가 분명하게 나타나는 결과에 대한 원인이다.

새로운 재료, 방법, 과정, 정역학과 동역학 분야의 지식, 계획 기법, 사회학적 조건들을 수용해야 한다.

건물은 산업화의 조건을 따르면서, 기본 단위(cell)와 요소들의 증식을 통해서 간접적으로 진화해야 한다.

모듈식 조절 체계, 과학적 실험 방법, 자동화 법칙, 정밀도는 창조적인 사고에 영향을 미친다.

매우 복잡한 정역학적이고 기계적인 문제에는 대가들로 구성된 이상적인 팀의 산업 및 전문가들과 밀접하게 협력해야 한다.

인간적이고 미적인 관념은 당대의 지식과 능력의 엄격한 적용으로 새로운 자극을 받게 될 것이다.

1958

훈데르트바서:
건축의 합리주의에 대항하는 곰팡이 선언서

Hundertwasser:
Verschimmelungs-Manifest gegen den rationalismus
in der Architektur

1958년 7월 4일, 빈의 화가 훈데르트바서(1928년 빈 출생, 2000년 태평양 사망)는 세카우 수도원에서 자신의 「곰팡이 선언서」를 낭독했다. 그는 이미 1년 전에 열린 전시회 소책자를 통해 '직각으로 된 빈'에 이의를 제기했다. "1920년에는 보도와 주택의 벽을 평활하게 만들어야 한다. 그러나 1957년에 이것은 내가 이해할 수 없는 어리석은 짓이다. 1943년의 공습은 형태에 관한 완벽하게 자동적인 가르침이었다. 직선들과 그것들의 공허한 구조는 산산이 부서져야 했고, 그렇게 되었다. 이후에, 트랜스오토마티즘(transautomatism)이 정상적으로는 일어났어야 했다. … 그러나 우리는 입방체, 입방체를 짓고 있다! 도대체 우리의 양심은 어디에 있는 것인가?"

|

이제 회화와 조각에는 자유가 있다. 왜냐하면 오늘날 누구든지 작품을 만들 수 있고, 만든 작품을 전시할 수 있다. 그러나 예술에 대한 전제 조건으로서 간주되어야 하는 이러한 기본적인 자유가 건축에는 여전히 존재하지 않는다. 왜냐하면 건축을 하

려면 우선 졸업장이 있어야 한다. 왜일까?

　모든 사람은 건축할 수 있어야 한다. 그리고 이렇게 건축할 자유가 없는 한, 오늘날의 계획적인 건축은 예술로 간주될 수 없다. 우리의 경우, 건축은 소비에트 연방에서의 회화와 같은 동일한 검열 제도를 따라야 한다. 실현되는 것들은 단지 고립 상태에 있으며, 줄자 따라 생각이 왔다 갔다 하는 떳떳치 못한 마음을 가진 사람들이 만든 형편없는 절충안에 불과하다!

　어떠한 억압도 건축에 대한 개인의 욕구에 가해져서는 안 된다! 모든 사람은 건축할 수 있어야 하고 할 수밖에 없어야 한다. 그렇게 해야 사람들은 자신이 살고 있는 네 개의 벽에 대한 진정한 책임을 진다. 우리는 이런 종류의 이상한 구조는 나중에 붕괴될 수도 있다는 위험을 감수해야 한다. 그리고 우리는 새로운 건축 방식에 뒤따르거나 적어도 뒤따를 수 있는 인명 손실을 겁내지는 말아야 할 것이고 겁내서도 안 된다. 암탉과 토끼가 우리로 들어가는 것처럼 사람이 자신의 숙소로 들어가는 상황을 결국 중단해야 한다.

　만일 거주자들이 지어 쓰러질 듯한 건물 가운데 하나가 붕괴되려고 할 때면, 보통 먼저 금이 가기 시작하기에 대피할 수 있다. 그러면 거주자는 자신이 살고 있는 주택에 대한 마음가짐이 좀 더 비판적이고 창조적일 것이며, 주택이 너무 취약하다고 느끼면 벽들을 강화할 것이다.

　＋ 빈민가의 물리적 주거 부적합성은 기능적이며 실용적인 건축의 정신적 주거 부적합성보다 낫다. 소위 빈민가에서는 인간의 신체만이 썩어 없어지지만, 표면적으로 인간을 위해 계획된 건축에서는 인간의 정신이 소멸된다. 그러므로 기능적인

건축이 아니라, 급증한 건축물인 슬럼가의 원리는 개선되어 우리의 출발점으로서 채택되어야 한다.＋•

기능적 건축은 마치 자로 그림을 그리는 것처럼 잘못 든 길로 판명되었다. 우리는 비현실적이고 쓸모없으며 결국에는 사람이 살 수 없는 건축에 큰 걸음으로 다다르고 있다.

건축에서 대전환점—회화에서는 절대적 타시스트(tachist) 오토마티즘—은 절대적 거주부적합성이다. 이는 여전히 우리 앞에 가로 놓여 있다. 건축이 30년 뒤로 돌아갔기 때문이다.

오늘날 총제적인 타시스트 오토마티즘을 넘어서, 우리가 트랜스오토마티즘의 기적을 체험하는 것처럼, 총체적인 주거 부적합성과 창조적 조형을 극복한 후에야 우리는 새롭고 진실하고 자유로운 건축의 기적을 체험할 것이다. 그러나 우리는 아직도 총체적인 주거 부적합성을 우리 뒤에 남겨두었기에, 우리는 불운하게도 아직 건축의 트랜스오토마티즘 한가운데에 있기에, 우선 건축에서 총제적인 주거 부적합성과 창조적 조형을 위해 가능한 한 신속하게 노력해야 한다.

아파트에 사는 사람에게는 창문에서 상체를 기울여, 손이 닿을 만큼 석조벽을 긁어낼 가능성이 있어야 한다. 그리고 사람들이 멀리 길에서 볼 수 있도록, 긴 붓이 닿는 주변의 모든 것을 분홍색으로 칠하도록 허용되어야 한다. 이웃 사람들, 즉 자신에게 주어진 것들을 받아들이는 소수의 사람들과 다른 한 사람이 거기에 산다! 그리고 설령 소위 건축의 걸작에서 건축적으로 조화로운 모습이 망가지더라도 벽을 잘라내어 가지각색으로 개조할 수 있어야 하고, 자신의 방을 진흙과 세공용 점토로 채울 수도 있어야 한다.

• ＋ 표시한 단락들은 세카우 회의에서의 강연 이후 「곰팡이 선언서」에 추가되었다.

그러나 임차 계약서는 이를 금하고 있다!

암탉과 토끼가 자신들의 본성에는 이질적인 우리 같은 구
조물에 갇혀 있는 것처럼, 사람들은 상자 같은 구조물에 갇혀
있는 데 대해 저항할 때다.

╋구조물이나 실용적인 구조물은 관련된 우리 같은 세 가지
범주의 사람들 모두에게 이질적인 건축물이다.
1　건축가는 이 건축물과 아무런 관련이 없다.

설령 그가 가장 위대한 건축 천재라고 할지라도, 거기에
어떤 사람이 살게 될 것인지를 예견할 수 없다. 소위 건축
에서 인체 치수는 죄악이라고 할 수 있는 기만이다. 특히
이 치수가 여론조사에서 평균값으로 나타날 때 그렇다.╋

2　벽돌공은 이 건축물과 아무런 관련이 없다.

예를 들어, 개인적 생각에 따라 조금 다르게 벽을 세우려
하면 벽돌공은 일자리를 잃고 만다. 그리고 어쨌든 그는
정말 신경 쓰지 않는다. 왜냐하면 거기에 살지 않을 것이
기 때문이다.╋

3　거주자는 이 건축물과 아무런 관련이 없다.

왜냐하면 그는 건축하지 않고 단지 살러 들어갔기 때문이
다. 자신의 인간적인 욕구와 인간적인 공간은 확실히 전혀
다르다. 그리고 이는 설령 건축가와 벽돌공이 거주자와 고
용주의 지시에 따라 정확하게 건축하려고 할지라도 사실
로 남는다.╋

＋건축가와 벽돌공과 거주자가 일치할 때에만, 즉 동일인이 될 때에만 건축에 대해서 말할 수 있다. 나머지 모두는 건축이 아니라 범죄 행위의 물리적인 구체화다.

건축가와 벽돌공과 거주자는 성부와 성자와 성신과 같은 삼위일체다. 이러한 삼위일체의 동질감과 거의 같은 유사성을 주목하라. 건축가와 벽돌공과 거주자의 단일성이 상실되면, 오늘날 제작되는 사물들이 건축으로 간주될 수 없듯이, 건축은 없다. 인간은 잃어버린 비판적이고 창조적인 역할을 회복해야 한다. 그렇지 않으면 인간은 인간으로서 존재할 수 없다.＋

＋범인은 또한 건축에서 자의 사용이다. 아마 입증되겠지만, 이러한 자는 건축의 삼위일체를 붕괴하는 도구로 여겨질 것이다.＋

직선만 사용하는 것을 적어도 도덕적으로는 금지해야 한다. 자는 새로운 문명의 상징이다. 또한 새로운 말기적 병폐의 징후다.

오늘날 우리는 직선의 혼돈과 정글에서 살고 있다. 이를 믿지 않은 사람은 자신을 둘러싸고 있는 직선들을 세는 수고를 해야 한다. 그러면 이해할 것이다. 왜냐하면 결코 셈을 마칠 수 없기 때문이다.

나는 면도날에 있는 직선 수를 셌다. 의심할 여지없이 완벽하게 동일한 같은 회사 제품의 두 번째 면도날을 가상으로 그리고 선처럼 덧붙이면, 이는 1090개의 직선이 된다. 만약 포장을 더하면, 면도날마다 3000개의 직선이 생겨난다.

그다지 오래되지 않은 과거에, 직선의 점유는 왕과 지주와 현명한 자들의 특권이었다. 오늘날 모든 바보들의 바지 주머니에는 수백만 개의 직선이 있다.

감옥의 죄수들처럼 점점 우리를 꼼짝 못 하게 둘러싸는 직선의 정글은 근절되어야 한다.

지금까지 인간은 자신을 발견하고 자신이 벗어났던 정글을 항상 근절해왔다. 그러나 우선 인간은 자신이 정글 속에 살고 있다는 것을 알아야 한다. 왜냐하면 이 정글은 사람들에게 간과된 채 슬그머니 성장했기 때문이다. 그리고 이번에는 직선의 정글이다.

자 또는 컴퍼스가 단 1초 동안, 오직 생각일지라도, 어떤 역할을 한 모든 현대 건축가는 배제되어야 한다. 병적으로 개성이 부족할 뿐만 아니라 정말로 무의미하게 되어버린 설계, 제도, 모델 작업은 말할 필요도 없다. 직선은 죄 많고 부도덕하다. 직선은 독창적이지 못하고 복제하는 선이다. 거기에는 신과 인간의 정신이 아니라 오히려 안락을 추구하며 머리가 없는 개미떼가 살고 있다.

그래서 직선으로 구성된 구조들은 아무리 구부러지고, 휘어져서, 돌출하며, 구멍이 나더라도 살기에 적합하지 않다. 그것들은 두려움에서 배태된 애착의 산물이다. 다시 말해 구축적인 건축가들은 너무 늦기 전에 타시즘이라는 주거 부적합성으로 마음을 돌리는 것을 두려워한다.

면도날에 녹이 슬 때, 벽에 곰팡이가 필 때, 방 모퉁이에 이끼가 자라서 기하학적 모퉁이를 없앨 때, 우리는 미생물과 곰팡이와 함께 생명이 집으로 들어오는 것을 기뻐해야 한다. 그리고 그 어느 때보다 의식적으로, 우리는 알아야 할 것이 상당히 많은 건축적 변화의 목격자가 된다.

구축적이고 기능적인 건축가들의 파괴에 대한 무책임한 열광은 잘 알려져 있다. 그들은 1890년대와 아르누보의 아름답고 정면이 치장 벽토로 된 집들을 완전히 허물고, 그 자리에 자신의 무의미한 건물을 세우기를 바랐다. 나는 파리를 완전히 파괴하여 직선형 괴물 같은 건축물로 대체하기를 바랐던 르 코르뷔지에를 인용할 것이다. 공정을 기하기 위해서, 우리는 지금 미스 반 데 로에와 노이트라와 바우하우스와 그로피우스와 존슨과 르 코르뷔지에 등의 건축물들을 허물어야 한다. 왜냐하면 한 세대가 지나면서 그것들은 유행에 뒤쳐지고 도덕적으로 견딜 수 없는 것이 되었기 때문이다.

그러나 트랜스오토마티스트들과 거주하기에 부적합한 건축을 넘어섰던 사람들 모두는 이전 세대를 좀 더 인도적으로 대한다. 그들은 더 이상 파괴를 바라지 않는다.

도덕적인 몰락으로부터 기능적인 건축을 구하기 위해서는 곰팡이가 번식할 수 있도록 붕해 물질을 매끈한 유리벽과 평활한 콘크리트 표면에 쏟아야 한다.

╈산업은 본질적인 사명을 인지할 때다. 그것은 창조적 곰팡이를 생산하는 것이다!

이제 전문가들과 엔지니어들과 박사들에게 곰팡이 생산에 대한 도덕적 책임감을 유도하는 것이 산업의 과제다.

이와 같은 창조적 곰팡이의 생산과 비판적 풍화 작용에 대한 도덕적 책임감은 교육을 다루는 법들에 견고하게 뿌리내려

야 한다.✝

✝곰팡이 속에 살 수 있고, 창조적으로 곰팡이를 생산할 수 있는 기술자들과 과학자들만이 내일의 주인이 될 것이다.✝

그리고 우리가 알아야 점이 많은 것들이 곰팡이에 창조적으로 뒤덮인 후에만 새롭고 경이로운 건축이 나타날 것이다.

1958

콘스탄트 / 드보르:
상황주의 정의

Constant / Debord:
Situationist definitions

1957년 '문자주의 인터내셔널'과 '픽토리얼 바우하우스 국제연합'
을 통합하여 '일원적 도시 계획'이라는 개념을 활동에 대한 구호로
채택한 '상황주의 인터내셔널'이 출범했다. 결국 픽토리얼 바우하우
스 국제연합은 막스 빌이 마련한 울름 조형대학의 첫 프로그램에 대
항하는 행위였다. (그로피우스는 빌에게 새 조직의 창설과 관련하여
'바우하우스'의 이름을 계승할 권한을 주었다. 결국 빌은 이를 포기
했다.) 화가 아스게르 요른은 자신의 저서 『이미지와 형태』(밀라노,
1954)에서 울름에 대한 반대 의견을 제시했다.

|

상황주의자의 행동을 정의한 다음 열한 개 조항은 제3회 상황
주의 인터내셔널 회의를 위한 예비적인 주제로서 해석되어야
할 것이다.

1   상황주의자는 문화의 영역에서나 특히 삶의 의미에 대한
     문제가 관련되어 있는 곳 어디에서나 기회가 있을 때마다

285

역행하는 이데올로기나 세력과 싸워야 한다.

2 누구도 상황주의 인터내셔널 회원 자격을 단순히 원칙상
의 합의로 생각해서는 안 된다. 실천에서나 공식 성명에서
나 모든 회원의 활동은 공동으로 수립한 목표와 규율 있는
행동의 필요성과 본질적으로 일치하는 것이 바람직하다.

3 일원적이고 집단적인 창조의 가능성은 이미 개별 예술들
의 해체를 통해서 나타나고 있다. 상황주의 인터내셔널은
이러한 예술들을 회복하려는 시도를 지지할 수 없다.

4 상황주의 인터내셔널의 최소 프로그램에는 도시 계획의
일원화된 체계로 확장되어야 하는 완벽한 공간 예술을 위
한 노력과 이 공간 예술에 관련된 새로운 행동 방식의 탐
구가 포함되어 있다.

5 일원적 도시 계획은 끊임없는 복잡한 활동으로 결정된다.
그러한 활동을 통해서, 인간의 환경은 모든 영역에서 진보
적인 계획에 따라 의식적으로 재창조된다.

6 주거 시설과 교통과 휴양의 문제들은 생활양식의 완전성
에 대한 가설과 일치하는 생활의 사회적·심리학적·예술적
측면과 협력해야만 해결될 수 있다.

7 모든 미적인 고찰과는 별도로 일원적 도시 계획은 새로운

종류의 집단적인 창조의 결과다. 그리고 창조적인 정신의
발전은 일원적 도시 계획의 전제 조건이다.

8 이러한 발전에 유리한 상황을 조성하는 것이 오늘날 창조
적으로 활동하고 있는 사람들에게 당면한 과제다.

9 일원화된 행동에 도움이 된다면 모든 수단이 활용될 수도
있다. 예술적이고 과학적인 수단의 조화는 완벽한 융합으
로 이어져야 한다.

10 어떤 상황의 창조는 일시적인 미소 세계의 창조와 소수의
삶에서 한순간 사건의 연출을 의미하다. 그것은 일원적 도
시 계획으로 보편적이고 상대적으로 좀 더 지속되는 환경
의 창조로부터 분리될 수 없다.

11 창조된 상황은 일원적 도시 계획에 착수하는 수단이며, 일
원적 도시 계획은 더 자유로운 사회의 상황을 창조하기,
즉 놀이이면서 진지한 과제로서 생각되기 위한 필수적인
근거다.

— 1958년 11월 10일, 콘스탄트와 드보르가 암스테르담에서

콘스탄트, 1959

1960

윌리엄 카타볼로스:
유기체

William Katavolos:
Organics

1950년대의 '앵포르멜' 회화와 조각에 이어서 '앵포르멜' 건축에 관한 생각이 뒤따랐다. 거기에다가 '산업화 건축'이라는 개념이 있었던 1920년에서처럼, 새로운 건축 재료에 대한 요구가 일어났다. 좀 더 거슬러 올라가 볼 수도 있다. 파울 셰르바르트가 근대의 인공재료의 특징에 대해서 설명하고 요구했던 바와 같이, 미국인인 윌리엄 카타볼로스도 1960년에 '화학적 건축'이 실현될 수 있는 건축 재료의 특징을 개설했다. 이런 의미에서 철학자이자 교수이자 산업디자이너인 카타볼로스는 20세기의 건축 공상가들 가운데 한자리를 차지했다.

|

새로운 건축은 화학적 기반을 통해서 가능하다. 인간은 만들고 조작하는 것을 멈추고, 대신 건축이 그대로 발생하도록 허용해야 한다. 건축을 넘어서는 방법이 있다. 파동과 포물선과 연직선의 원리가 형태를 이루는 매체를 초월해 존재하듯이 말이다. 그래서 건축은 전통적인 유형에서 벗어나서 유기적으로 되어야 한다.

새로운 화학적 발견으로 가루와 액체로 된 물질들을 생산하게 되었다. 이 물질들은 약간의 활성화 작용제로 알맞게 처리되면 엄청난 크기로 팽창한 다음 촉매반응을 일으켜서 경화된다. 우리는 이러한 화학제품들의 분자 구조에 대한 필수적인 지식을 빠르게 습득하고 있다. 극미소 단계에 있는 동안 특정한 행동 프로그램을 가진 물질을 생산하는 데 필요한 기술과 함께 말이다. 따라서 극소량의 분말을 가지고 구체와 관형 그리고 원환체(torus)와 같은 정해진 형상으로 팽창시킬 수 있을 것이다.

원환체와 구체로 팽창되는 가늘고 긴 조각들과 둥글납작한 판들의 망상 조직을 형성하고, 더 나아가 다양한 목적을 위해 구멍을 내도록, 플라스틱을 부어서 문양들을 만드는 기름 물질의 거대한 원형들 가운데서 새로운 도시가 바다 위에서 형성되어 성장하는 것을 상상해보아라. 이중벽엔 냉방, 난방, 청소가 가능한 화학성분이 함유된 유리가 장착되고, 천장 패턴은 수정 문양으로 만들어지고, 바닥은 산호층처럼 형성되며, 표면은 무게가 없는 것처럼 우리를 뛰어넘는 시각적으로 강조된 패턴이 구조적으로 장식된다. 고정된 바닥에는 생활에 필요한 설비가 설치되는데, 쓰고 버릴 수 있는 다양한 부분을 더 영구적인 장치에 꽂을 수 있다.

의자와 같이 단순하면서도 복잡한 것에 어떻게 영향을 미칠 것인지를 두고 유기물의 원리를 살펴보자. 안락하려면 의자는 진동해야 하고, 신축성 있어야 하며, 안마 치료를 해주어야 하며, 앉거나 일어서기가 용이하도록 바닥에서 높아야 한다. 쉽사리 수축되는 신체의 부분들에 가해지던 압박감을 덜기 위해서, 앉을 때 의자는 또한 바닥에 낮게 있어야 한다. 의자는 또한 사용자를 훈련시키고, 사용자의 귀가 입체 음향 효과를 느낄 수 있어야 한다. 의자는 적합한 이온 장(ionic field)을 만들어야 한다. 의자는 사용하지 않을 때 사라지는 능력이 있어야 한다. 그리고 무엇보다도 의자는 아름다워야 한다. 이와 같은 의자는 존재하지 않는다. 나의 연구는 이러한 필요성을 재차 확인하게 된다. 우리는 이 모든 것을 할 수 있는 기계적 장치를 만들 수 있다. 그러나 이러한 앉는 기계와 관련한 경험에 비추어보면, 그것들은 보는 사람의 눈을 만족시키지도 즐겁게 해주지도 못할 것이다. 이제 이중 벽이 있는 플라스틱을 블로우 성형 기법으로 만들 수 있다. 이중 벽 사이에는 다양한 밀도를 채워 넣을 수 있는데, 바깥 표면에는 구조 역할을 하는 리브를 아름다운 패턴으로 새길 수 있으며, 안쪽 껍질은 유연해 사람이 앉을 수 있다. 앉은 사람을 받치는 압력으로 상승할 수 있고, 그런 다음 바닥과 더 긴밀하도록 부드럽게 가라앉는 의자다. 화학 작용, 진동, 탄력성을 통해 다시 용이하게 냉각되거나 가열될 수 있는 의자다. 음향과 적합한 이온 장을 형성시키는 전기 장치를 구현한 의자다. 이전에 존재했던 모든 것과 현재 필요한 것을 확인하는 의자다. 호흡, 연동 운동, 맥박의 리듬과 같은 유사 작용들이 여러 가지 자연스러운 형태로 일어나는 것과 유기적으로 동일한 방식에서, 이것은 우리가 기술 없이 할 수 있다.

그러한 원리를 가구에서 음식이나 액체를 위한 용기에 대한 생각으로 확장하면서, 외부에서는 구조적으로 리브를 갖추고 내부에서는 매끄러운 이중벽이 다시 내부에서 제품을 화학적으로 식혀서 냉각할 필요가 없게 하거나, 또는 그러한 용기는 작동되거나 열렸을 때 화학적으로 수프를 끓이고, 담아서 마실

일회용 그릇이 되어, 스토브와 세척을 위한 개수대와 보관 장소가 불필요하게 될 것이라는 점을 우리는 알게 된다.

또 유기적인 과정으로 어마어마한 간소화가 이루어지고, 환경에서 영역의 배치를 위해 많은 자유가 허용된다. 욕실과 샤워실에서와 같이, 우리는 목까지 그 형태를 둘러싸고 화학적으로 거주자를 찜질하여, 몸을 깨끗이 닦고 말릴 수 있는 이중 벽으로 된 컨테이너를 얻는다.

그 점을 더욱더 추진해가면, 누구나가 받침대 바닥 주변의 만족스러운 문양에 합성수지를 붓고, 새로운 방식으로 착용하도록 이음새가 없는 용기에서 촉매 반응을 일으키고 경화시켜서, 자신만의 합성수지로 된 옷감을 만들 수 있다.

사용자에게 안락한 높이까지 올라가고, 그런 다음 완전한 배설에 가장 알맞은 특정 자세에 맞춰 천천히 낮아지는 화학적으로 만들어진 화장실에 관해서 살펴보자. 다시 한 번 화장실은 압력으로 올라가고, 사용자는 그곳에서 편안하게 나올 수 있으며, 남은 배설물은 화학적으로 분해되고 용기에 담기게 됨으로써 연결 도관의 필요성은 없어진다. 이와 같이 탯줄을 절단하여, 우리는 새로운 집을 어디에나 지을 수 있다는 것을 알고 있다. 이러한 집은 살기에 화학적으로 완전한 유기체이면서 주변 환경으로부터 힘을 얻기 때문이다.

이러한 집은 일정한 크기로 성장하고, 더 큰 기능을 위해 분할되거나 융합된다. 거대한 볼트(vault)는 공기와 접촉하면 바로 촉매 반응을 일으키는 포물선 분사로 만들어질 것이다. 계산된 기간에 바람직한 밀도와 알려진 방향으로 변화하는 순간적인 건축의 증가하는 문양이다. 아침에 교외 지역은 함께 모

여 도시를 형성할 것이고, 저녁에는 음악 같은 문화적 필요에
따라 또는 새로운 삶이 요구하는 사회·정치적 패턴을 만들기
위해 다른 정박지로 옮길 것이다.

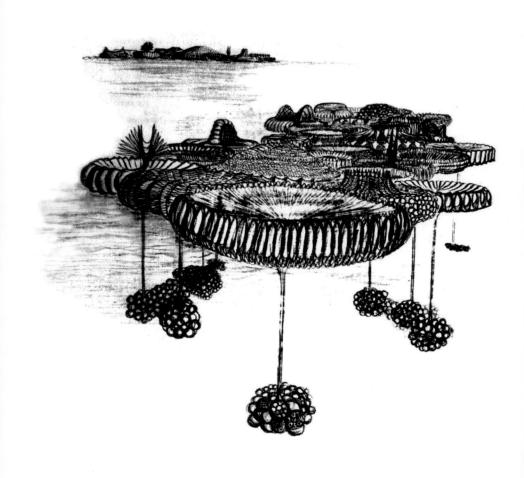

윌리엄 카타볼로스, 1960

1960

라인하르트 기젤만/오스발트 마티아스 웅거스: 새로운 건축을 향하여

Reinhard Gieselmann/Oswald Mathias Ungers:
Zu einer neuen Architektur

기젤만(1925년 뮌스터 출생)과 웅거스(1926년 카이저제슈 출생, 2000년 쾰른 사망)의 호소에 의하면, 건축가의 전문가적인 이미지는 모호해졌다. 건축가는 지금까지 기술자의 과제 수행을 돕기 위해 존재한다는 말이 있다. 수익성과 건축 과정의 합리화와 장애가 되는 건축 법규와 기술 혁신으로 인해 더욱 더 형태 문제에 대한 관심에서 멀어진다. 노골적인 기능주의는 내비쳐 보이는 파사드로 가려진다. 계산기로부터 구원을 기다리고 있다. 건축을 보니, 기계적 과정으로 단순화될 것 같다. 수와 도형으로 변환할 수 있는 프로그램은 정확한 결과를 보증한다. 주요한 인체 기능은 보호하고, 바꾸고, 옮기며, 규제하는 것 = 피부와 장기와 뼈와 뇌. 이에 대한 최초의 항의가 이제 제기되고 있다.

|

창조적 예술은 전통과의 정신적 충돌 없이 생각할 수 없다. 이러한 충돌에서 자기 자신의 시대에 걸맞은 순수한 표현을 찾기

위해 기존의 형태는 산산이 부서져야 한다. 건축은 여타 예술처럼 천재를 위해 시대를 표현하고 살아 있는 발전을 지속하는 수단으로서 역할을 한다.

건축은 불완전한 창조다. 그러나 모든 창조적 과정은 예술이다. 그것은 최고의 정신적 지위에 있을 자격이 있다.

기술은 지식과 경험을 적용한다. 기술과 건설은 실현을 위한 보조 수단이다. 기술은 예술이 아니다.

형태는 정신적 내용의 표현이다.

우리가 기술적이고 기능적인 '건축' 방식을 추구한다면, 그 결과는 획일적일 것이다. 기술적이고 기능적인 방식이 사용될 때 건축은 자신의 표현을 잃어버린다. 그 결과가 학교 같은 아파트 단지와 관공서 같은 학교와 공장 같은 관공서다. 무의미한 비계가 그 건물들 앞에 매달려 있다. 형태는 수학적으로 치환할 수 있으며, 따라서 비예술적 도식화다.

결과로서 나타난 '건축'은 기술과 균등화가 최고라는 원리인 물질주의적인 사회 질서의 표현이다.

환경과의 관계는 프로그램에 따라 긴장 없이 수립된다. 활력의 결핍으로 정신적인 진공 상태가 된다.

활동적인 개인과 그가 속한 환경 사이의 치명적인 충돌은 방법론의 독재를 통해 정신적인 노예화로 대체된다.

자유는 개인이 현실과 충돌하는 속에서, 또 장소와 시대와 인간에 대한 개인적이고 내밀한 책임을 인식하는 속에서만 존속한다.

오늘날 이러한 자유는 살아 있는 민주적인 질서 속에서만 존재
한다. 이러한 자유주의자의 질서 내에서 물질주의적인 방식을
사용하는 것은 비양심적이며, 무책임이나 어리석음의 징후다.
이것은 항상 인류의 개인적 발전에 심각한 위협이자 위험을 의
미한다.

과업은 창조적인 정신을 펼치기 위한 자유를 수호하는 것
이다.

건축이 바라는 것은 내용의 완벽한 표현이다.

건축은 다층화되고 불가사의하며 진전되어 구조화된 현
실로의 활발한 침투다. 건축의 창조적 기능은 직면한 과제를 명
백하게 보여주고, 건축을 기존에 존재하는 것과 통합하며, 강
조할 부분들을 도입하여 주변들을 극복하는 것이다. 재삼재사
건축에는 자신이 성장한 장소의 혼(genius loci)에 대한 인식이
필요하다. 건축은 더 이상 이차원적인 인상이 아니라 돌아다니
고 들어감으로써 이루어지는 물질적이고 공간적인 현실에 대
한 체험이다.

경직성은 움직임으로, 대칭은 비대칭으로, 정역학은 동역
학으로 대체되고 있다.

단조로운 명백함은 놀라움으로 대체되고 있다.

본질적인 관점은 외부로부터가 아니라 내부로부터다.

주체와 객체의 관계는 일소되었다.

건축은 개인을 둘러싸고 보호한다. 따라서 성취이자 심화이다.

이 선언문을 통해, 우리는 이러한 토대 위에서 유럽 건축의 부흥을 위해 애쓰는 모든 사람에게 청원한다.

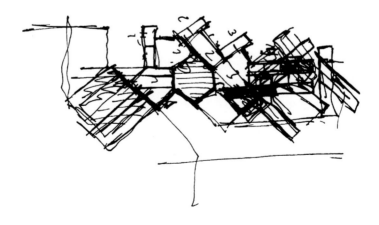

오스발트 마티아스 웅거스, 1959

1960

움직이는 건축 연구 그룹:
움직이는 건축을 위한 프로그램

GEAM:
Programme for a mobile architecture

1957년 말, 프랑스, 네덜란드, 폴란드, 이스라엘 출신의 젊은 건축가들은 파리에 모여 '움직이는 건축 연구 그룹'(Groupe d'Etude d'Architecture Mobile: GEAM)을 결성했다. 최종적인 해체에 앞서, 1956년에 두브로브니크에서 개최된 근대건축국제회의의 마지막 회합은 여러 문제 가운데 이동성, 상호연계, 통신의 문제를 제기했다. 이러한 문제들은 대도시와 광역 도시권의 폭발적인 성장으로 더욱더 긴급하게 제기되는 것들이다. 움직이는 건축 연구 그룹은 이러한 문제들에 대한 해결안을 마련하는데 착수했다. 첫 실무자 회담은 1958년 3월에 로테르담에서 열렸다. 이 회담에는 독일에서 온 건축가들도 참석했다.

|

A. 현대 도시 계획의 비극적인 곤경은 다음과 같은 특징을 지닌 일련의 요인들에 의한 결과다.

1 기존의 건축물들과 오늘날까지 여전히 세워지고 있는 것

들은 너무 융통성 없고 다루기 힘들어서 삶에 적응하기
어렵다.

2　인구 성장은 예측할 수 없으며 사전에 계획할 수도 없다.

3　교통은 한없이 증가하고 있다.

4　부동산 소유권은 더 이상 쓸모없으며, 소유권 양상은 많은
경우에 경직되어버렸다.

5　주택 가격이 너무 높다.

6　한편에서의 도시와 도시 계획과 다른 한편에서의 과학과
기술의 급속한 진보 간의 괴리가 점점 더 확대되고 있다.

B.　이러한 상황들이 빚어낸 결과로 인해 주민의 일상생활은
고통받고 있다. 이는 다음 현상들에서 볼 수 있다.

1　교통은 혼잡해지고, 하루 중 특정 시간에는 거의 정지된다.

2　주택이 어느 정도는 가족들에게 벽돌 감옥이 되어버렸다.

3　주말에 자연으로의 도피는 계속해서 점점 더 늘어나고 있다.

4　개인 생활의 리듬은 자신에게 강요되며, 자신의 환경을 형
성하기란 사실상 불가능하다.

5　상당히 많은 도시 거주자가 외로움과 소외감을 느낀다.

6　이웃은 완전히 우연하게 아무렇게나 형성되어, 영향을 미
치기 어렵게 된다.

C.　이러한 상황을 전반적인 개선하기 위해서, 움직이는 건축

연구 그룹은 신뢰할 만한 원칙을 수립했고, 다음과 같이 제안한다.

1   더욱 용이한 교환을 위해 건축 대지와 지상 공간에 대한 소유권을 개혁하고 주민이 지상 공간을 다층적으로 활용하는 시스템을 도입해야 한다.

2   건축물은 가변적이고 교체할 수 있어야 한다.

3   마찬가지로 이러한 건축물로 만든 공간 단위들도 사용 시에는 변경 가능하고 교체할 수 있어야 한다.

4   주민들에게는 그들의 주택을 현재 아주 중요한 필요에 맞도록 조정할 기회가 제공되어야 한다.

5   산업과 조립식 공정은 가격을 낮추기 위한 수단으로써 건축물의 생산에서 최대한으로 활용되어야 한다.

6   도시와 도시 계획은 교통의 발달에 적응할 수 있어야 한다.

7   도시의 개별 지구 전체에 걸쳐, 물리적이며 정신적인 문화를 위한 구역들뿐만 아니라 주거와 직장도 잘 섞여 있어야 한다.

D   앞서 언급한 원리를 실천하기 위해서, 움직이는 건축 연구 그룹은 다음과 같은 기술의 발전을 제안한다.

1   가변적이며 교체 가능한 건축 요소를 발전시킬 것.
예를 들면,
    (a) 외부 벽

        (b) 내부 벽

        (c) 움직이는 바닥과 천장

2   건축물에 전기와 물의 공급과 쓰레기 처리가 수월하도록 변경 가능한 수단을 발전시킬 것.

3   더 큰 도시를 형성하는 공간 단위들을 발전시킬 것.

    예를 들면,

        (a) 교체 가능한 컨테이너(지상을 이동하는 것, 공중을 나는 것, 수상에 뜨는 것)

        (b) 뗏목 위의 건축물

        (c) 공간을 가로지르는 건축물

        (d) 공기 조절 장치가 완비된 개방 공간

— 1960년 4월 5일 파리에서

다비드 조르주 엥메리히, 카미유 프리덴, 요나 프리드만, 귄터 귄셸, 장 피에르 페케, 베르너 루나우

1960년 프로그램 보충판으로서, 1961년 3월 성명서는 다음과 같이 쓰였다.

도시 계획에서 요소들의 가장 적절한 배분이 구성 부분들의 신속한 움직임으로 가능해진다. 이는 분리되었던 기능들의 재통합으로 이어질 것이다. 도시 유기체의 다기능성으로 통신의 문제는 완화될 것이다.

이 원리로 인해 정적인 형태의 문제는 더 이상 쓸모없는 것이 될 것이다. 사용과 관련한 구조와 규정은 계획되어야 한다.

1960

루이스 칸:
질서란

Louis I. Kahn:
Order is

1950년대 말 미국에서는 세대 교체가 서서히 시작되었다. 양차 세계대전 사이의 위대한 독일 건축가들이자 1930년대와 1940년대의 미국에서 영향력이 있는 건축 교수들인 브로이어, 그로피우스, 힐버자이머, 미스 반 데어 로에, 모호이너지, 바흐스만, 바그너 등은 점차 교수직에서 은퇴했다. 젊은 세대가 그들의 뒤를 이었다. 그리 유명하지 않은 대학들의 건축과가 주목을 받기 시작했다. 루이스 칸(1901년 에스토니아 외젤 섬 출생, 1974년 뉴욕 사망)은 예일 대학교와 펜실베이니아 대학교에서 강의했다. 그는 학생들에게 "좋은 질문은 가장 훌륭한 답변보다 더 위대합니다"라고 말했다.

|

디자인은 질서 속에서 형태 만들기다
형태는 구축 시스템으로부터 생겨난다
성장은 건축물이다
질서 속에 창조력이 있다
디자인 속에 방법이 있다. 즉, 무엇을 어디에, 얼마만큼을 언제.

303

공간의 본질은 그것이 되고자 하는 것을 반영한다.

　　강당은 스트라디바리우스인가

　　　　　아니면 예민한 귀인가

　　강당은 창조적인 악기인가

　　　　　바흐나 바르토크에 적합한 악기인가

　　　　　지휘자에 의하여 연주되는 악기인가

　　　　　아니면 강당은 회의장인가

공간의 본질에는 정신이 있고, 존재 의지는 특정한 방식이다

　　디자인은 그 의지를 밀접하게 따라야 한다

　　그러므로 줄무늬를 그린 말은 얼룩말이 아니다

　　철도역은 건축물이기 이전에

　　도로가 되기를 원한다

　　철도역은 도로의 필요로부터 나온다

　　　　움직임의 질서로부터 나온다

　　광택이 나는 윤곽들의 만남.

본질을 통하여, 왜

질서를 통하여, 무엇을

디자인을 통하여, 어떻게

형태는 그 속에 내재하는 구조적 요소들로부터 생겨난다.

　　돔은 그것을 어떻게 짓느냐는 질문이 떠오를 때 생각난 것
　　이 아니다.

　　네르비는 아치를 발전시킨다

　　풀러는 돔을 발전시킨다

모차르트의 작곡은 예술 작품이다

　　그것들은 질서의 실행이다, 즉 직관적이다

디자인은 예술 작품들을 더욱 촉진한다

예술 작품들은 질서에서 그것들의 이미지를 얻는다

이미지는 기억이다, 즉 형태다

양식은 채택된 질서다

동일한 질서가 코끼리를 창조했고, 인간을 창조했다

그것들은 다른 디자인 형태다

다른 열망에서 시작된다

다른 환경에서 구체화된다

질서가 아름다움을 내포하지 않는다

동일한 질서는 난장이와 아도니스(Adonis)를 창조했다

디자인은 아름다움을 만들지 않는다

아름다움은 선택으로부터 생겨난다

유사성으로부터 생겨난다

통합으로부터 생겨난다

애정으로부터 생겨난다

예술은 질서 속에서 형태를 만드는 삶이다, 즉 정신적이다

질서는 실체가 없다

그것은 창조적 의식 수준이다

끝없이 수준이 높아져가고

질서가 높으면 높을수록 디자인에서 더 많은 다양성이 생겨난다

질서는 통합을 지원한다

그 공간이 되려고 하는 것에서, 미지의 것은 건축가에게 드러날 수 있다.

건축가는 질서에서 이러한 미지의 것에 형태를 부여할 창조적

인 힘과 자기비판 능력을 얻을 것이다.
아름다움은 서서히 발전할 것이다.

루이스 칸, 1956/57

베르너 루나우/이브 클라인:
공기 건축 프로젝트

Werner Ruhnau/Yves Klein:
Project for an aerial architecture

1923년, 잡지 『게』는 '효율적 사용과 강도와 재료의 순수한 관계'를 요구했다. 이 요구는 40년이 지난 후에도 그 매력을 조금도 잃지 않았다. 밝혀져야 했던 '광점'(light point)에 관한 브루노 타우트의 경구는 전에 없이 화제가 되었다. 버크민스터 풀러는 '건축물의 무게는 얼마인가?'라고 물었다. 경량 구조들은 여전히 무한한 영역을 점하고 있다. 액체상의 물질과 기체상의 물질은 구축에 활용되었다. 새로운 감성이 발전하고 있었다. 건축가인 베르너 루나우(1922년 쾨니히스베르크 출생, 2015년 에센 사망)와 화가인 이브 클라인(모노크롬)은 '감성파'를 설립하려 했다. 그룹 제로(ZERO)는 "우리는 살아 있고, 우리는 모든 것을 위해 존재한다"라고 선포했다. 루나우와 클레인은 공기 건축에 평생을 걸고 있었다.

|

'우리의 마음속에, 공기 건축은 항상 오늘날 전유된 지리적 공간의 공기 조절을 위해 제안된 하나의 단계에 불과했다.'
　　우리는 도시를 움직이는 공기 지붕으로 보호할 것을 제안

한다. 중앙의 고속도로는 공항으로 이어지고, 도시는 거주를 위한 구역과 노동과 산업과 기계 설비를 위한 구역으로 양분된다. 공기 지붕은 전유된 공간을 위한 공기 조절인 동시에 그 공간을 보호한다.

투명한 유리 바닥. 저장용 지하(부엌, 욕실, 창고, 생산 설비).

여전히 우리에게 잘 알려진 비밀이라는 개념은 빛으로 넘쳐나고 외부 세계에 완전하게 개방된 도시에서 사라져버릴 것이다. 인간의 친밀함에 대한 새로운 조건이 나타날 것이다. 주민들은 벌거벗은 채로 살아간다. 이전의 가부장적 가족 제도는 더 이상 존재하지 않을 것이다. 공동체는 완전하고, 자유롭고, 개별적이며, 비개인적일 것이다. 주민들의 주요한 활동은 여가다.

건축에서 고질적으로 불가피한 것으로 간주되었던 장애물은 이제 호사스러운 것들이 될 것이다. 예를 들어, 방화벽, 물막이벽, 공기로 전달되는 형태, 화천, 분수대, 수영장, 에어 베드, 에어 시트 등.

비물질적인 건축의 진정한 목표는 광범위한 지리적 주거 지역의 공기 조절이다.

이러한 공기 조절은 기술의 기적을 통해서라기보다는 본질적으로 인간의 감성을 우주의 기능으로 변모시킴으로써 이루어질 것이다. '비물질화'라는 이론은 공상 과학의 정신을 부정한다.

진화한 감성, 즉 '정신이 인도한 새로운 차원'을 통하여, 지구 표면에서 기후와 정신적 환경은 미래에 바뀌게 될 것이다.

'필요가 발명을 낳는다.' 이러한 필요에 추가되는 것은 발명한 것을 생활로 실천하려는 의지다. 그리고 기적은 자연의 모든 영역에서 이루어질 것이다. 벤 구리온이 말하길, "기적을 믿지 않은 사람은 현실주의자가 아니다."

1960

'상황주의자':
국제선언문

Situationists:
International Manifesto

'상황주의자' 그룹의 대변인 가운데 한 명인 드보르가 1957년에 다음과 같이 기술했다. "일원적 도시 계획은 환경의 필수적인 구성에서 짝을 이룬 힘으로서의 예술과 기술 전체의 적용을 통해서 우선 정의된다. … 뿐만 아니라, 일원적 도시 계획은 역동적이다. 즉, 생활양식 및 행동과 밀접한 관계에 있다. 모든 것이 궁극적으로 환원되는 요소는 주택이 아니라 건축적 집합체다. 이 집합체는 환경 또는 영향을 미치는 환경들을 결정하는 그 모든 요소의 단일화다. … 건축은 감동적인 형태보다는 상황을 그 주제로 받아들여서 전진해야 한다."

|

사회의 기존 체제가 억누를 수 없는 새로운 인간의 힘은 우리의 무의미한 사회생활에서 기술의 압도적인 발전과 잠재적인 적용의 실패와 함께 날마다 성장하고 있다.

사회에서 소외와 억압은 극복될 수 있는 것이 아니며, 다만 사회와 더불어 일괄적으로 거부될 수 있다. 모든 진정한 진보는 어떤 형태로든지 현재 위기에 대한 획기적인 해결책을 내놓는지에 달려 있다.

　진정으로 '생산자들의 자유롭고 평등한 연합의 토대 위에서 생산을 개편할' 사회에서 삶의 구조에 대한 전망은 어떠한가? 생산의 자동화와 필수품의 사회화로 외적 필요로서의 노동은 감소될 것이고, 결국에는 개인의 완벽한 자유를 부여받을 것이다. 그래서 모든 경제적 책임으로부터 해방되고, 과거와 다른 사람들에 대한 모든 채무와 죄책감에서 벗어난 인간은 금전으로 환산 불가능한 새로운 잉여 가치를 해결할 것이다. 왜냐하면 그것은 임금 노동의 척도로 축소될 수 없기 때문이다. 예를 들어 그것은 놀이의 가치이며 자유롭게 구축된 생활의 가치다. 이러한 유희적 창조성의 사용은 한 사람이 다른 사람을 착취하지 않음으로써 보장되는 그러한 평등함의 테두리 안에서 각각 모두의 자유를 보장한다. 유희의 자유는 강요된 노동과 수동적 여가 사이의 낡은 구분을 넘어서는 인간의 창조적 자율성을 의미한다.

　교회는 대중적인 축제들에 보존된 원시적인 유희 성향을 억압하기 위해 소위 마법사라고 부르는 사람들을 불태워 죽였다. 참여가 없는 형편없는 유사 놀이들을 대량 생산하는 것이 지배적인 요즘 사회에서, 어떤 진정한 예술 활동이라도 필연적으로 죄를 범하고 있는 것으로 분류된다. 그것은 반쯤 은밀하게 남아있고, 추문으로 알려진다.

　정확하게 어떤 상황인가? 필요한 것은 고차원적인 놀이를 현실화하는 것, 더 정확히 말하면, 인간 존재로 알려진 이러한 놀이에 자극이 되는 것이다. 모든 나라에서의 혁명적인 참가자는 역사 이전 상태에 머물러 있는 일상생활로부터 벗어나기 시작하려고 상황주의 인터내셔널에서 연합할 수 있다.

지금부터, 우리는 기존 정치 및 노동조합 조직과는 무관한 새로운 문화 생산자들의 자율적인 조직을 제안한다. 정치 및 노동조합 조직들에 기존의 것을 조직하는 것 이상의 능력이 있다고 믿지 않기 때문이다. 최초의 공공 계몽 운동에 나서기 위해서 초기 실험 단계에서 벗어나려는 바로 이 순간, 이 자율적인 조직에 부과한 시급한 목표는 유네스코를 점령하는 것이다. 예술과 문화 전반이 세계적인 규모로 통합되어 관료 체제화되는 것은 과거의 절충주의적 보존과 재생산을 기반으로 세계에 공존하는 사회 체제들 사이의 깊은 관계를 표현하는 새로운 현상이다. 이러한 새로운 상황에 맞는 혁명적인 예술가들의 응수는 새로운 유형의 행위여야 한다. 이런 감독행위가 단일 건축물에 국한되어 있다는 사실 자체가 쿠데타를 통한 장악을 부추긴다. 그 기관에는 우리의 체제 전복적인 관점을 넘어서 의미 있는 사용의 어떤 가능성이 완전하게 결여되어 있기 때문에, 우리는 같은 시대를 공유하고 있는 사람들 앞에서 이러한 기관을 점령하는 것이 정당하다고 느낀다. 그리고 우리는 그 기관을 점령할 것이다. 우리는 비록 잠시 동안일지라도 유네스코를 손아귀에 넣을 결심을 하고 있다. 왜냐하면 우리는 오랜 기간에 걸친 수많은 요구에 대해서 계속하여 길을 밝혀주는 의미 있는 결과를 지체없이 달성할 것으로 확신하고 있기 때문이다.

우선 재래의 예술과 비교하면, 새로운 문화의 주요한 특징은 무엇일까?

구경거리(spectacle)와는 대조적으로, 상황주의 문화에서는 그것이 실천될 때 전체적인 참여가 바탕이 될 것이다.

예술을 보존하는 것과는 대조적으로, 상황주의 문화에는 살아 있는 순간의 직접적인 구성이 있을 것이다.

분열된 예술과는 대조적으로, 상황주의 문화는 사용할 수 있는 모든 요소를 동시에 관련짓는 포괄적인 실천이다. 그것에는 본질적으로 집단적이고 틀림없이 익명으로 생산하는 경향이 있다(적어도 작품을 상품처럼 쌓아두지 않을 것이기 때문에, 이 문화는 표시를 남길 필요에 의해 좌우되지 않는 정도까지). 상황주의 문화의 실험에서는 적어도 행동에서의 혁명과 지구 전체에서 받아들여 결과적으로 거주할 수 있는 모든 행성으로 확장될 수 있는 일원적이고 역동적인 도시 계획이 나타난다.

일방적 예술과는 대조적으로, 상황주의 문화는 대화의 예술이며 상호작용의 예술일 것이다. 시각 문화 전체와 더불어, 예술가들은 사회로부터 완전하게 분리되어왔다. 마치 그들이 경쟁으로 그 자신들 가운데서 분리되었던 것처럼 말이다. 그러나 심지어 자본주의에 의해 야기된 곤경 이전에도, 예술은 본질적인 대답 없이 일방적이었다. 예술은 원시적인 고립의 시대를 넘어서 완전한 의사소통에 이를 것이다.

고차원적인 단계에서 모든 사람은 예술가이며 종합적인 문화 업적의 생산자이자 소비자가 될 것이므로, 우리는 새로움의 선적(linear) 기준이 급속하게 소멸되는 것을 목도할 것이다. 모든 사람들이 소위 상황주의자가 될 것이므로, 우리는 새로운 추세와 실험과 근본적으로 다른 유파들이 다양하게 넘쳐나는 것을 목도할 것이다. 그리고 이는 더 이상 연속적이지 않고 동시적이다.

이제 우리는, 역사적으로 말하자면, 모든 직업의 최후가 될 것의 시작을 알릴 것이다. 아마추어이자 전문가이고 비전공자인 상황주의자의 역할은 예술가들이 이전에 결코 이루지 못했던 정도, 즉 모든 사람이 자신의 삶을 구축할 정도로 예술가가 되는 그 경제적이고 정신적 풍요의 순간까지 전문화의 형태로 남아 있을 것이다. 그러나 역사상 최후의 직업은 노동의 영구적인 분화 없이 사회와 대단히 밀접해서 그 직업이 상황주의 인터내셔널 내에서 나타날 때 그것의 직업적 특징은 대개 인정되지 않을 것이다.

우리를 제대로 이해하지 못하는 사람들에게, 우리는 다음과 같이 철저하게 경멸적으로 말한다.

"아마도 당신들은 아마도 상황주의자들의 심판관이 되리라고 믿겠지만, 언젠가는 상황주의자들이 당신들을 심판할 것이다. 우리는 모든 궁핍의 세계를 필연적으로 해체하는 전환점에서 당신들을 기다린다. 이것이 우리의 목표이며 인류의 장래 목표가 될 것이다."

1960

에크하르트 슐츠-피엘리츠:
공간 도시

Eckhard Schulze-Fielitz:
The Space City

1954년 9월, 바흐스만은 공간적 빌딩 시스템에 관한 자신의 작품을 발표하고 나서 많은 추종자를 얻었다. 새로운 시스템과 특히 새로운 응용이 고안되었다. 이 지지구조들의 빈 공간들을 확대하여 빈 공간들의 총합이 전체 지지구조의 볼륨에 육박할 수 있다는 가능성으로부터, 슐츠-피엘리츠(1929년 슈테틴 출생)는 공간적 그리드를 포함하여 그 안에서 주민의 필요에 따라 성장하거나 소멸할 수 있는 도시계획의 가변적이고 내적으로 '움직이는' 시스템에 대한 생각을 발전시켰다. 요나 프리드만(1923년 부다페스트 출생)은 이와 같은 공간 도시를 낡고, 더 이상 기능을 다하지 못하게 된 정주지 위의 공중 공간에 계획했다(334쪽 참조).

|

기계의 증식 능력과 빠르게 늘어나는 인구수로 인하여, 우리 시대는 대량 생산의 역동적인 경향을 습득해왔다. 필요한 것은 최소의 노력으로 얻을 수 있는 양과 질이다. 그러나 표준화에 의해 향상된 생활수준은 산업적으로 생산된 환경에 더해지는

315

단조로움과 결정의 자유를 제한이라는 큰 희생을 치르고 얻은 것이다.

계속 늘어나는 다량의 기계와 자동장치 덕분에, 증가해온 인간의 육체노동 비율은 줄어들 것이다. 전자두뇌는 머리를 쓰는 힘든 일을 대체하고 있다. 그러나 기계들은 일련의 제품들과 구성 요소들을 생산할 뿐이고, 우리는 그것들에게 어떤 요소들인지를 가르쳐주어야 할 것 같고, 그것들의 조합 능력을 시험해야 할 것 같다. 새로운 재료들에는 새로운 조합 체계가 필요할 것이다.

공간의 체계화는 표준화된 부분들의 공간 조합을 위한 전제 조건이며, 사전 제작의 기본 원칙이다.

엄격한 체계화에도 불구하고, 공간 모듈 정합(modular coordination) 덕택에 엄청난 선택과 배치의 자유가 주어지고, 대량 생산과 개별적인 다양성이라는 분명하게 상호 배타적인 경향들의 통합이 나타난다. 공간적으로 조직화된 양자(quanta) 상호교환성으로 동적 발전에 융통성과 적응이 나타난다. 조립 건축은 기하학과 위상 기하학과 군론(group theory)과 조합 원리에 영향을 받을 것이다.

공간 구조는 조절(modulation) 가능한 거시적 재료다. 다수의 현상들이 소수의 소립자로 환원될 수 있다는 물리학에서의 지적인 모델과 유사하다. 물리적인 재료는 정수 단위와 분자와 원자와 소립자의 불연속체다. 그것들의 조합 가능성이 이 재료의 특성을 결정한다.

종류와 크기와 재료와 위치에 따른 공간 구조의 조절이야말로 우리가 그것을 도시 계획의 포괄적 수단으로서 나타내는 대담한 조치를 취하도록 허용하는 것이다. 공간 도시는 불연속적 연속체다. 부분과 전체 사이의 경계로 불연속적이며, 변화에 대한 불변의 가능성으로 연속적이다. 자유로운 사회에서 완벽한 도시 계획은 가능하지도 바람직하지도 않다. 그것은 예측할 수 없는 발전을 방해하는 집착일 뿐이다.

반면에, 공간 도시는 발전하는 과정상의 다양한 공간 구조의 집합체다. 이 구조관은 피할 수 없는 증식을 질서 잡힌 경로로 유도한다. 자유는 조합의 무한한 가능성에 있다.

세부 사항들을 적절하게 계획할 때, 치수의 통일로 모든 부분들은 서로 교체될 수 있게 된다. 이로 인해, 역동적인 도시 생활과 정적인 건조물 사이의 기본적인 딜레마를 해결할 수 있다. 전자 계산 센터는 변화를 요구하는 정적이고 구조적 상태를 조사할 것이며, 자동화 공장은 도시의 물질적인 실체를 생산할 것이다.

다층 주거 공간 구조들은 고정된 높이로 장대한 경간에 놓일 것이다. 중심 밀집지역에서 도시는 지면에서 떠오르고, 지면은 기계적 차량을 위해 남겨질 것이다. 더욱더 밀집될 가능성과 교통 지역과 수로상의 건설과 유동 및 정체 교통을 위한 광활한 지역 전체를 확보할 수 있으며, 교통 유형에 따른 엄격한 분리로 교통 밀집 중심에서 교통 흐름의 문제를 해결할 가능성이 생긴다. 교통과 그 예측할 수 없는 발전에 걸림돌이 되는 장애들을 가능한 한 최소화함으로써, 오늘날 우리가 접하는 대부분의 문제들을 애초부터 피한다. 다른 한편으로 공간 도시는 자동차로 인해 가로와 광장이 고속도로와 주차장으로 오용되어 사라져버린 연속적이고 삼차원적인 공공 공간을 만든다.

공간 도시

317

공간적 그리드와 일치하는 삼차원 좌표계 덕분에, 공간 도시에서 구성과 방위 측정이 용이해진다. 그렇지만 재료가 취할 수 있는 가능한 다양한 형태들에는 개성과 혼란의 여지가 남는다. 공간의 정렬 덕분에, 건축물을 받아들이거나 변경하거나 평평하게 하거나 높이면서, 그 건축물은 모든 지형학적 기준면에 적응할 수 있다.

공간 도시는 수정 층과 같은 경관의 윤곽을 수반한다. 그 자체가 경관이다. 봉우리와 골짜기와 협곡과 고원이 있는 지질 구조에 견줄 수 있고, 나뭇가지로 뒤덮여 있어 잎이 무성한 삼림지대에 견줄 만 하다. 기존의 도시를 재생하기 위해서, 구조들은 쇠퇴한 지역 위로 뻗어 나가서, 그 지역은 쓰이지 않게 될 것이다.

이러한 변함없는 생각으로 소유권과 개발권은 더 이상 농업 전통을 따라 (농업 생산 환경으로서) 지표면이 아닌 활용 가능한 공간과 관련이 있어야 한다고 요구한다. 압축형 도시에서는 난방 절약을 개선하고 자기 스스로의 공기 조절이 가능하다. 미래에는 그 도시의 내부 기후까지 세심하게 관리할 수 있을 것이고, 그렇게 해서 개별 건축물의 단열 처리 비용을 근본적으로 줄일 수 있다. 공간 도시는 구조적이고, 체계적이고, 사전 제작되며, 성장하거나 축소할 수 있으며, 적응할 수 있으며, 공기 조절되는 다목적 공간 복합체(labyrinth)다. 이 복합체는 자유자재로 끼워 맞춰지거나 분해될 수 있다.

1960

콘스탄트:
새로운 바빌론(발췌)

Constant:
New Babylon

1953년까지, 콘스탄트(1920년 암스테르담 출생)는 화가였다. 이 중대한 시점에서, 그는 다음과 같이 언급한다. "세계의 상황은 변했고, 기계화된 기술 일변도의 환경이 출현했다. 그러나 예술가는 한쪽으로 비켜서 있었고, 확실히 이 과정에 참여할 수 없었다." 콘스탄트는 파리와 런던을 여기저기 배회하면서, 각 도시와 구조를 관찰했다. 그는 집합체를 예술적 매체로 인식했다. 이후로, '내일은 삶이 시에 거주한다'(Demain la poésie logera la vie)가 그의 주제였다. 1956년에 그는 아스게르 요른과 드보르를 만났고, 그들과 함께 '일원적 도시 계획'에 대한 최초의 계획을 발전시켰다. 그러나 그들의 관점은 빠르게 갈렸다. 콘스탄트는 새로운 바빌론의 이야기를 시작했다.

|

개인주의 문화는 끝이 났고, 관련 단체들도 피폐해간다. 현대 예술가의 과업은 미래의 대중문화를 준비하는 것뿐이다. 왜냐하면 아직도 문화와 관련된 어떠한 이야기할 것이 있다면, 그것은 대중사회를 유지해야 할 것이고, 그런 다음 수단을 기계화

속에서만 구할 수 있다. 물리적인 환경의 형성과 일상생활의 해방과 조직은 새로운 문화 형태로의 출발점이다. 나의 새로운 바빌론 프로젝트는 이러한 생각들에 대한 삽화와 설명으로서 시작되었다. 그것은 새롭고 다른 문화에 대한 원칙 수립을 위한 실험적 사고와 행위 모델이다.

새로운 바빌론은 본질적으로 도시 계획 프로젝트는 아니다. 마찬가지로 그것은 전통적 의미에서 예술 작품이나 건축 구조의 실례로서 의도된 것도 아니다.

새로운 바빌론은 현재 형태로는 하나의 제안이며, 일원적 도시 계획 이론을 구체화하고 동시대 삶의 불충분하고 만족스럽지 못한 환경을 대신하여 설정된 상상의 환경으로 창조적인 게임을 지속하는 시도로 해석될 수 있다.

현대 도시는 죽었다. 현대 도시는 실용성의 희생물이 되었다. 새로운 바빌론은 살 수 있는 도시를 위한 계획이다. 그리고 산다는 것은 창조적이라는 것이다. 새로운 바빌론은 대중적 창의성의 목표이다. 그것은 현재 사용되지 않고 대중 속에 존재하는 엄청난 창조적 잠재력의 활성화를 고려한다. 그것은 자동화의 결과로 빚어진 창의적이지 못한 작업의 소멸을 고려한다. 그것은 도덕성과 사고의 변화를 고려한다. 그것은 새로운 사회 조직을 고려한다.

그러나 그것은 또한 세계 인구의 빠른 확산, 교통의 끊임없는 확장, 전 지구의 개척, 총체적인 도시화와 같은 사실을 고려한다. 그러므로 이 프로젝트는 현재의 도시 계획과 교통과 주택에서 비롯한 순수하게 기능적인 문제들을 고려하고 급진적인 해결책을 얻으려고 노력한다. 그러나 이 프로젝트의 주요한 주제는 사회적 공간에 대한 새로운 관심이다. 이 프로젝트는 역동적인 생활 방식과 조화 속에서 환경을 지속적으로 다양하게 배열함으로써 일상생활에서 나타나는 새로운 창의성을 위한 방편이 된다. 기술적인 측면에서, 이 프로젝트는 완전하고 철저하게 구조화된 틀이며, 기둥 위에 놓여 지면에서 전체적으로 들어 올려진 골조다. 그래서 지면은 교통을 위해 자유롭게 활용된다.

골조를 더 작은 단위(또는 구역), 5에서 10헥타르 크기로 분할하여 복잡하고 그물 같은 패턴을 만들 수 있다. 이러한 패턴에는 경관의 잔여물이 산재되어 있고, 기성 시가지와 관계없이 달릴 수 있는 교통 그리드가 종횡으로 통과하고 있다.

높이 올린 단상에 주거와 사회 공간은 거대하며 통일성 있는 건축물이다. 이 건축물은 다층으로 이루어지고, 모든 층에서 인공적으로 공기 조절되고 불이 켜진다. '지붕'인 상층 테라스에는 스포츠 장소와 비행장이 포함될 수 있다.

주거 지구 외에도, 이와 같은 조립식 건축물의 내부에는 사회생활의 목적에 알맞은 거대 공공 공간이 있다. 내부는 움직이는 벽들과 구축적인 부분들을 사용하여, 계단과 단상과 복도의 운용에 연결될 수 있는 가변적인 볼륨으로 나누어진다. 이들은 다양한 분위기로 언제든지 변경할 수 있다. 색깔과 소리와 빛과 기후의 충분한 조작과 다양한 기술적 장치의 사용과 심리적 방법에 영향을 받아 특성이 결정된다. 어느 순간에도 내부의 구현, 즉 다양한 환경과의 상호 작용은 주민의 실험적인 생활 운용과 조화를 이루어 일어난다. 이러한 도시에서는 삶이 역동적으로 활발하고 창의적으로 전개된다.

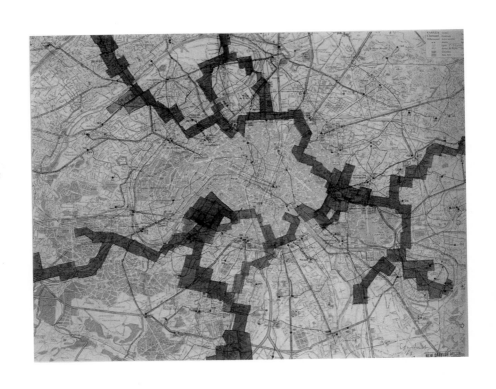

콘스탄트, 1963

사람들은 상호 연결된 구역들을 통해서 오랜 시간 돌아다닐 수 있고, 끝없는 미로가 제공하는 모험에 빠져들 수 있다. 지상에서의 신속한 교통과 테라스에서의 헬리콥터가 원거리 이동을 담당하고, 자연스러운 위치 변화를 가능하게 만든다.

주거의 기능은 이러한 흥미진진하고 역동적인 삶에 적합하다. 그것은 더 이상 영구적인 주거의 요구를 만족시키도록 계획될 수 없다. 내부 공간의 나머지 부분으로서, 그곳에 산재해 있는 주거 공간들은 비영리적 의미에서 일종의 거주용 호텔로 생각하는 것이 최선이고, 주거지의 빈번한 변화를 촉진한다.

이러한 프로젝트는 사회학적이고 심리학적이며 과학적이며 기술적이며, 구조적이며, 예술적인 요인들에 의해 좌우된다.

이상적인 단계에서는 이미 다양한 관심에 대한 공동의 협력이 불가피한 조건이다.

그러나 새로운 바빌론은 그 주민들에 의해 처음으로 실현될 것이다.

1961

리처드 버크민스터 풀러:
세계 설계자로서의 건축가(발췌)

R. Buckminster Fuller:
The architect as world planner

1961년 런던에서 개최된 국제건축가연맹(UIA) 총회 즈음하여, 버크민스터 풀러는 현 세계정세에서 건축가의 과업에 대해 연설했다. 삼십년 전과 같이, 풀러는 전 세계를 포괄할 수 있는 계획 프로그램을 개발했다. 그는 생존 수단이 인류에게 완전하게 제공되었던 세계에 대한 개념을 제안했다. 그가 말하길, 건축가는 세계에서 과정의 정해진 위계에 도달했다. 이 위계에 기반하여 건축가는 자유롭게 이용할 수 있는 모든 과학적 수단으로 세계 도시 계획을 실천하는 세계 설계자가 되어야한다.

|

… 나는 세계의 모든 대학 건축과가 국제건축가연맹에 의해 고무되어 향후 10년 동안 전 세계의 자원을 어떻게 적절한 디자인을 통해 인류 전체에 공급할 수 있을지에 관한 문제에 투자할 것을 제안한다.

현재 교육 일반론은 학생들에게 기본적인 구성 요소로 시작하여, 학생들이 신경 쓸 구성 요소들의 복잡성 규모를 점차 확대한다. 이러한 계획은 구체적인 것에서 전체로 향하는 것인데, 하지만 결코 전체에는 도달하지 못한 듯하다. 많은 건축 학교에서 1학년은 지방 소도시 규모의 문제를 받아, 소도시를 위한 건축물을 계획하고 설계해야 한다. 2년차에는 학생이 소규모 산업 도시와 같은 더 큰 도시를 다뤄야 한다. 3년차에는 대규모 산업 도시에 참여하고, 4년차에는 런던과 뉴욕과 같은 대도시에 열중하게 된다. 대학들은 세계 문제들은 고사하고, 국가 문제에도 결코 접근할 수 없다. 지방 소도시 계획은 세계적 사건들이 휘몰아치는 가운데 거의 모든 곳에서 무효화된다. 고속도로를 클로버 잎처럼 만든 계획은 자기 소유의 자동차가 있어 유리한 전인적 인간이라는 개념에는 부적당하다. 주차 문제들은 지나치게 국지적인 범위의 도시 계획을 지속적으로 좌절시키거나 무효화한다.

첫해, 학생들의 종합적인 세계 계획과 계획적인 실행은 엄청나게 미숙하고 미흡할 것이다. 전문 건축가들뿐만 아니라, 활동 영역을 침입한 것에 흥분한 정치꾼과 경제학자와 기업 경영자들도 비판의 목소리를 낼 것이다. 이와 같은 비판은 학생들의 그 다음 해 세계 설계 과정에 큰 도움이 될 것이다. 2년차, 3년차, 4년차는 문제에 대한 이해와 만족도에 있어서 급격하게 촉진되었음을 보여주어야 한다.

학생들의 세계 계획은 가장 중요한 일을 먼저 해야 한다는 개념과 사건의 예정된 위계에 입각해야 한다.

종합적인 세계 자원 데이터는 현재 다수의 기관에 있지만, 유네스코를 통하여 세계 각국의 모든 대학에서 주로 사용할 수 있다. 유네스코에 없는 데이터에 대해서는 연구자가 데이터를 성공적으로 얻을 수 있도록 지도할 수 있는 좋은 상황에 있다.

역사상 현시점에 각국의 외교 정책으로 언급되는 것은 본질적으로 맬서스● 이론의 '너 아니면 나다움'이라는 방법으로 민족이나 국가 제각각의 생존만을 진작하는 계획이다. 어느 민족 혹은 민족 그룹의 외교 정책 가운데 하나가 세계 계획이 되는 것은 대략 세계 각국의 절반은 굴복해야 할 것을 의미하고, 전체에 적용될 때, 매우 편향된 계획의 성장을 의미할 것이다. 정치적 타협과 비슷하게, 어느 한 국가의 외교 정책은 결코 종합적인 세계 계획을 만족시키는 데 성공하지 못할 것이라고 추측하는 것이 논리적으로 합당하다.

그러나 제6차 국제건축가연맹 총회에서 건축가들이 어떠한 정치적 편견도 초월한 방식으로 그러한 세계 계획에 관해 생각할 수 있다는 것은 의심할 여지없이 명백하다. 세계 곳곳에서, 그리고 학생들 사이에서의 나의 경험으로 볼 때, 학생들 자신은 항상 정치적 편견을 초월하는 경향이 있고, 그들 모두는 적절한 디자인으로 세상을 움직이게 하는 개념에 관심을 가진다.

많은 조사와 질의에서 나는 평화롭고 종합적인 연구 실험과 혁신적인 디자인의 발전을 통해 인류 전체가 세계 자원을 이용할 수 있도록 하려는 학생들의 노력을 조직하는 프로그램에 부정적이지 않았다.

만약 건축 학생들이 화학, 물리학, 수학, 생화학, 심리학, 경제학, 산업기술의 분야에서의 역량을 넓히도록 점진적으로 훈련받는다면, 그들은 대학에서 가장 진보한 과학 정신을 신속하고 능숙하게 간파할 것이다. 또 프로그램이 해마다 개선됨에 따라 학생들은 최상의 통합적이고 과학적인 인류 자원을 세계 도

● 맬서스, 영국 경제학자, 1766~1834. 맬서스는 지구상의 인구는 기하급수적으로 증가하고, 식량 공급은 산술급수적으로만 증가한다는 것을 증명했다.

시 계획과 그 설계 방편과 운영 쇄신에 사용할 수 있을 것이다.

그렇다면 다음 총회는 이러한 재고와 계획을 검토하는 것, 다시 말해서 인간이 해야 하는 것과 무엇을 가지고 인간이 그것을 해야 하는지에 관한 이 첫 재고조사에 거의 완전하게 몰두해야 한다. 의심할 여지없이 일급 세계 뉴스가 나올 것이다. 세계 뉴스뿐만 아니라 지구 전역의 인간들이 기다려온 뉴스도 있다. 모든 사람이 지향하여 노력하는 공통의 목표는 무의미한 말이 아니라 명백한 물리적인 대상들로 바뀔 것이다.

발터 피클러/한스 홀라인:
순수건축

Walter Pichler/Han Hollein:
Absolute architecture

순수건축, 즉 '인간은 이제 그 영역에서 그저 묵인되고 있을 뿐이다'라는 발터 피클러(1936년 폰치 노바 출생)의 주장은 우리 세기의 건축적 성명들 가운데 가장 순수한 명제다. 왜냐하면 순수함은 분리됨을 의미하기 때문이다. 여기에서는 역사에서 분리됨, 행위에서 분리됨, 사고에서 분리됨을 의미한다. 그리고 순수건축은 여기에서 건축이 목적으로부터 해방되었다는 것과 목적이 없는 건축이라는 것을 의미한다. 새로운 건축을 배우기 위해 이번 세기에 시작한 사람들이 겪은 일련의 모험들은 '순수건축'이라는 완전히 구속받지 않는 현상으로 끝난다. 한스 홀라인(1934년 빈 출생)이 덧붙여 말하길, 그것은 무목적적이다.

|

건축. 그것은 가장 강력한 사고에서 태어난다. 인간들에게 그것은 강요일 것이다. 다시 말해서, 인간들은 거기에서 질식사하거나 내가 의미하는 살아간다는 그 단어처럼 살아갈 것이다. 건축은 대중의 원초적 본능을 위한 외피가 아니다. 건축은 소수

인간의 힘과 열망의 구현이다. 그것은 오래전에 예술 사용을 중단한 이래로 야만적인 일이다. 건축은 어리석음과 나약함을 고려하지 않는다. 건축은 결코 봉사하지 않는다. 건축은 그것을 참을 수 없는 사람들을 눌러 부순다. 건축은 법을 믿는 것이 아니라 그것을 만드는 사람들의 법이다. 건축은 무기다. 건축은 언제든지 이용 가능한 가장 강력한 수단을 무자비하게 사용한다. 기계는 건축을 손아귀에 넣었고, 인간은 이제 그 영역에서 그저 묵인되고 있을 뿐이다.

— 발터 피클러

건축은 건물을 통해 실현된 정신적 질서다.

　　건축은 인간의 정신적 에너지와 힘을 드러내면서, 무한 공간에 실현된 하나의 신념이며, 인간의 운명과 삶에 대한 물리적인 형태이자 표현이다. 그 기원부터 오늘날까지, 건축의 본질과 의미는 변하지 않았다. 짓는다는 것은 기본적인 인간의 욕구다. 그것은 보호용 지붕을 올리는 데서가 아닌, 신성한 구조물을 세우는 데서나 인간 활동의 중심을 나타내는 데서 처음으로 드러난다. 도시의 시작이다.

　　모든 건물은 종교적이다.

　　건축은 인간 자신의 표현이고, 육신이자 영혼이다.

　　건축은 근본적이고, 감각적이고, 원시적이며, 야만적이고, 끔찍하고, 장대하며, 압도적이다.

그러나 그것은 또한 가장 미묘한 감정이 구체화된 것이고, 가장 정제된 느낌을 세심하게 기록한 것이며 정신적인 것을 물질화한 것이다.

건축은 보통 사람의 요구를 만족시키는 것도 아니고, 대중의 사소한 행복을 위한 환경도 아니다. 건축은 문화와 문명의 최상층에 있고 시대 발전의 정점에 있는 사람들이 만드는 것이다. 건축은 엘리트의 일이다. 공간인 건축은 건물이라는 수단으로 결정한다. 건축은 공간을 지배한다. 높은 곳으로 올라감으로써 공간을 지배하다. 공간은 지구 속을 파내서, 지면 위로 높이 솟구치며, 사방팔방으로 뻗는다. 덩어리와 비어 있음을 통해서 공간을 지배한다. 공간을 통해서 공간을 지배한다.

이러한 건축은 아름다움의 문제가 아니다. 우리가 이왕 아름다움을 바란다면, 그것은 형태나 비례의 아름다움이라기보다는 근본적인 힘의 감각적인 아름다움이다.

건물의 형상은 목적이 갖는 물리적인 조건들에서 진화하지 않는다. 건물은 실용적인 기능을 전시해서는 안 되고, 구조와 구축의 표현도 아니며, 덮개도 은신처도 아니다. 건물은 그 자체다.

건축은 무목적적이다.

우리가 세우는 것은 그 활용을 발견할 것이다.

형태는 기능을 따르지 않는다. 형태는 저절로 생겨나는 것이다. 건물을 입방체나 피라미드나 구체로 만드는 것은 인간의 위대한 결정이다.

건축에서 형태는 개인이 결정하는 것이며, 만들어진 형태다.

오늘날, 인류 역사상 최초로 엄청나게 발달한 과학과 완벽

한 기술이 우리에게 모든 가능한 수단을 제공하는 현 시점에서
는 우리가 무엇을 어떻게 할지 우리가 의도한 대로 짓는다. 다
시 말해서, 우리는 기술에 의해 결정되지 않고 그것을 활용하
는 건축을 한다. 그것은 순수한 건축이다.

오늘날 인간은 무한한 공간의 지배자다.

— 한스 홀라인

1962

요나 프리드만:
공간 도시 계획의 열 가지 원칙

Yona Friedman:
The ten principles of space town planning

1   도시의 미래는 다음과 같다. 도시는 여가와 오락의 중심이
     고, 공공 생활의 중심이며, 조직과 공익 결정의 중심이 될
     것이다. (노동과 생산 같은) 다른 기능들은 더욱더 자동화
     될 것이고, 결과적으로는 거대한 도시 집합체에 점점 덜
     연계될 것이다. 원료 '노동자'는 그 중요성을 잃고, '구경꾼'
     또는 '고객'으로 변화될 것이다.

2   도시의 새로운 사회는 도시 계획가의 영향을 받아서는 안
     된다. (도시 내) 서로 다른 지구들 간의 사회적 구분은 자
     발적이어야 한다. 주민들이 사회적 선호도에 따라 그들 각
     자의 지구들을 선택할 수 있는 것은 대략 10퍼센트 초과
     로 충분하다.

3   대도시에서는 산업 대신에 농업이 포함되어야 한다. 도시
     농부는 사회적으로 필수불가결한 존재다.

20세기 건축선언과 프로그램

332

4   도시에서는 공기 조절이 이루어져야 한다. 도시의 공기 조
    절은 사용상의 더 큰 자유와 더 큰 효과를 선사한다. 예를
    들면 가로는 공공 생활의 중심이 된다.

5   물리적인 도시를 총체적으로 형성하는 건축물은 현대 기
    술과 같은 수준에 있어야 한다. (예를 들면, 오늘날의 다리
    는 보통 몇 킬로미터의 길이로 이루어져 있다.)

6   '사막에서 솟아오른' 새로운 도시는 일반적으로 실현 가능
    하지 않다. 대도시는 이전의 소도시가 발전하여 나타난다.
    대도시는 기존의 도시가 확장된 것임에 틀림없다.

7   (공간 도시 계획)이라는 도시 계획의 삼차원 기술로 인해
    지구들이 병치되고 중첩되어서 집단화될 수 있다.

8   도시를 이루는 건축물은 뜻대로 채워질 수 있는 골조 상
    태여야 한다. 골조에 가구나 설비를 맞춰 넣는 것은 각 주
    민의 계획에 달려 있을 것이다.

9   우리는 도시의 최적 규모를 알지 못한다. 경험에 따르면,
    주민 300만 미만의 도시는 지방적 편협함에 다시 빠지고,
    주민 300만 초과의 도시는 방대해진다. 그러므로 주민을
    300만으로 제한하는 것이 경험상 최적일 듯하다.

10 주민들이 도시에 동화되어가는 경향을 예견해볼 때, 가까

운 장래에 도시가 (현재로서는 인류의 50퍼센트인 대신에) 인류의 80~85퍼센트를 포함하게 될 것이라고 추정한다 해도 과장은 아니다. 그러므로 사회적으로 (오락의 측면에서) 그리고 기술적으로 (공기 조절과 교통의 측면에서) 이점을 가지는 이러한 거대 집합체는 다른 유형의 집합체들에 승리할 것이다. 프랑스 전체에서는 주민 300만이 열 개 내지 열두 개, 유럽 전체에서 100개 내지 120개, 중국에서 200개, 전 세계에서 1000개의 대도시에 모일 것이라고 상상하는 것은 과장이 아니다.

요나 프리드만, 1960

1963

우리는 요구한다

We demand

1963년 6월, 슈투트가르트에서 열린 '고향, 당신의 집'이라는 전시회에서

국가에	도시 계획을 위해 밀집지역에서 토지 소유권에 대한 처분 권리를 보장하는 새로운 토지 규제. 건축물 보조를 규제하는 법률의 변화.
주[도]에	새로운 주 건축법규를 제정할 때 진보적인 계획가와 건축가의 결정적인 참여.
시에	낭만적 편견과 소유권이라는 우연한 한계에서 벗어난 독자적인 계획, 계획가로서의 독립적인 건축가들, 더 많은 계획 현상 설계 경기.
주택건설조합에	양질의 건축가를 고용하여 얻은 우수한 디자

인의 주택, 계획을 위한 지원, 문화적 책임을
인식하여 떠맡기.

부동산 소유자에게	공익을 위한 더 많은 배려, 더 적은 사익, 계획 에 대한 이해와 관대함.
건축가에게	건축에 대한 예술적 과업의 자각, 자신의 작 품과 관련된 사회적이고 경제적이며 기술적 발전에 대한 더 많은 고려, 건축계에서 중개 와 투기의 폐해 제거.
대학에	대학의 연구가 인정받고 활용될 수 있도록 공 공의 문제에 참여.
언론에	계획과 주거의 요구에 더 많은 지면 할애, 단 순히 사실에 근거한 보고 대신에 더 많은 비 판과 계몽.
건설당국에	새로운 형식의 주택과 단지 배치의 실현에 협 력, 법적인 측면과 기술적인 측면의 분리, 자 신의 과업에 대한 비관료적인 이행, 독립적인 건축가와 함께 형태의 문제 결정, 사람들이 진부한 법률과 쓸모없는 원리로 양질의 주택 소유를 방해받지 않도록 할 것.

— 막스 베헬, 빌프리트 베크-에를랑, 발터 벨즈, 지그프리트 히버, 한스 캄메라, 한스 루즈, 베르너 루즈, 게르하르트 슈바브

옮긴이의 글

이 선집에 담긴 여러 글의 내용을 간추리면서, 반복해서 나타나는 몇 가지 주제를 확인했다. 전통에서 벗어나 새로운 건축으로 나아갈 필요성, 건축의 사회적 책무, 기능과 미의 관계, 새로운 테크놀로지와 재료의 효과, 더 나은 삶을 위한 마을 및 도시의 계획 등이다. 이는 편저자인 울리히 콘라츠가 격렬한 구호만을 담기보다는 정치적이고 사회적인 제안을 담고 싶었던 의도를 반영하는 것은 아닐까? 그래서 이 선집 제목에서 "프로그램"(Programme)이라는 단어가 "선언"(Manifeste)이라는 단어와 함께 사용되었다는 점은 주목할 만하다.• 서문에서 언급한 훈데르트바서의 「곰팡이 선언」(1958)을 대하는 콘라츠의 입장도 같은 맥락에서 읽을 수 있다. 훈데르트바서는 자신의 주관적이고 개인적인 선언을 통해 기능주의적 모더니즘을 공격하고, 콘라츠는 이 선언을 다시 반박하는 입장을 취한다. 이는 1950년대의 분위기를 반영했던 다양한 실험적인 선언들에 대한 콘라츠의 답변이기도 하다. 즉, 그는 실험적인 선언들보다 합리적인 프로그램들을 우선시한다.

콘라츠가 이 선집에 담았던 68편의 글은 내용과 형식 면에서도 다양하다. 판 두스뷔르흐의 「조형적 건축을 향하여」(1924)나 루이스 칸의 「질서란」(1960)은 매우 사려 깊고 설득력 있다. 부르노 타우트의 「여명」(1919)은 다소 광적이며, 리처

• 맥밀란 사전(Macmillan Dictionary)에 따르면, 매니페스토(manifesto)는 어떤 조직이나 단체, 특히 정치적 집단의 목적이나 계획을 나타내는 공식적인 성명이고, 프로그램(programme)은 어떤 것을 달성하기 위한 실행 계획이다.

드 버크민스터 풀러의 「보편적 건축」(1932)은 난삽하다. 발터 그로피우스는 「바우하우스 프로그램」(1919)에서 자신의 야망을 드러냈고, 르 코르뷔지에는 「건축을 향하여」(1920)나 「도시계획」에서 새로운 사회에 대한 길잡이 원리를 제시한다. 미스 반 데어 로에는 1923년과 1924년, 1927년, 1930년 그리고 1950년 글에서 시대를 향한 자신의 태도를 간결하게 표현한다. 프랭크 로이드 라이트의 「젊은 건축」(1931)은 강의 일부를 발췌한 것이고, 기능도시를 염두에 둔 「아테네 헌장」(1933)은 일부만 실렸다. 훈데르트바서의 「곰팡이 선언」은 합리성에 근거한 건축에 만연한 직선에 선전포고를 하는 글이다. 이외에도 예술노동자협의회와 데 스테일, 근대건축국제회의, ABC 그룹, 상황주의자, 움직이는 건축 연구 그룹처럼 개인이 아닌 단체의 이름으로 발표한 글도 있다. 한스 푈치히나 아돌프 로스, 라이트, 그로피우스, 미스, 르 코르뷔지에 등과 같은 다수의 건축가는 새로운 사회를 그리고 있으며, 프레데릭 키슬러, 발터 피클러, 한스 홀라인, 버크민스터 풀러는 사회보다는 문화적 담론을 이야기한다. 그리고 판 두스뷔르흐와 칸은 사회도, 문화도 언급하지 않고, 단지 디자인과 형태, 그리고 질서와 같은 건축적 어휘만을 설명한다.

이 60여 편의 글은 20세기 이전부터 있었던 오래된 관행들과 엘리트주의와 자본결정론, 그리고 시대적 둔감함에 대한 비판적 투쟁의 산물이다. 일부 투쟁에서는 승리를 맛보았다. 그러나 이 투쟁 원칙과 비전은 새로운 관행이 되거나 다시 패배해 퇴행했기에, 오늘의 실천가들은 계속 분투해야 한다. 글을 읽는 중간 중간 우리가 살고 있는 21세기 대한민국에서 벌이고 있는 투쟁이 아닌가 싶은 착각이 들기도 했다. 분명 몇몇 프로그램과 선언에서는 우리가 살고 있는 대한민국의 건축과 도시가 당면한 쟁점과 유사한 지점을 발견할 수 있다.

더불어, 이 선집의 영향력에 힘입어 당대의 주요한 건축 글들을 선별하여 실은 건축 이론 선집들은 최근까지 차례로 출판되었다. 존 오크먼의 *Architecture Culture 1943~1968: A Documentary Anthology*(1993), 케이트 네스빗의 *Theorizing a New Agenda for Architecture: An Anthology of Architectural Theory 1965~1995*(1996)[『건축이론 1/2』, 최학종 옮김, 2006/07], 마이클 헤이즈의 *Architecture Theory Since 1968: An Anthology of Architectural Theory 1965~1995*(2000)[『1968년 이후의 건축이론』, 봉일범 옮김, 2010], 크리스티나 스카이의 *Constructing A New Agenda: Architectural Theory 1993~2009*(2012). 이 일련의 선집들은 20세기에서 현재에 이르는 현대 건축의 역사 기록 보관소이기도 하다. 콘라츠의 『20세기 건축의 프로그램과 선언』은 이 기록의 시발점이었다.

끝으로 이 선집의 원문 번역에 조언을 아끼지 않았던 소닛 바프나 교수, 지리한 번역 작업을 지켜봐준 아내 임수진과 딸 김이레, 번역체의 엉성한 글을 다듬어주고 어휘 선택에 도움을 준 마티 편집진에게 감사와 존경을 표합니다.

2018년 8월
김호영

출처

왼쪽의 숫자는 이 책의 쪽수이다.

11 "Notizen von einer Reise nach Griechenland," Wagner, Weimar 1905. "Vom Neuen Stil," Leipzig, 1907[한스 쿠르엘(Hans Curjel)이 편집한 앙리 반 데 벨데 선집 *Zum Neuen Stil*, R. Piper & Co Verlag, München, 1955 인용].

13 "Das Deutsche Kunstgewerbe 1906," Verlag F. Bruckmann, München 1906[*Lesebuch für Baumeister*, Karl H. Henssel Verlag, Berlin, 1947 인용].

20 "Vom Neuen Stil," Insel Verlag, Leipzig 1907[한스 쿠르엘(Hans Curjel)이 편집한 앙리 반 데 벨데 선집 *Zum Neuen Stil*, R. Piper & Co Verlag, München, 1955 인용].

22 "Trotzdem 1900~1930," Brenner Verlag, Innsbruck 1931 [Franz Glück가 편집한 *Adolf Loos, Sämtliche Schriften*, 1. Band, Verlag Herold, Wien-München, 1962 인용].

35 "Die Souveränität des Einzelnen," Vorwort zu *Ausgeführte Bauten und Entwürfe*, Verlag E. Wasmuth, Berlin, 1910[*Frank Lloyd Wright, Schriften und Bauten*, Albert Langen / Georg Müller Verlag, München-Wien, 1963 인용].

37 1911년 드레스덴에서 개최된 독일공작연맹 연례회의에서 한 연설. *Jahrbuch des Deutschen Werkbundes 1912*, Jena, 1912.

41 *Bauwelt*, Ullstein, Berlin, 1962, No. 27.

48 *Glasarchitektur*, Verlag Der Sturm, Berlin, 1914.

52 L'Architettura, Rom, 1956, No. 13.

61 De Stijl, II, No. 1, November 1918[1960년 취리히 헬름하우스에서 열린 전시회 "콘크레테 쿤스트"(konkrete kunst) 카탈로그 인용].

64 오리지널 팸플릿[Conrads/Sperlich, *Phantastische Architektur*, Verlag Gerd Hatje, Stuttgart, 1960 인용].

70 오리지널 팸플릿. 저자 소장.

73 오리지널 팸플릿[Conrads/Sperlich, *Phantastische Architektur*, Verlag Gerd Hatje, Stuttgart, 1960 인용].

79 Hans M. Wingler, *Das Bauhaus 1919~1933*, Verlag Gebr. Rasch und M. DuMont Schauberg, Bramsche/Köln, 1962.

87 Erich Mendelsohn, *Erich Mendelsohn. Das Gesamtschaffen des Architekten*, Rudolf Mosse Buchverlag, Berlin, 1930.

91 "Gabo, Konstruktive Plastik," 1930년 하노버에서 열린 케스트너-게젤샤프트(Kestner-Gesellschaft) 전시회 카탈로그.

93 "Frühlicht 1920"[*Frühlicht 1920~1922. Eine Folge für die Verwirklichung des neuen Baugedankens*, Bauwelt Fundamente Band 8, Berlin, 1963 인용].

97 "Ausblick auf eine Architektur," 1922[*Ausblick auf eine Architektur*, Bauwelt-Fundamente Band 2, Ullstein 1963

인용].

105 "Frühlicht 1921"[*Frühlicht 1920~1922. Eine Folge für die Verwirklichung des neuen Baugedankens*, Bauwelt Fundamente Band 8, Berlin, 1963 인용].

107 *De Stijl*, V. Rotterdam 1922.

109 "De Stijl," 1951년 암스테르담 시립 미술관(Stedelijk Museum Amsterdam) 카탈로그 81.

111 *De Stijl*, VI.

113 Hans M. Wingler, *Das Bauhaus 1919~1933*, Verlag Gebr. Rasch und M. DuMont Schauberg, Bramsche/Köln, 1962.

118 '*G*' *Material zur elementaren Gestaltung*, Berlin, Jul. 1923.

121 Erich Mendelsohn, *Erich Mendelsohn. Das Gesamtschaffen des Architekten*, Rudolf Mosse Buchverlag, Berlin, 1930.

125 '*G*' *Material zur elementaren Gestaltung*, Berlin, Jul. 1923.

127 *Das Kunstblatt*, Paul Westheim(ed.), Kiepenheuer, Potsdam, 1923.

131 *De Stijl*, XII, 6/7, Rotterdarn, 1924.

139 *G*' *Material zur elementaren Gestaltung*, No. 3, Berlin, 1924.

142 *Wendingen*, Amsterdam, 1924.

150 *Suprematismus-Die gegenstandslose Welt*, DuMont Dokumente, Köln, 1962.

154 *Urbanisme*, Paris 1925. *Städtebau*, Deutsche Verlags
Anstalt, Stuttgart, 1929.

165 Hans M. Wingler, *Das Bauhaus 1919~1933*, Verlag Gebr.
Rasch und M. DuMont Schauberg, Bramsche/Köln,
1962.

169 "De Stijl", *G*, No. IV., Berlin 1926,

171 *Almanach de l'Architecture moderne*, Paris, 1926.

176 *Die Form*, 2nd year, No. 2, 1927.

179 *Bauwelt*, No. 49, Ullstein, Berlin, 1927.

184 *Rußland-Europa-Amerika*, Rudolf Mosse Buchverlag,
Berlin, 1929.

190 *Das neue Frankfurt*, 1928.

199 *ABC–Beiträge zum Bauen*, Basel, 1927/28, No. 4.

203 *bauhaus, Zeitschrift für Gestaltung*, Dessau, 1928, No.
4[Hans M. Wingler, *Das Bauhaus 1919~1933*, Ver-
lagGebr. Rasch und M. DuMont Schauberg, Bram-
sche/Köln, 1962 인용].

209 "Rußland–Rekonstruktion der Architektur in der Sow-
jetunion," *Neues Bauen in der Welt I*, Wien, 1930.

213 *Die Form*, 5th year, No. 15., 1930.1.8. and 7th year, No.
10, 1932.10.15.

215 "An den jungen Mann in der Architektur," Princeton-
Vortrag 1930, in *Modern Architecture*, Princeton, 1931.

219 Innendekoration, 37th year, Alexander Koch, Stuttgart,
1932.

222 *I-Square*, Philadelphia, Feb. 1932.

239 "Charte d'Athimes," Paris 1942; Paris 1957 재쇄.

257 "A Program for City Reconstruction," *The Architectural Forum*, New York, Jul. 1943.

260 *Baukunst und Werkform*, 1st year, Heidelberg, 1947.

263 "Le Surréalisme en 1947," Internationale Ausstellung des Surrealismus, Paris, 1947.

267 *Werk*, Winterthur 1949, no. 8.

271 Philipp C. Johnson, "Mies van der Rohe," Verlag Gerd Hatje, Stuttgart, 연도 미상.

273 *Potlatch*(Zentralorgan der Lettristen), No. 14, Nov. 1954 [*Spur* 5. München, 연도 미상 인용].

275 *Baukunst und Werkform*, 10th year, Darmstadt 1957, No. 1. 또한 Konrad Wachsmann, *Wendepunkt im Bauen*, Krausskopf Verlag, Wiesbaden, 1959에서 볼 수 있다.

277 Reinhard Kaufman, *Schrift der Galerie Renate Boukes*, Wiesbaden, 1958.

285 *Internationale Situationniste*, Paris 1963, No. 2.

289 *Quadrat Blatt* der Stein- und Offsetdruckerei de Jong & Co, Hilversum, 1961.

295 *Der Monat*, Berlin, 1963.

299 복사본; 간추린 버전이 1961년 하노버의 갤러리 시드(Galerie Seide)에서 열린 전시회 "모빌레 아키텍투르"(-Mobile Architektur) 카탈로그에 실렸다.

303 *Perspecta*, No. 3, 1960. *Zodiac*, No. 8, Mailand, Jun. 1961.

307 *Zero*, Vol. 3, Düsseldorf, 연도 미상.

310 *Internationale Situationniste*, Paris, Jun. 1960.

315 복사본.

319 1961년 3/4월 보훔미술관 전시회 카탈로그에서 인용.

324 *Architectural Design*, London, August 1961[Bauwelt, Ullstein, Berlin, 1961 인용].

328 1963년 빈에서 열린 홀라인-피클러의 전시회 카탈로그.

332 1962년 6월 에센에서 있었던 강연의 기록.

335 1963년 슈투트가르트의 란데스헤베르빔트(Landesgewerbeamt)에서 열린 "고향 – 당신의 집"(Heimat – Deine Häuser!) 전시회 카탈로그.

찾아보기

울리히 콘라츠(Ulrich Conrads, 1923~2013)는 20세기 후반 독일에서 가장 중요한 건축 비평가이자 출판인 중 한 사람이다. 1951년 독일 마부르크 대학에서 12세기 프랑스 교회 건축에 관한 연구로 박사 학위를 받았다. 1957년부터 1988년 베를린에서 발행된 주간지 『건축세계』(Bauwelt)의 편집장을 지냈다. 1963년부터 펴낸 Bauwelt Fundamente 시리즈는 독일어권에서 가장 전문적이며 폭넓은 건축 역사·이론총서로 손꼽힌다. 1981년 베르너 욐슬린 등과 함께 건축 역사·이론 저널 『다이달로스』(Daidalos)를 창간해 1992년까지 편집장을 역임했다.

김호영은 서울시립대학교에서 석사 학위를, 미국 조지아 공대에서 건축 역사 및 비평 전공으로 박사 학위를 받았다. "도구적 사용을 넘어서: 20세기 후반의 건축 드로잉에 관한 저작물들에 관한 연구"(Beyond Instrumental Use: A study of writing on architectural drawings in the late twentieth century)" 등의 논문을 발표했다. 현재 전남대학교에 출강 중이다.

20세기 건축 선언과 프로그램

울리히 콘라츠 지음
김호영 옮김

초판 1쇄 인쇄 2018년 9월 7일
초판 1쇄 발행 2018년 9월 14일

ISBN 979-11-86000-70-0 (03610)
값 20,000원

발행처　도서출판 마티
출판등록　2005년 4월 13일
등록번호　제2005-22호
발행인　정희경
편집장　박정현
편집　서성진
마케팅　최정이
디자인　오새날

주소　서울시 마포구 동교로
　　　12안길 31, 2층 (04029)
전화　02. 333. 3110
팩스　02. 333. 3169
이메일　matibook@naver.com
블로그　blog.naver.com/matibook
트위터　twitter.com/matibook
페이스북　facebook.com/matibooks